学ぶ人は、
変えて
ゆく人だ。

目の前にある問題はもちろん

人生の問いや、

社会の課題を自ら見つけ、

挑み続けるために、人は学ぶ。

「学び」で、

少しずつ世界は変えてゆける。

いつでも、どこでも、誰でも、

学ぶことができる世の中へ。

旺文社

英検分野別ターゲット

文部科学省後援

英検® 1級 単語・熟語問題

［改訂版］

旺文社

はじめに

本書は実用英語技能検定（英検®）**1級の単語・熟語問題に特化した問題集**です。

単語・熟語問題では，単語・熟語の知識が求められます。1級になると合格に必要となる語彙数も膨大となるため，「単語・熟語問題のレベルが難しくて太刀打ちできない」「時間配分がうまくできない」「どうやって語彙力をつけていいかわからない」などさまざまな悩みが出てくると思います。本書は，そのような不安を解消するために効率的な学習ができる構成になっています。**単語・熟語問題の傾向や解き方をしっかり理解してから問題を解くことで，単語・熟語問題を解くための力を養うことができます。**

本書には以下のような特長があります。

単語・熟語問題の攻略法が学べる

1級単語・熟語問題の問題形式と過去問分析，攻略法やわからない問題の解き方，また語彙力アップのための学習法を紹介。

厳選500問に挑戦できる

英検の過去問題を分析して作成したオリジナル問題500問（練習問題400問＋模擬テスト4回分100問）を収録。

別冊「単語リスト」付き

練習問題および模擬テストに出題された選択肢の語と語義を問題収録順に掲載。発音記号・音声付き。

本書をご活用いただき，英検1級に合格されることを心よりお祈りしております。

終わりに，本書を刊行するにあたり，多大なご尽力をいただきましたCEL英語ソリューションズ 田中亜由美先生に深く感謝の意を表します。

旺文社

※本書の内容は，2023年6月時点の情報に基づいています。受験の際は，英検ウェブサイト等で最新情報をご確認ください。
※本書は，「英検分野別ターゲット 英検1級語彙・イディオム問題500」の改訂版です。
※英検1〜3級では2024年度から一部の問題の形式が変わります。本書は，2023年度までの試験形式に対応していますが，以下のウェブサイトの情報と合わせて新試験対策ができます。
URL：https://eiken.obunsha.co.jp/2024renewal/

CONTENTS

Chapter 3　模擬テスト

執筆　田中亜由美（CEL英語ソリューションズ），Nadia McKechnie，Ed Jacob，Daniel Joyce
編集協力　日本アイアール株式会社，木静舎 山下鉄也，Kaori Naito Church，Jason A. Chau
装丁・本文デザイン　相馬敬徳（Rafters）
録音　ユニバ合同会社
ナレーション　Greg Dale，大武芙由美

本書の利用法

Chapter 1 攻略ポイント

まず「問題形式と過去問分析」で問題形式と過去問の傾向を確認しましょう。その後，攻略法や語彙力アップのための学習法など**単語・熟語問題の対策の基礎を学習しましょう。**

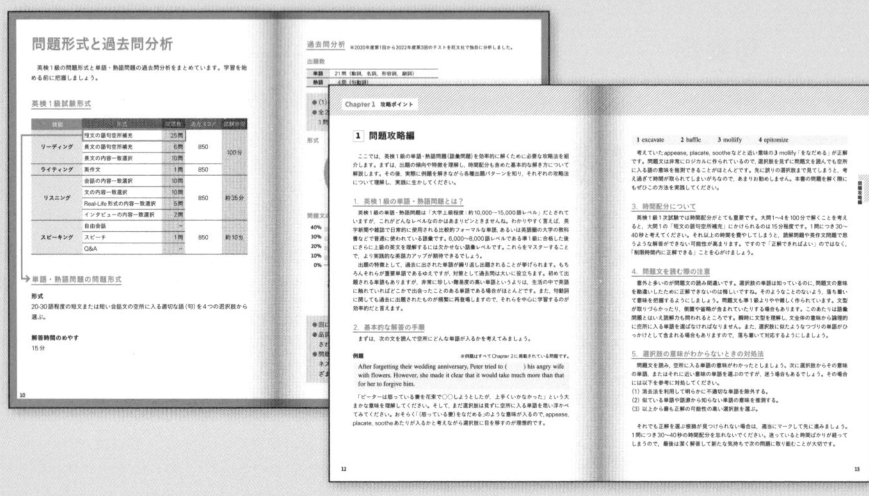

Chapter 2 練習問題 ／Chapter 3 模擬テスト

オリジナル問題に挑戦しましょう。Chapter 2の練習問題は400問，Chapter 3の模擬テストは総仕上げとして4回分（100問）を収録しています。練習問題は品詞ごとに4つのUnitに分かれています。模擬テストは本番と同じ解答時間を目標にして解いてみましょう。

問題

問題は品詞別に掲載されています

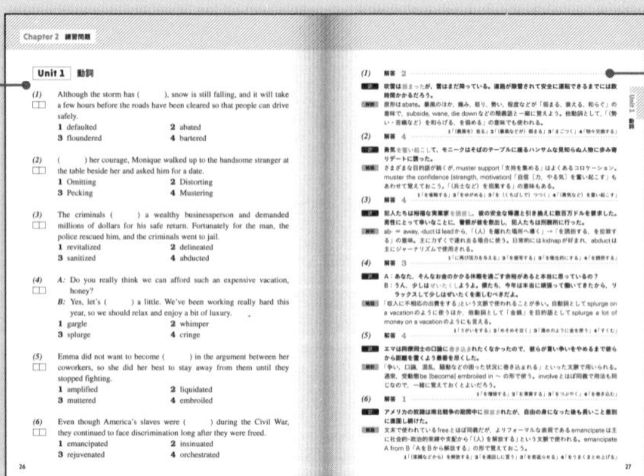

解答

解答と訳と解説が掲載されています。解説中の＝は，同義語・類義語を表します。

問題

本番形式の25問が掲載されています

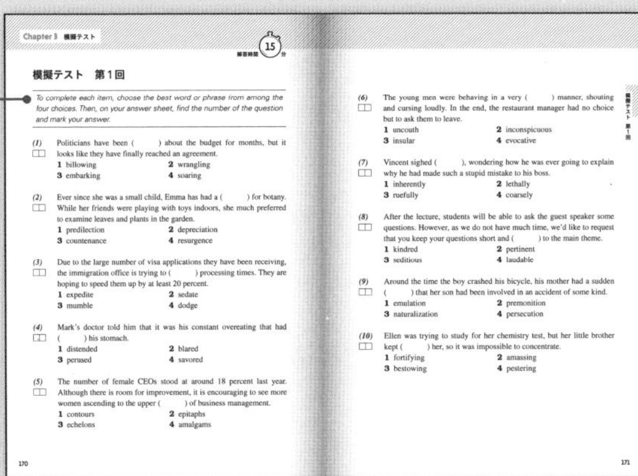

解答時間 15 分

模擬テスト 第1回

To complete each item, choose the best word or phrase from among the four choices. Then, on your answer sheet, find the number of the question and mark your answer.

(1) Politicians have been ( ) about the budget for months, but it looks like they have finally reached an agreement.
1 billowing **2** wrangling
3 embarking **4** soaring

(2) Ever since she was a small child, Emma has had a ( ) for botany. While her friends were playing with toys indoors, she much preferred to examine leaves and plants in the garden.
1 predilection **2** depreciation
3 countenance **4** resurgence

(3) Due to the large number of visa applications they have been receiving, the immigration office is trying to ( ) processing times. They are hoping to speed them up by at least 20 percent.
1 expedite **2** sedate
3 mumble **4** dodge

(4) Mark's doctor told him that it was his constant overeating that had ( ) his stomach.
1 distended **2** blared
3 perused **4** savored

(5) The number of female CEOs stood at around 18 percent last year. Although there is room for improvement, it is encouraging to see more women ascending to the upper ( ) of business management.
1 contours **2** epitaphs
3 echelons **4** amalgams

(6) The young men were behaving in a very ( ) manner, shouting and cursing loudly. In the end, the restaurant manager had no choice but to ask them to leave.
1 uncouth **2** inconspicuous
3 insular **4** evocative

(7) Vincent sighed ( ), wondering how he was ever going to explain why he had made such a stupid mistake to his boss.
1 inherently **2** lethally
3 ruefully **4** coarsely

(8) After the lecture, students will be able to ask the guest speaker some questions. However, as we do not have much time, we'd like to request that you keep your questions short and ( ) to the main theme.
1 kindred **2** pertinent
3 seditious **4** laudable

(9) Around the time the boy crashed his bicycle, his mother had a sudden ( ) that her son had been involved in an accident of some kind.
1 emulation **2** premonition
3 naturalization **4** persecution

(10) Ellen was trying to study for her chemistry test, but her little brother kept ( ) her, so it was impossible to concentrate.
1 fortifying **2** amassing
3 bestowing **4** pestering

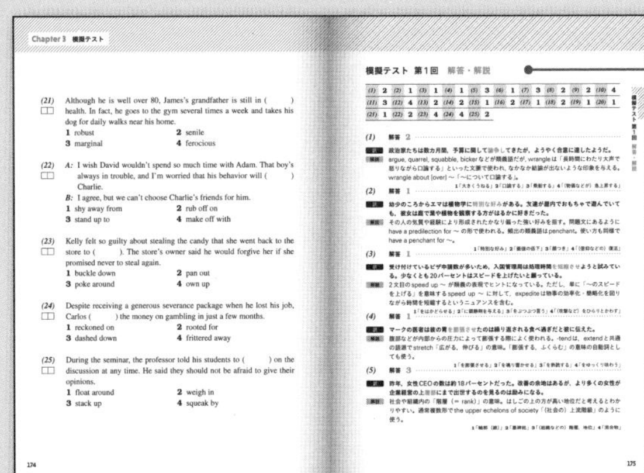

(21) Although he is well over 80, James's grandfather is still in ( ) health. In fact, he goes to the gym several times a week and takes his dog for daily walks near his home.
1 robust **2** senile
3 marginal **4** ferocious

(22) *A:* I wish David wouldn't spend so much time with Adam. That boy's always in trouble, and I'm worried that his behavior will ( ) Charlie.
B: I agree, but we can't choose Charlie's friends for him.
1 shy away from **2** rub off on
3 stand up to **4** make off with

(23) Kelly felt so guilty about stealing the candy that she went back to the store to ( ). The store's owner said he would forgive her if she promised never to steal again.
1 buckle down **2** pan out
3 poke around **4** own up

(24) Despite receiving a generous severance package when he lost his job, Carlos ( ) the money on gambling in just a few months.
1 reckoned on **2** rooted for
3 dashed down **4** frittered away

(25) During the seminar, the professor told his students to ( ) on the discussion at any time. He said they should not be afraid to give their opinions.
1 float around **2** weigh in
3 stack up **4** squeak by

模擬テスト 第1回 解答・解説

(1)	2	(2)	1	(3)	1	(4)	1	(5)	3	(6)	1	(7)	3	(8)	2	(9)	2	(10)	4
(11)	3	(12)	4	(13)	2	(14)	2	(15)	1	(16)	2	(17)	1	(18)	2	(19)	1	(20)	1
(21)	1	(22)	2	(23)	4	(24)	4	(25)	2										

(1) 解答 2

訳 政治家たちは数カ月間、予算に関して論争してきたが、ようやく合意に達したようだ。
解説 argue, quarrel, squabble, bickerなどが類義語だが、wrangleは「長時間にわたり大声で怒りながら口論する」といった文脈で使われ、なかなか結論が出ないような印象を与える。wrangle about [over] ～「～について口論する」。
1「大きくうねる」2「口論する」3「乗船する」4「(物価などが) 急上昇する」

(2) 解答 1

訳 幼少のころからエマは植物学に特別な好みがある。友達が屋内でおもちゃで遊んでいても、彼女は庭で葉や植物を観察する方がはるかに好きだった。
解説 その人の気質や経験により形成されたかなり偏った強い好みを指す。問題文にあるようにhave a predilection for ～ の形で使われる。頻出の類義語はpenchant。使い方も同様でhave a penchant for ～。
1「特別な好み」2「価値の低下」3「顔つき」4「(信仰などの) 復活」

(3) 解答 1

訳 受け付けているビザ申請数が多いため、入国管理局は処理時間を短縮させようと試みている。少なくとも20パーセントはスピードを上げたいと願っている。
解説 2文目のspeed up ～ が類義の表現でヒントになっている。ただし、単に「～のスピードを上げる」を意味するspeed up ～ に対して、expediteは物事の効率化・簡略化を図りながら時間を短縮するというニュアンスを含む。
1「をはかどらせる」2「に鎮静剤を与える」3「をぶつぶつ言う」4「(攻撃など) をひらりとかわす」

(4) 解答 1

訳 マークの医者は彼の胃を膨張させたのは繰り返される食べ過ぎだと彼に伝えた。
解説 腹部などが内部からの圧力によって膨張する際によく使われる。-tendは、extendと共通の語源でstretch「広がる、伸びる」の意味。「膨張する、ふくらむ」の意味の自動詞としても使う。
1「を膨張させる」2「を鳴り響かせる」3「を熟読する」4「をゆっくり味わう」

(5) 解答 3

訳 昨年、女性CEOの数は約18パーセントだった。改善の余地はあるが、より多くの女性が企業経営の上層部にまで出世するのを見るのは励みになる。
解説 社会や組織内の「階層（= rank）」の意味。はしごの上の方が高い地位だと考えるとわかりやすい。通常複数形でthe upper echelons of society「(社会の) 上流階級」のように使う。
1「輪郭（線）」2「墓碑銘」3「(組織などの) 階層、地位」4「混合物」

解答

解答と訳と解説が掲載されています

別冊「単語リスト」

問題の選択肢の語（句）と語義がまとめてあります。 語義は赤セルシートで消えるようになっています。（詳しい利用法は別冊をご参照ください）

音声について

別冊に掲載されている語と語義の音声をお聞きいただけます。音声は以下の2つの方法で聞くことができます。

公式アプリ「英語の友」(iOS/Android)で聞く場合

❶「英語の友」公式サイトより，アプリをインストール

https://eigonotomo.com/

(右の2次元コードからアクセスできます)

英語の友　検索

❷ライブラリより「英検分野別ターゲット 英検1級 単語・熟語問題［改訂版］」を選び，「追加」ボタンをタップ

●本アプリの機能の一部は有料ですが，本書の音声は無料でお聞きいただけます。
●詳しいご利用方法は「英語の友」公式サイト，あるいはアプリ内ヘルプをご参照ください。
●本サービスは予告なく終了することがあります。

パソコンに音声データ(MP3)をダウンロードして聞く場合

❶以下のURLからWeb特典にアクセス

https://eiken.obunsha.co.jp/1q/

❷本書を選び，以下のパスワードを入力してダウンロード

rfscoi（※すべて半角アルファベット小文字）

❸ファイルを展開して，オーディオプレーヤーで再生

音声ファイルはzip形式にまとめられた形でダウンロードされます。展開後，デジタルオーディオプレーヤーなどで再生してください。

●音声の再生にはMP3を再生できる機器などが必要です。
●ご使用機器，音声再生ソフト等に関する技術的なご質問は，ハードメーカーもしくはソフトメーカーにお願いいたします。
●本サービスは予告なく終了することがあります。

Chapter 1
攻略ポイント

問題形式と過去問分析

英検1級の問題形式と単語・熟語問題の過去問分析をまとめています。学習を始める前に把握しましょう。

英検1級試験形式

技能	形式	問題数	満点スコア	試験時間
リーディング	短文の語句空所補充	25問	850	100分
	長文の語句空所補充	6問		
	長文の内容一致選択	10問		
ライティング	英作文	1問	850	
リスニング	会話の内容一致選択	10問	850	約35分
	文の内容一致選択	10問		
	Real-Life形式の内容一致選択	5問		
	インタビューの内容一致選択	2問		
スピーキング	自由会話	−	850	約10分
	スピーチ	1問		
	Q&A	−		

単語・熟語問題の問題形式

形式

20-30語程度の短文または短い会話文の空所に入る適切な語(句)を4つの選択肢から選ぶ。

解答時間のめやす

15分

過去問分析

※2020年度第1回から2022年度第3回のテストを旺文社で独自に分析しました。

出題数

単語	21問（動詞，名詞，形容詞，副詞）
熟語	4問（句動詞）

- (1)～(21)は単語，(22)～(25)は熟語（句動詞）の問題。
- 全25問を15分で解答するには，平均すると1問につき36秒となるので，1問にかける時間は30秒程度を目安にするとよい。

形式

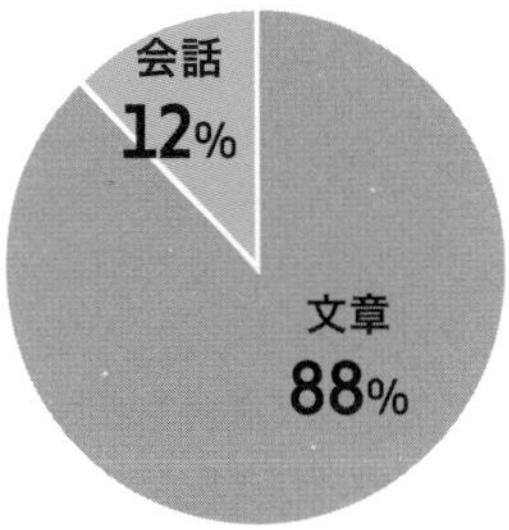

出題される品詞

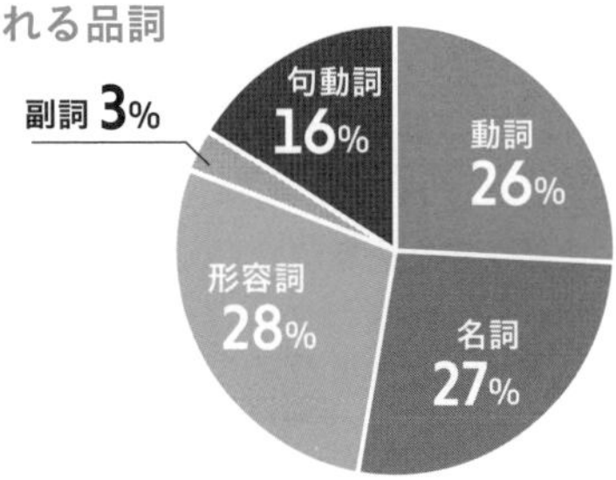

問題文のカテゴリー

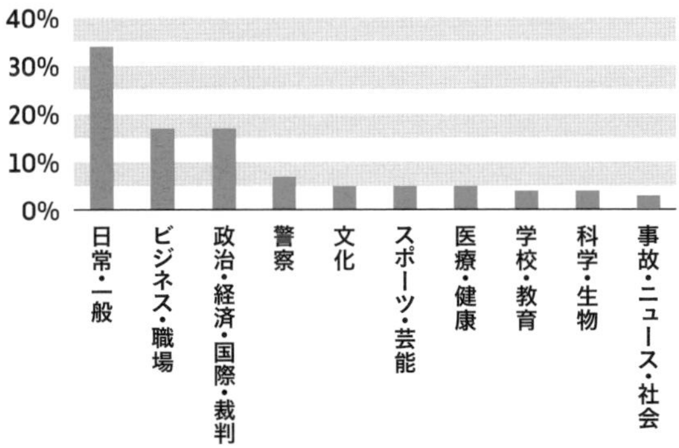

- 回によって変動はあるが，会話は1～5問ほど出題される。
- 品詞も回によって変動はあるが，動詞・名詞・形容詞がほぼ同程度に出題され，副詞が問われることもある。
- 問題文のカテゴリーでは，「日常・一般」分野の出題が最も多いが，「ビジネス・職場」「政治・経済・国際・裁判」「警察」「科学・生物」など，さまざまな分野の出題がある。

1　問題攻略編

ここでは，英検１級の単語・熟語問題（語彙問題）を効率的に解くために必要な攻略法を紹介します。まずは，出題の傾向や特徴を理解し，時間配分も含めた基本的な解き方について解説します。その後，実際に例題を解きながら各種出題パターンを知り，それぞれの攻略法について理解し，実践に生かしてください。

1. 英検１級の単語・熟語問題とは？

英検１級の単語・熟語問題は「大学上級程度：約10,000〜15,000語レベル」だとされていますが，これがどんなレベルなのかはあまりピンときませんね。わかりやすく言えば，英字新聞や雑誌で日常的に使用される比較的フォーマルな単語，あるいは英語圏の大学の教科書などで普通に使われている語彙です。6,000〜8,000語レベルである準１級に合格した後にさらに上級の英文を理解するには欠かせない語彙レベルです。これらをマスターすることで，より実践的な英語力アップが期待できるでしょう。

出題の特徴として，過去に出された単語が繰り返し出題されることが挙げられます。もちろんそれらが重要単語であるゆえですが，対策として過去問は大いに役立ちます。初めて出題される単語もありますが，非常に珍しい難易度の高い単語というよりは，生活の中で英語に触れていればどこかで出会ったことのある単語である場合がほとんどです。また，句動詞に関しても過去に出題されたものが頻繁に再登場しますので，それらを中心に学習するのが効率的だと言えます。

2. 基本的な解答の手順

まずは，次の文を読んで空所にどんな単語が入るかを考えてみましょう。

例題　　※例題はすべてChapter 2に掲載されている問題です。

After forgetting their wedding anniversary, Peter tried to (　　　) his angry wife with flowers. However, she made it clear that it would take much more than that for her to forgive him.

「ピーターは怒っている妻を花束で○○しようとしたが，上手くいかなかった」という大まかな意味を理解してください。そして，まだ選択肢は見ずに空所に入る単語を思い浮かべてみてください。おそらく「（怒っている妻）をなだめる」のような意味が入るので，appease, placate, soothe あたりが入るかと考えながら選択肢に目を移すのが理想的です。

1 excavate　**2** baffle　**3** mollify　**4** epitomize

考えていたappease, placate, sootheなどと近い意味の**3** mollify「をなだめる」が正解です。問題文は非常にロジカルに作られているので，選択肢を見ずに問題文を読んでも空所に入る語の意味を推測できることがほとんどです。先に誤りの選択肢まで見てしまうと，考え過ぎて時間が取られてしまいがちなので，あまりお勧めしません。本書の問題を解く際にもぜひこの方法を実践してください。

3. 時間配分について

英検1級1次試験では時間配分がとても重要です。大問1～4を100分で解くことを考えると，大問1の「短文の語句空所補充」にかけられるのは15分程度です。1問につき30～40秒と考えてください。それ以上の時間を費やしてしまうと，読解問題や英作文問題で思うような解答ができない可能性が高まります。ですので「正解できればよい」のではなく，「制限時間内に正解できる」ことを心がけましょう。

4. 問題文を読む際の注意

意外と多いのが問題文の読み間違いです。選択肢の単語は知っているのに，問題文の意味を勘違いしたために正解できないのは悔しいですね。そのようなことのないよう，落ち着いて意味を把握するようにしましょう。問題文も準1級よりやや難しく作られています。文型が取りづらかったり，倒置や省略が含まれていたりする場合もあります。このあたりは語彙問題とはいえ読解力も問われるところです。瞬時に文型を理解し，文全体の意味から論理的に空所に入る単語を選ばなければなりません。また，選択肢に似たようなつづりの単語がひっかけとして含まれる場合もありますので，落ち着いて対応するようにしましょう。

5. 選択肢の意味がわからないときの対処法

問題文を読み，空所に入る単語の意味がわかったとしましょう。次に選択肢からその意味の単語，またはそれに近い意味の単語を選ぶのですが，迷う場合もあるでしょう。その場合には以下を参考に対処してください。

(1) 消去法を利用して明らかに不適切な単語を除外する。
(2) 似ている単語や語源から知らない単語の意味を推測する。
(3) 以上から最も正解の可能性の高い選択肢を選ぶ。

それでも正解を選ぶ根拠が見つけられない場合は，適当にマークして先に進みましょう。1問につき30～40秒の時間配分を忘れないでください。迷っていると時間ばかりが経ってしまうので，最後は潔く解答して新たな気持ちで次の問題に取り組むことが大切です。

出題パターン別攻略法

❶因果関係から解く

「原因」→「結果」に注目して空所に入る単語を選ぶ問題です。「原因」部分に空所が含まれる場合と「結果」部分に含まれる場合がありますが，あくまでも常識的に因果関係を考えることが重要です。

【例題1】

An increase in the number of factory farms which can produce food at lower prices **has led to** the (　　　) of the small family-owned farm in many countries.
1 indolence　**2** collateral　**3** swarm　**4** demise

主語の部分が「原因」, has led toの目的語が「結果」という関係です。「低価格で食料を生産できる工場式農場が増加した結果, 小規模な家族経営の農場がどうなったのか？」を考えると,「破綻，激減，消滅」などのマイナスの意味の単語が入るのだろうと予想できます。したがって，正解は**4** demise「終焉（しゅうえん）」です。
lead to ～ 以外にcause, result in ～, bring about ～ なども同様に「原因→結果」の関係を表しますが，これらの表現では原因・結果ともに名詞（名詞相当語句）が使われることにも注意が必要です。

【例題2】

The documents in the filing cabinet were arranged **so** (　　　) **that** it took Olivia more than an hour to find the one she was looking for.
1 brusquely　**2** adamantly　**3** fervently　**4** haphazardly

いわゆるso ... that ～ 構文「とても…なので～だ」が使われています。つまりthatの前が原因，that後はその結果という関係です。「ファイリング・キャビネットの書類がどのように並べられていたから，オリビアが書類を見つけるのに1時間以上かかったのか？」を考えると，**4** haphazardly「無計画に」が正解だとわかります。

上記のほかにも「原因」と「結果」が節［文］である場合には，以下の接続詞・副詞（句）を含む出題も考えられます。

【接続詞】
[結果となる文] because [since, as] [原因となる文].
Because [Since, As] [原因となる文], [結果となる文].

【副詞（句）】
[原因となる文]. Therefore [Consequently, As a result], [結果となる文].
※副詞（句）の場合は2文になることに注意

❷逆接・譲歩の表現から解く

問題文に逆接や譲歩の表現が含まれている場合には，空所はどのような意味になるのかをロジカルに推測して解答を導き出します。当初考えていたのとは反対の事実であったり，意外な結果が判明するような状況であると考えましょう。

【例題1】

Early news reports blamed the driver for causing the bus accident. **However**, he was later (　　　) when it was discovered that there had been a problem with the vehicle's brakes.

1 exonerated　　**2** fomented　　**3** propelled　　**4** bungled

問題文は2文から構成され，2文目は逆接の副詞howeverから始まっています。1文目で「当初の報道では，バスの事故はドライバーに責任があるとしていた」とあり，2文目にHoweverがあることで，それが覆され意外な展開になったと推測できます。正解は**1** exonerated「の嫌疑を晴らす」。「その後車両のブレーキに問題があったことがわかり，彼の嫌疑は晴れた」と続けば，Howeverでロジカルにつなげることができます。

howeverは文中に挿入されることも少なくありませんが，その場合も見落とすことなく文脈を正しく理解しましょう。同様の副詞（句）にはnevertheless, nonetheless, on the contraryなどがあります。また，接続詞butを使い1文で述べられている場合も考え方は同じです。

【例題2】

Although the bank robber insisted that he had been working alone, the police were sure he must have had at least one (　　　) helping him.

1 hermit　　**2** accomplice　　**3** curator　　**4** forerunner

接続詞although, even though, whileは「～だけれども」の意味となる譲歩の副詞節を導きます。したがって，主節は反対・意外・対照的な内容になります。例題ではalthoughから始まる副詞節で「銀行強盗は1人でやったと主張した」とありますが，警察はそれに反して「○○が手伝っていたに違いないと確信していた」ということです。正解は**2** accomplice「共犯者」。

またdespite, in spite of ～ は譲歩を表す前置詞です。前置詞の後には文ではなく名詞を置く必要があるので，例題を書き換えるとしたらDespite [In spite of] the bank robber's insistence that he had been working alone, ... となります。

❸単語の説明から解く

空所に入る単語の意味が問題文の別の箇所で説明されているパターンがあります。このタイプの問題はロジカルに考えるというよりは，丁寧に文の意味を理解することが重要です。

【例題1】

The president is known for his tendency to (　　　). **It is nearly impossible to get a clear, honest answer from him.**

1 prevaricate　**2** matriculate　**3** resuscitate　**4** exterminate

1文目で「大統領は○○する傾向があることで知られている」とありますが，どんな傾向なのかの説明が2文目です。「彼から明確で率直な回答を得るのはほぼ不可能である」ことから，大統領ははっきりした態度を取らないのだろうとわかります。最も近い意味の**1** prevaricate「言葉を濁す」が正解です。

【例題2】

Agatha Christie was one of the most (　　　) writers of the 20th century. **In her lifetime, she wrote over 200 works including 66 novels and 14 short story collections.**

1 prolific　**2** carnivorous　**3** idyllic　**4** putrid

こちらは形容詞を入れる問題ですが，解き方は同様です。1文目で「アガサ・クリスティは20世紀の最も○○な作家の1人だった」とあり，どんな作家であったかの説明が続く2文目で述べられています。「彼女は生涯に66の小説と14の短編集を含む200以上の作品を書いた」とあることから，多くの作品を残したことがわかります。この内容から正解として**1** prolific「多作の」が選べるでしょう。例題では1文目に空所があり2文目で説明していますが，反対に1文目で説明し2文目に空所が含まれるパターンもあります。

また，空所に名詞が入る場合にはその単語の具体例を紹介する場合もあります。例示の目印となるfor example, for instance, such as, including, likeなどが使われることが多いので，これらに注目しましょう。

❹類義語・反意語から解く

問題文中の単語の類義語や反意語が空所に入るという出題パターンがあります。文脈を理解し，ヒントとなる単語が特定できると素早く正解を選ぶことができるでしょう。そのためには，日ごろから類義語や反意語を意識しながら学習することが単語・熟語問題対策としても有効です。

【例題1】

In general, it is better to (　　　) waste than to bury it in the ground. However, if the garbage is not **burned** properly, it can create air pollution.

1 encapsulate　**2** advocate　**3** incinerate　**4** precipitate

英語では同じ単語を繰り返し使うことを避ける傾向があります。その傾向が単語・熟語問題でも自然に表れると考えましょう。1文目で「一般に，廃棄物は地中に埋めるよりも○○する方がよい」とあり，2文目では「しかし，適切に燃やされなければ大気汚染を引き起こしかねない」と述べていることから「○○する」は「燃やす」であろうと推測できます。したがって，burnの類義語である**3** incinerate「を焼却する」が正解です。

ヒントとなっているburnは語彙レベルが低く，空所に入るincinerateは1級レベルです。wasteをsquanderに言い換え，harmfulをdetrimentalに言い換えるというように，このパターンでは易しい単語から難易度の高い単語への言い換えがなされ，空所が作られます。

【例題2】

At first, most of the students in Emma's English class were (　　　) to answer questions. However, over time they began to gain confidence and became more **talkative**.

1 flippant　**2** turbulent　**3** reticent　**4** strident

反意語が空所のヒントになっています。「最初は，エマの英語のクラスの生徒の大半は質問に答えるのに○○だった」とあり，Howeverという逆接の語の後に「時間と共に彼らは自信をつけ始め，もっと口数が多くなった」とあることから，最初はあまり話さなかったと理解できます。つまり，正解はtalkativeの反意語である**3** reticent「無口な」。反意語から正解を導き出すパターンも類義語パターンと同様に，ヒントになる単語は比較的易しい単語であることがほとんどです。例を挙げると，selfishに対してaltruistic，decreaseに対してaugment，hostilityに対してcamaraderieなどです。

❺コロケーションで解く

単語・熟語問題では単語の意味だけではなく空所の前後を見て，コロケーションや語法から正解が選べる問題も少なくありません。これらは知っていれば瞬時に正解を選べ，時間の節約にもなるので，しっかりと対策しておきたいところです。

【例題1】

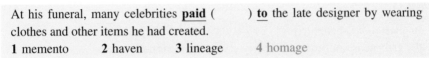

At his funeral, many celebrities **paid** (　　) **to** the late designer by wearing clothes and other items he had created.
1 memento　**2** haven　**3** lineage　**4** homage

正解の**4** homageの意味がはっきりと思い出せなくても，pay homage to ～「～に敬意を表する」というフレーズを聞いたことがあれば正解を選べるでしょう。ほかの選択肢ではどれもpayの目的語として不適切です。

以下は名詞を含む知っておくべき重要フレーズです。名詞の前後の動詞や前置詞が正解を導くヒントになるかもしれませんので，セットで覚えておきましょう。

・bear [take] the brunt of ～　～の矢面に立つ
・have a knack for ～　～のこつを知っている
・raise [play] havoc with ～　～をめちゃくちゃに破壊する
・bear [have] a grudge against ～　～に恨みを抱く
・get [understand] the gist of ～　～の要点を理解する
・on the verge [brink] of ～　～にひんして，～の寸前で
・at the pinnacle of ～　～の絶頂期に
・to the detriment of ～　～を犠牲にして
・with impunity　刑罰を受けずに
・in compliance with ～　～に従って
・at the inception of ～　～の始めに
・in contradiction to ～　～と矛盾して
・pay homage [tribute, deference] to ～　～に敬意を表する
・have no qualms [scruples] about ～　～を何とも思わない

【例題2】

For the past two weeks, Janet has been (　　　) **between** France and Italy as a destination for her upcoming vacation. She will have to decide soon, though, because she needs to buy plane tickets.

1 wavering　　**2** igniting　　**3** bluffing　　**4** pouncing

空所後のbetweenを見てすぐに正解を選べるのが理想です。**1** wavering「迷う，(心が)揺れ動く」はwaver between A and B「AとBの間で迷う」の形で頻繁に使われます。単にwaverの意味を覚えるのではなく，実際の文でどのように使われるか，その語法にも気を配るようにしましょう。

以下は特に重要な動詞の語法です。これらを知っていると空所後の前置詞がヒントとなり，正解を自信を持ってより素早く選べるでしょう。

・meddle [intervene] in ～　～に干渉する
・inculcate [instill] A into B　AをBに教え込む
・coerce A into *doing*　Aに～することを強要する
・coax A into *doing*　Aをおだてて～させる
・beguile A into *doing*　Aを欺いて～させる
・infringe [encroach] on ～　～を侵害する
・censure A for B　BのことでAを非難する
・reprimand [rebuke] A for B　BのことでAを叱責する
・recuperate from ～　～から回復する
・emancipate [exonerate] A from B　AをBから解放する
・abstain from ～　～を控える
・emanate from ～　～から生じる
・succumb to ～　～に負ける，～で死ぬ
・capitulate to ～　～に屈服する
・relegate A to B　AをBに追いやる

2 語彙力アップ編

これまでは単語・熟語問題の攻略法に関する説明でしたが，そもそもの語彙力を上げなければ，攻略法もあまり有効ではありません。そして言うまでもなく，語彙力は英語の４技能すべての土台となるものです。ここでは，語彙力アップのための方法を紹介します。ぜひご自身に合ったやり方を見つけ，合格を勝ち取ってください。

❶短期記憶を長期記憶にする

英語学習に関する悩みで最も多いのは「単語が覚えられない」ではないでしょうか。この「覚えられない」は「覚えてもすぐに忘れてしまう」と言い換えられます。つまり，短期記憶を長期記憶にすることができないということです。これは自然なことなので，悩む必要はありません。一度覚えてもそのままでは忘れてしまって当然です。長期記憶にするために必要なのは，単純に「**繰り返し覚え，繰り返し出会う**」ことです。

覚えても忘れるのであれば，また覚えればよいのです。つまり，一度覚えて安心せずに，何度も繰り返し目にして耳にして記憶に定着させるわけです。そのために重要なのは，完璧を目指さずに常に多くの単語に触れることです。例えば，1日に20語を完璧に覚えようとするのではなく，100語を毎日繰り返し覚えようとする方が長期記憶に移行しやすい傾向があります。何度やっても覚えられない単語は，付箋に書き出して目に付く場所に貼ったりスマートフォンのメモに入れてすき間時間に見るなどして，触れる回数を意識的に増やしてください。オンラインの単語帳アプリも各種あるので，自分に最も合った方法を見つけるとよいでしょう。

さらに長期記憶として定着させるために効果的なのは，覚えた単語に出会う回数を増やすことです。英字新聞や雑誌を読んでいて，覚えた単語が出てきて嬉しかったという経験は誰にでもあると思います。そのためには，日ごろからできるだけ多くの英語に触れることです。内容はどんなものでも構いません。知らない単語があっても辞書なしでストレスなく読める程度のレベルが理想的です。また，読むだけでなくニュースを聞いたり，興味のあるスピーチ動画を視聴するのもお勧めです。インターネット上にも英語の教材はあふれています。ぜひ有効に活用してください。

❷工夫を加える

語彙を増やすためには「繰り返し」が基本ですが，そこにちょっとした工夫を加えると，単に繰り返すだけよりも記憶に残る可能性が高まります。いくつかの方法がありますが，どれがよいのかは単語によっても違います。特に覚えにくい単語に関しては，以下のいずれかの方法（またはその組み合わせ）で覚えていくようにしましょう。これらの方法はコラムでも紹介しているので，あわせて参照してください。

【プラス・マイナス】

初めて出会う単語の意味が覚えにくい場合には，例えばvenerate, impeccableなどはプラスの意味，revile, harrowingなどはマイナスの意味，というようにまずは単語のイメージをつかむようにしましょう。動詞のコラム(p. 24-25)も参考にしてください。

【語源】

単語によっては語源を知ることで覚えやすくなります。本書の解説でも紹介していますので役立ててください。語源が掲載されている辞書もあるので，参考にしてください。

【コロケーション】

個々の単語だけで覚えるのではなく，他動詞であれば相性のよい目的語(＝名詞)，形容詞であれば相性のよい名詞と合わせて覚えたり，語法を含めてフレーズで覚えるのも役立ちます。コロケーションの辞典などを活用するのもよいでしょう。

【派生語】

名詞のコラム(p. 64-65)でも紹介していますが，覚えにくい単語の品詞違いの派生語を確認し，一緒のグループにしておくと整理され記憶に残ります。

【類義語・反意語】

すべての単語に当てはまるわけではありませんが，覚えにくい単語は既に知っている類義語や反意語と結びつけて覚えるのが有効です。特に英検１級の単語には類義語が多くあります。細かいニュアンスの違いは後回しにして，まずは大まかな意味が同じということで同じ引き出しにしまっておきましょう。シソーラス(類義語辞典)の活用もお勧めです。

【ジャンル別】

名詞のコラム(p. 64-65)でも紹介していますが，ジャンルごとに単語のグループを作る方法です。動詞や形容詞など異なる品詞でも，同じジャンルに入れられそうなものは一緒にしておきましょう。

【紛らわしい単語】

どんな方法を使っても形が似ていて，紛らわしく覚えられない単語が出てきます。実はネイティブ・スピーカーでも混同している場合があるほどです。これらは意識して区別する必要があります。以下，参考に挙げておきますが，紛らわしいと思う単語があったら，すぐにメモすることを習慣づけましょう。

・congenial「(人の性格などに)適した」/ congenital「先天的な」
・insolent「横柄な」/ indolent「怠惰な」
・apprise「に知らせる」/ appraise「に値を付ける」
・lucid「明快な」/ lurid「恐ろしい」
・rupture「破裂，不和」/ rapture「大喜び」
・indignant「憤った」/ indigent「貧しい」

・ramble「ぶらぶら歩く」/ rumble「ゴロゴロ鳴る」
・ingenuous「純真な」/ ingenious「独創的な」
・desperate「絶望的な」/ disparate「本質的に異なる」
・flagrant「目に余る」/ fragrant「香りのよい」
・impudent「生意気な」/ imprudent「軽率な」
・mortify「に恥をかかせる」/ mollify「をなだめる」
・bellow「怒鳴る」/ billow「(炎・煙などが)うねる」
・discreet「分別のある」/ discrete「別々の」

❸音声を活用する

単語を覚える際には目で見るだけでなく，音声を利用することが重要です。視覚に聴覚が加わり，覚える手段として役に立つ情報が増えるだけでなく，正確な音声をインプットするのも大切なポイントです。せっかく単語の意味を覚えても間違った発音で覚えていては，リスニングで出会ったときに認識できないかもしれません。本書の音声も利用し，正しい発音を聞きながらすぐにその単語の意味が思い浮かべられるようになるまで練習してください。

❹音読のすすめ

音声を活用する際は必ず音読して発音練習もしてください。音声の確認にもなりますし，自身で発音した音を聞くことでさらに記憶の定着が図れます。もちろんスピーキングの練習にもなります。単語・熟語問題の対策にとどまらず，せっかく覚えた単語ですから，できるだけ英語の4技能に生かすよう心がけましょう。

❺継続するために

やり方がわかったら，あとは「継続あるのみ」です。でも，実はこれが一番難しいかもしれません。継続するために重要なのは，無理のないペースでモチベーションをキープすることです。特に単語学習に関しては，必ずしも机に向かう必要はありません。5〜10分のすき間時間を利用することもできます。長時間の学習よりもこの方が飽きることなく効率がよいかもしれません。また，朝起きてすぐの10分，あるいは寝る前の10分というように，単語学習をルーティン化するのもよいでしょう。そして何よりも「楽しさ」を実感できるような工夫を加えてください。語彙が増えると英語の理解が深まり，世界が劇的に広がります。

Good luck!

Chapter 2
練習問題

Unit 1　動詞

Unit 2　名詞

Unit 3　形容詞・副詞

Unit 4　句動詞

動詞を覚える！

英文において動詞は中心的な役割を果たします。つまり，動詞の意味がわからなければ，文章の意味が取れずにとんでもない勘違いをしてしまう可能性もあります。そのようなことのないように，重要な動詞はしっかり押さえておく必要があります。ここでは長く記憶にとどめる助けとなるいくつかの方法をご紹介します。

プラス・マイナスのイメージ

The teacher (　　　) the student because ...

このような文があったとしましょう。because以下が好ましい内容だった場合には，空所には「をほめる」などのプラスの意味の動詞が入り，悪い内容だった場合には「を叱責する」などのマイナスの意味の動詞が入ります。たとえ正確な意味が思い出せなくてもおおよそのプラス・マイナスのイメージで動詞を選ぶことも可能ですので，まずはその感覚を身につけるとよいでしょう。

【プラスの意味の動詞】

acclaim, venerate, extol, regale, ameliorate, exult, revamp, eulogize, flourish, augment, refurbish

【マイナスの意味の動詞】

rankle, exacerbate, disparage, pester, exasperate, wane, vilify, decimate, mangle, denigrate, revile

類義語・反意語

新たな動詞を覚える際，既に知っているその動詞の類義語や反意語と一緒に記憶するのも有効な手段です。単語問題ではこれらが正解のヒントになることもあるので，以下のようなペアで覚えておきましょう。

【類義語】

stymie/thwart, foment/instigate, mollify/appease, revoke/abrogate, plunder/ransack, contravene/violate, guzzle/devour, waive/relinquish

【反意語】

acquit/convict, ameliorate/deteriorate, integrate/segregate, persuade/dissuade, stunt/promote

コロケーション

動詞の意味のみを覚えるよりも，他動詞であれば相性のよい目的語とセットで覚えると非常に有効です。例えば，incur「(損害など)を被る，(怒りなど)を招く」と覚えるよりも，incur loss [cost, expense, debts, damage, *a person's* anger]を知っていれば，日本語に訳す必要もありません。以下に重要なコロケーションを挙げますが，本書の問題でもコロケーションを意識しながら学習を進めてください。

muster support [*one's* courage, strength] 「を集める，(勇気など)を奮い起こす」
debunk the belief [idea, myth, notion] 「(主張・説など)の誤りを暴露する」
invoke a law [*a person's* mercy] 「(法など)を行使する，(援助など)を嘆願する」
appease *one's* hunger [appetite] 「(空腹・欲求など)を満たす」
brandish a weapon [sword] 「(武器など)を振り回す」
vanquish *one's* enemy [opponent, rival] 「(敵など)を打ち負かす」

語法：前置詞に注目！

動詞を覚える際には，その意味だけでなく使い方もあわせて覚えるようにしましょう。例えばpreventであれば，prevent A from B のように後にfromがよく見られますが，このような前置詞が正解を選ぶヒントになることもあります。

absolve A of B「AをBから解放する」
extradite A to B「AをBに送還する」
revel in ～「～を大いに楽しむ」
delve into ～「～を調査する」
extricate A from B「AをBから救い出す」
sequester A from B「AをBから隔離する」

接頭辞

接頭辞の知識があると，その動詞の意味がイメージしやすくなります。覚えにくい単語は接頭辞の意味から理解することが記憶の定着の助けとなるでしょう。

pro-「前に，前へ」	procure, promote, proliferate
com-/con-「共に」	commingle, convene, concoct, congregate
dis-「分離，除去」	dissipate, dismantle, dissect, dispel
e-/ex-「～から，外へ」	exude, expatriate, exhale, effuse, emanate
re-「後ろに，元に」	recede, reciprocate, retort, resuscitate, repatriate
sub-「下，下の」	subdue, submerge, subjugate, subsist, subvert
se-「離れて」	secede, seclude, segregate
ab-「離れて」	absolve, abhor, abdicate, abscond, abduct
trans-「超えて，横切って」	transcend, transpose, transpire

Unit 1 動詞

(1) Although the storm has ( ), snow is still falling, and it will take a few hours before the roads have been cleared so that people can drive safely.

1 defaulted **2** abated
3 floundered **4** bartered

(2) ( ) her courage, Monique walked up to the handsome stranger at the table beside her and asked him for a date.

1 Omitting **2** Distorting
3 Pecking **4** Mustering

(3) The criminals ( ) a wealthy businessperson and demanded millions of dollars for his safe return. Fortunately for the man, the police rescued him, and the criminals went to jail.

1 revitalized **2** delineated
3 sanitized **4** abducted

(4) *A:* Do you really think we can afford such an expensive vacation, honey?
B: Yes, let's ( ) a little. We've been working really hard this year, so we should relax and enjoy a bit of luxury.

1 gargle **2** whimper
3 splurge **4** cringe

(5) Emma did not want to become ( ) in the argument between her coworkers, so she did her best to stay away from them until they stopped fighting.

1 amplified **2** liquidated
3 muttered **4** embroiled

(6) Even though America's slaves were ( ) during the Civil War, they continued to face discrimination long after they were freed.

1 emancipated **2** insinuated
3 rejuvenated **4** orchestrated

(1) 解答 2

訳 **吹雪は弱まったが，雪はまだ降っている。道路が除雪されて安全に運転できるまでには数時間かかるだろう。**

解説 原形はabate。暴風のほか，痛み，怒り，勢い，程度などが「弱まる，衰える，和らぐ」の意味で，subside, wane, die downなどの類義語と一緒に覚えよう。他動詞として，「(勢い・苦痛など) を和らげる，を弱める」の意味でも使われる。

1「(義務を) 怠る」**2**「(暴風などが) 弱まる」**3**「まごつく」**4**「物々交換する」

(2) 解答 4

訳 **勇気を奮い起こして，モニークはそばのテーブルに座るハンサムな見知らぬ人物に歩み寄りデートに誘った。**

解説 さまざまな目的語が続くが, muster support「支持を集める」はよくあるコロケーション。muster the confidence [strength, motivation]「自信［力，やる気］を奮い起こす」もあわせて覚えておこう。「(兵士など) を招集する」の意味もある。

1「を省略する」**2**「をゆがめる」**3**「を (くちばしで) つつく」**4**「(勇気など) を奮い起こす」

(3) 解答 4

訳 **犯人たちは裕福な実業家を誘拐し，彼の安全な帰還と引き換えに数百万ドルを要求した。男性にとって幸いなことに，警察が彼を救出し，犯人たちは刑務所に行った。**

解説 ab- ＝ away, -ductはleadから，「(人) を離れた場所へ導く」→「を誘拐する，を拉致する」の意味。主に力ずくで連れ去る場合に使う。日常的にはkidnapが好まれ，abductは主にジャーナリズムで使用される。

1「に再び活力を与える」**2**「を描写する」**3**「を衛生的にする」**4**「を誘拐する」

(4) 解答 3

訳 **A：あなた，そんなお金のかかる休暇を過ごす余裕があると本当に思っているの？**
B：うん，少しはぜいたくしようよ。僕たち，今年は本当に頑張って働いてきたから，リラックスして少しはぜいたくを楽しむべきだよ。

解説 「収入に不相応の出費をする」という文脈で使われることが多い。自動詞としてsplurge on a vacationのように使うほか，他動詞として「金銭」を目的語としてsplurge a lot of money on a vacationのようにも言える。

1「うがいをする」**2**「めそめそ泣く」**3**「湯水のように金を使う」**4**「すくむ」

(5) 解答 4

訳 **エマは同僚同士の口論に巻き込まれたくなかったので，彼らが言い争いをやめるまで彼らから距離を置くよう最善を尽くした。**

解説 「争い，口論，混乱，騒動などの困った状況に巻き込まれる」といった文脈で用いられる。通常，受動態be [become] embroiled in ～ の形で使う。involveとほぼ同義で用法も同じなので，一緒に覚えておくとよいだろう。

1「を増強する」**2**「を清算する」**3**「をつぶやく」**4**「を巻き込む」

(6) 解答 1

訳 **アメリカの奴隷は南北戦争の期間中に解放されたが，自由の身になった後も長いこと差別に直面し続けた。**

解説 文末で使われているfreeとほぼ同義だが，よりフォーマルな表現であるemancipateは主に社会的・政治的束縛や支配から「(人) を解放する」という文脈で使われる。emancipate A from B「AをBから解放する」の形で覚えておこう。

1「(束縛などから) を解放する」**2**「を遠回しに言う」**3**「を若返らせる」**4**「をうまくまとめ上げる」

(7) Shelby easily ( ) her opponents in the early rounds of the debate contest. However, as she advanced, her competitors became much stronger, and winning was no longer easy.

1 vanquished **2** impoverished
3 consoled **4** perpetuated

(8) ***A:*** Did you find out anything useful from your conversation with the senior manager?
B: Yes, she was reluctant to talk, but I was gradually able to ( ) some information. The company is planning to close one of our branches.

1 churn **2** tilt
3 glean **4** satirize

(9) Kate's son was fascinated by the way the water ( ) around and around as it went down the drain.

1 swirled **2** infringed
3 groveled **4** drizzled

(10) In American elections, it is common for volunteers to walk around their neighborhoods and ( ) for votes. They go from door to door, telling people why they think their chosen candidate is the best.

1 canvass **2** accrue
3 dwindle **4** lunge

(11) For the past several weeks, Jason has been ( ) on whether or not to quit his job. He has examined both scenarios from every possible angle, but has not yet made his final decision.

1 fraternizing **2** ruminating
3 desisting **4** masquerading

(12) At the end of her presentation, Giselle ( ) the most important points to make sure that her audience had understood them all clearly.

1 beguiled **2** tyrannized
3 subsidized **4** reiterated

(7) 解答 **1**

訳 **シェルビーはディベートコンテストの最初の方の対戦では相手を簡単に負かした。けれども，勝ち進むにつれて対戦相手もはるかに強くなり，勝つのはもはや容易ではなかった。**

解説 「(戦争などで)(敵) を征服する，を打ち破る」の意味のほか，「(競技などで)(相手) を完全に負かす (= defeat)」の意味で使われる。vanquish *one's* enemy [opponent, rival] などのコロケーションで覚えるとよいだろう。

1「を負かす」**2**「を貧しくする」**3**「を慰める」**4**「を永続させる」

(8) 解答 **3**

訳 A：**シニアマネージャーとの会話で何か有益なことはあったの？**
B：**うん，彼女は話したがらなかったけれど，徐々に情報を集められたよ。会社は支店の1つを閉鎖する予定だよ。**

解説 「(落ち穂など) を拾い集める」の意味もあるが，転じて「(情報・知識など) を苦労してこつこつと集める」といった文脈で使われることが多い。これまで見逃されていた有益な情報などを丹念に探し集めるようなニュアンスを含んでいる。

1「(牛乳など) をかき回す」**2**「を傾ける」**3**「(情報など) を少しずつ集める」**4**「を風刺する」

(9) 解答 **1**

訳 **ケイトの息子は水が排水管に流れ落ちるときのくるくると渦巻く様子に魅了された。**

解説 「(液体・気体などが) 渦巻く，旋回する」の意味。また，比喩的に「(うわさが) 渦巻く，飛び交う」の意味でも使われる。似た意味の単語にwhirlがあるが，こちらは洗濯機のように高速でぐるぐる回転するイメージ。

1「渦を巻く」**2**「侵害する」**3**「はい進む」**4**「霧雨が降る」

(10) 解答 **1**

訳 **アメリカの選挙において，ボランティアが近隣を歩き投票を頼んで回るのはよくあることだ。彼らは一軒一軒訪問して，支持する候補者がなぜ最善であると考えるのかを人々に伝える。**

解説 選挙関連の話でよく出てくる単語。「依頼して回る」の意味だが，その目的がfor ～ で続くことが多い。canvass for votes「投票を頼んで回る」，canvass for donations「寄付を頼んで回る」，canvass for support「支持を訴えて回る」など。

1「(投票などを) 頼んで回る」**2**「(利息などが) 生じる」**3**「だんだん減少する」**4**「(剣などで) 突く」

(11) 解答 **2**

訳 **この数週間，ジェイソンは仕事を辞めるかどうかを熟考してきた。彼は考えられるあらゆる角度から両方のシナリオを考察したが，まだ最終的な決断を下していない。**

解説 2文目のexamined ～ from every possible angleが言い換えになっている。「(牛などが) 反すうする」の意味から，「同じことを何度も繰り返し考える」→「熟考する」の意味に変化した。自動詞であるためruminate on [about, over] ～ のように前置詞を伴う。

1「兄弟のように交わる」**2**「沈思する，反すうする」**3**「やめる」**4**「変装する」

(12) 解答 **4**

訳 **プレゼンの最後に，ジゼルは最重要ポイントを繰り返して，聴衆がそれらをすべて明確に理解しているのを確実にした。**

解説 iterateも同様の意味だが，反復を表すre-をつけたreiterateの方が頻繁に使われる。発言を強調したり意味を明確にしたりするために繰り返すことを表す。

1「をだます」**2**「に暴政を行う」**3**「に補助金を与える」**4**「を繰り返す」

(13) Although the researchers made a lot of early progress, their recent efforts have been ( ) by problems with their lab equipment.

1 emaciated **2** besieged
3 flexed **4** stymied

(14) ***A:*** Did you hear that Natsuko has been offered a promotion three times but keeps rejecting it?

B: Yes, it's really hard to ( ) why she wouldn't take it. She'd get a lot more money, and I'm sure she'd be good at the job.

1 salivate **2** balk
3 blanch **4** fathom

(15) Spending several months ( ) in a small cabin was just what Helen needed to finish her novel. Without other people around, it was much easier to concentrate on her work.

1 sequestered **2** remunerated
3 repealed **4** deciphered

(16) Though some coaches in the league believed that winning was everything, Suzanne ( ) that type of attitude and made sure that all her players had a chance to play and have fun.

1 eschewed **2** annotated
3 lathered **4** clenched

(17) William Shakespeare has been ( ) as one of the most notable English writers in history. He is admired not just for his incredible use of language, but for the fascinating and memorable characters he created.

1 lubricated **2** venerated
3 deviated **4** nauseated

(18) The mountain range ( ) the border between the two countries, forming a natural boundary between them.

1 jeers **2** straddles
3 impels **4** deplores

(13) 解答 4

訳 **その研究者たちは最初かなり進展があったが，最近の取り組みは実験装置の問題により妨げられている。**

解説 stymieは，ゴルフ用語で「グリーン上でボールとカップの間にほかのプレーヤーのボールがありパットの妨げとなった状態」が原義。転じて「(計画・進行など) を妨害する，を邪魔する」。類義語はimpede, hamper, hinder, thwart, obstructなど。

1「をやつれさせる」**2**「を包囲攻撃する」**3**「(筋肉) を収縮させる」**4**「を妨害する」

(14) 解答 4

訳 **A：ナツコは3度も昇進の話があったのに断り続けているって聞いた？**
B：うん，なぜ彼女が受け入れないのかを理解するのは本当に難しいね。彼女はずっと多くの給与を手にするだろうし，間違いなくその仕事をうまくこなすだろうに。

解説 名詞だと「尋(ひろ)」(＝水深に用いる長さの単位)。動詞として「の水深を測る」という意味もあるが，比喩的に「を見抜く，を推測する，を理解する」の意味で使われる。通常can't [couldn't] fathomのように否定文で使う。

1「に過度に唾液を分泌させる」**2**「を邪魔する」**3**「(野菜など) を湯がく」**4**「を見抜く」

(15) 解答 1

訳 **小さな小屋に数カ月隔離されて過ごすことが，小説を書き終えるためにまさにヘレンに必要なことだった。周りに人がいないことで，はるかに容易に自分の仕事に集中できた。**

解説 sequester (人) from ～「(人) を～から隔離する」のようにfrom ～ を伴うことも多い。再帰代名詞を目的語にしてsequester *oneself* from the worldとすると，「自身を世の中から隔離する」→「隠遁(いんとん)する，引きこもる」の意味となる。

1「を隔離する」**2**「に報酬を出す」**3**「(法律など) を廃止する」**4**「を解読する」

(16) 解答 1

訳 **そのリーグには勝つことがすべてだと信じるコーチも何人かいたが，スーザンはその種の考え方は避け，確実に全選手が試合に出て楽しむ機会を持てるようにした。**

解説 「道徳的に好ましくないと考えられる行為・物事などを意図的に避ける」という文脈で使われ，avoidよりも堅い文語的表現。また「を慎む，を控える (＝ abstain from ～)」の意味になることもある。

1「を避ける」**2**「に注釈をつける」**3**「にせっけんの泡を立てる」**4**「(歯) を食いしばる」

(17) 解答 2

訳 **ウィリアム・シェイクスピアは歴史上最も著名なイギリスの作家の1人として深く尊敬されている。彼はその素晴らしい言葉遣いのみならず，作り出した魅力的で印象的な登場人物によっても賞賛されている。**

解説 2文目のadmiredがヒントとなり，その類義語が正解となるパターン。類義語はrevere, respectなどだが，venerateには「(神聖な人・物，歴史的に重要な人・物) を敬う」というニュアンスがある。形容詞venerable「立派な」も必須単語。

1「に潤滑油を差す」**2**「を深く尊敬する」**3**「を逸脱させる」**4**「に吐き気を催させる」

(18) 解答 2

訳 **その山脈は二国間の国境にまたがり，両国間の自然の境界を形成している。**

解説 straddleは，地理的に「にまたがる」の意味のほか，両足を広げて乗り物などにまたがる際にも使われる。左右の足を別々に置くことから転じて，「(問題など) にあいまいな態度を取る，について賛否を明らかにしない，について日和見する」の意味にもなる。

1「を冷やかす」**2**「にまたがる」**3**「を駆り立てる」**4**「を非難する」

(19) The team was losing badly, so Coach Murphy attempted to (　　　) everyone's confidence with an encouraging speech.

1 accredit　**2** rumple
3 launder　**4** bolster

(20) Ever since the scandal started, the mayor has been (　　　) in the press, but some people are starting to suspect that she is being treated unfairly and that she was not actually to blame.

1 invigorated　**2** vilified
3 jumbled　**4** averted

(21) After weeks of negotiations, dozens of prisoners of war are going to be (　　　). Prisoners from both sides are expected to return to their home countries in the coming weeks.

1 conjugated　**2** repatriated
3 desensitized　**4** germinated

(22) *A:* Were you (　　　) by Nikola's comments the other day?
B: Yes, I couldn't believe how rude she was. I think someone should definitely make it clear to her that she can't speak to her coworkers like that.

1 perturbed　**2** estranged
3 retracted　**4** contravened

(23) After his father (　　　) due to his poor health, Prince Steven became the king.

1 converged　**2** commiserated
3 abdicated　**4** eavesdropped

(24) Not only did Dan not notice he dropped his phone, but he completely (　　　) it by running it over with his car.

1 forestalled　**2** rebuffed
3 mangled　**4** vindicated

(19) 解答 **4**

訳 **チームがひどく負けていたので，マーフィーコーチは激励の言葉で全員の自信を高めようと試みた。**

解説 「(自信・勇気・気分・士気など) を高める」のほか，文脈によっては「を支持する，を強化する」の意味で使われる。類義語はsupport, reinforce, strengthenなど。名詞の「(枕の下に置く) 長枕」が原義で，動詞は「を長枕で支える」から「を支持する」に変化した。

1「を（～と）見なす」**2**「をくしゃくしゃにする」**3**「を洗濯する」**4**「(士気など) を高める」

(20) 解答 **2**

訳 **そのスキャンダルが始まって以来，市長はマスコミで中傷されてきた。しかし，一部の人々は，彼女は不当な扱いを受けており，実際には責められるべきではなかったのではないかと考え始めている。**

解説 vilifyは，vile「下劣な，卑劣な」の動詞の形。正当な理由なくあからさまに悪口を言い，評判を損ねるような文脈で使われるフォーマルな表現。malign, revile, defame, disparageなどの類義語をあわせて覚えておこう。

1「を元気づける」**2**「を中傷する」**3**「をごた混ぜにする」**4**「を回避する」

(21) 解答 **2**

訳 **数週間にわたる交渉の末，数十人の戦争捕虜が本国に送還される。双方の捕虜は，今後数週間後にはそれぞれの母国に戻る見込みである。**

解説 re- = back。repatriate「を本国に送還する」とあわせて，expatriate「を国外に追放する」も重要単語。ex- = outを意識すると覚えやすい。また，expatriateは名詞として使うと「国外在住者，国外に移住した人」という意味。

1「(動詞) を活用させる」**2**「を本国に送還する」**3**「(アレルギー性の人) の敏感性を減ずる」**4**「を発芽させる」

(22) 解答 **1**

訳 A：**君は先日のニコラのコメントに動揺した？**
B：**ええ，彼女の失礼な態度は信じられなかった。同僚に対してあのように話してはいけないと，絶対誰かが彼女にはっきりと伝えるべきだと思うわ。**

解説 -turbの部分は，disturbと同様の要素で「混乱」の意味。per- = completelyであることから，perturbは「の心を深くかき乱す，を混乱させる」の意味。類義語はupset, disturbなど。

1「の心をかき乱す」**2**「を疎遠にする」**3**「を撤回する」**4**「に違反する」

(23) 解答 **3**

訳 **健康が優れないため父親が退位した後，スティーブン王子が王となった。**

解説 問題文のように自動詞で使うほか，abdicate the throne「王位を退く」のように他動詞としても使える。語源的にab- = awayの意味で，何かから「離れる」をイメージすると記憶に残る。abdicate responsibility「責任を放棄する」もあわせて覚えておこう。

1「(線・道路が) 集まる」**2**「同情する」**3**「(王位などを) 退く」**4**「盗み聞きする」

(24) 解答 **3**

訳 **ダンは携帯電話を落としたのに気付かなかっただけでなく，自分の車でひいてそれを完全にずたずたにしてしまった。**

解説 mangleは「(事故などで) (車両や人) をめちゃくちゃにする」の意味。引き裂いたり押しつぶしたりすることが含まれることが多く，類義語はmaim, mutilateなど。また，比喩的に「(文章・演奏など) を台無しにする」の意味もある。

1「を未然に防ぐ」**2**「を拒絶する」**3**「をずたずたにする」**4**「の正しさを示す」

(25) After being (　　　) for more than 10 years in Waterton Prison, Marion Sanders was released last week after new evidence proved she had not committed the crime she had been accused of.

1 vented　**2** catapulted
3 fractured　**4** incarcerated

(26) The president is known for his tendency to (　　　). It is nearly impossible to get a clear, honest answer from him.

1 prevaricate　**2** matriculate
3 resuscitate　**4** exterminate

(27) Although the operation was a success, Blake's mother will have to spend two or three weeks (　　　) from it. Right now, she is so weak that she cannot even get out of bed.

1 abridging　**2** resonating
3 inverting　**4** recuperating

(28) Isabella (　　　) kindness. You can sense it not just in her voice, but in her eyes and her gentle smile as well.

1 ousts　**2** exudes
3 insulates　**4** aborts

(29) *A:* I'm exhausted. We've been hiking for hours.
B: Let's stop for a chocolate bar. That should help to (　　　) our energy.

1 entangle　**2** replenish
3 incapacitate　**4** disperse

(30) The governor claimed that his opponent had unfairly (　　　) him in her speech and sued her. However, it was later revealed that everything she had said was true, so he lost the case.

1 slandered　**2** confiscated
3 divulged　**4** immersed

(25) **解答 4**

訳 **ウォータートン刑務所に10年以上収監された後，新たな証拠によりマリオン・サンダーズは告発されていた罪を犯していなかったことが立証され，先週釈放された。**

解説 incarcerateは「を投獄する，を監禁する」の意味だが，通常be incarceratedのように受動態で使われる。類義語はimprison, confineだが，よりフォーマルな表現。出題される際にはprisonとともに登場する可能性が高いと思われる。

1「(感情など) を爆発させる」 **2**「を突然（ある状態に）する」 **3**「を骨折する」 **4**「を投獄する」

(26) **解答 1**

訳 **大統領は言葉を濁す傾向があることで知られている。彼から明確で率直な回答を得るのはほぼ不可能である。**

解説 都合の悪いことをはぐらかしたり，核心には触れずに言い逃れをしたりする様子だが，lie「うそをつく」の婉曲表現としても使われる。政治家などが意図的にわかりづらい言い方をして相手を煙に巻くような状況でよく使われる。

1「言葉を濁す」 **2**「大学に入学する」 **3**「を生き返らせる」 **4**「を根絶する」

(27) **解答 4**

訳 **手術は成功したものの，ブレイクの母親はそれから回復するのに2，3週間費やさなければならないだろう。現時点では，彼女はとても弱っていてベッドから起き上がることすらできない。**

解説 2文目で今はまだベッドから起き上がれないとあることから，術後の回復に時間が必要であると判断できる。recuperate from ～ の形で「(病気・けがなど) から回復する」の意味。類義語はrecover from ～ だが，よりフォーマルな表現である。

1「を要約する」 **2**「反響する」 **3**「を逆さまにする」 **4**「回復する」

(28) **解答 2**

訳 **イザベラは優しさにあふれている。彼女の声からだけでなく，目元や優しい笑顔からもそれが感じられる。**

解説 ex- = outを意識すると覚えやすい。exudeは「(感情や自信) をあふれ出させる」のほか，「(汗やにおい) をにじみ出させる，を放つ」の意味で使う。自動詞では「にじみ出る，発散する」の意味。emit, emanate, releaseなどが類義語として挙げられる。

1「を追い出す」 **2**「(喜びなど) を発散させる」 **3**「を遮断する」 **4**「(計画など) を中止にする」

(29) **解答 2**

訳 A：**私，もうへとへと。何時間もハイキングしているのよ。**
B：**休んでチョコレート・バーを食べよう。きっとエネルギーを補充してくれるはずだよ。**

解説 「(少なくなったもの) を再び満たす」「(エネルギーなど) を補充する」の意味。-plen-の部分はfull「いっぱい」の意味。replenish A with B「AをBで補充する」(e.g. replenish a glass with wine)。類義語はrefill, top up ～ など。

1「をもつれさせる」 **2**「を補給する，を補充する」 **3**「を無力にする」 **4**「を分散させる」

(30) **解答 1**

訳 **その知事は，対立候補が演説で不当に彼を中傷したと主張し，彼女を訴えた。しかし，後になって彼女が言ったことはすべて真実であることが明らかになり，彼は敗訴した。**

解説 名詞では「名誉毀損（きそん）」の意味。類義語のlibelが文書による名誉毀損であるのに対して，slanderは口頭によるものを指す。口語ではspeak ill of ～「～の悪口を言う」に当たるフォーマルな表現。defame, malign, vilify, disparageなども頻出の類義語である。

1「を中傷する」 **2**「を没収する」 **3**「(秘密など) を漏らす」 **4**「を浸す」

(31) The thieves ( ) Susan's whole house, but they did not find her jewelry collection, which she kept hidden in an old paint can in the basement.

1 ingratiated **2** ransacked
3 adorned **4** scrawled

(32) In order to lose weight, Roberto has been trying to slowly ( ) himself off snacks. He hopes that reducing them gradually will be easier than stopping all at once.

1 coerce **2** procure
3 astound **4** wean

(33) When Gregor's boss gets angry, he ( ) so loudly that you can hear every word he says in the next room.

1 bellows **2** hobbles
3 derails **4** lurks

(34) During the play, the entire audience was ( ) by the way the actor, with all his charisma, entered the first scene.

1 banished **2** dilated
3 mutilated **4** enthralled

(35) After several high-ranking members of the military ( ) power from the rightfully elected leader of the country, they announced that their leader, General Alvarez would be the country's new president.

1 implored **2** bombarded
3 usurped **4** mitigated

(36) For the past two weeks, Janet has been ( ) between France and Italy as a destination for her upcoming vacation. She will have to decide soon, though, because she needs to buy plane tickets.

1 wavering **2** igniting
3 bluffing **4** pouncing

(31) 解答 2

訳 **その泥棒たちはスーザンの家全体を徹底的に探したが，宝飾品のコレクションは見つからなかった。彼女はそれを地下室にある古い塗料缶の中に隠していた。**

解説 ransackは荒っぽい方法でくまなく探し，その結果その場が散らかる様子を思い浮かべるとよい。目的語には場所が来ることに注意。ransack（場所）for（物）「（場所）を（物）を求めて徹底的に探す」の形で，searchと同様の使い方である。

1「を気に入られるようにする」**2**「（場所）を徹底的に探す」**3**「を飾る」**4**「をぞんざいに書く」

(32) 解答 4

訳 **体重を減らすため，ロベルトは少しずつ間食をやめようと試みてきた。一度にすべてやめるよりも徐々に減らす方が簡単だろうと彼は期待している。**

解説 原義は「離乳させる」。「乳を飲む習慣から引き離す」の意味から「を（習慣・興味・仲間などから）引き離す」の意味が生じた。ただし，離乳のように徐々に引き離すニュアンスで使われることが多い。wean A off [from] B「AにBをやめさせる」。

1「に強要する」**2**「を入手する」**3**「をびっくり仰天させる」**4**「を（習慣などから）引き離す」

(33) 解答 1

訳 **グレガーの上司は怒るととても大きな声で怒鳴るので，隣の部屋で彼の発する一言一句を聞き取ることができる。**

解説 「（牛などが）大声で鳴く，ほえる」が原義だが，「（人が）（怒り・痛み・興奮などで）怒鳴る」の意味でも使われる。shout, yellなどがより一般的な表現。billow「（炎・煙などが）うねる，巻き上がる」と間違えやすいので注意が必要である。

1「怒鳴る」**2**「よたよた歩く」**3**「脱線する」**4**「潜む」

(34) 解答 4

訳 **芝居の最中，その俳優がカリスマ性を放って最初のシーンに登場した様子に観客全員が魅了された。**

解説 「thrall ＝ 奴隷」から，enthrallは「奴隷状態にする」が原義。「奴隷状態にする」→「をとりこにする」→「を魅了する」と理解するとわかりやすい。人が魅了されている場合は受動態be enthralled by [with] ～「～に魅了されている」の形で使う。

1「を追放する」**2**「を拡張させる」**3**「（手足など）を切断する」**4**「を魅了する」

(35) 解答 3

訳 **軍の高官数名が，公正な選挙によって選ばれた国の指導者から権力を不正に奪った後，彼らのリーダーであるアルバレズ将官が国の新たな大統領になると発表した。**

解説 「（権力・地位・仕事・財産・土地など）を不正なやり方で奪う」という意味で使われる。問題文では，rightfully elected「公正な選挙で選ばれた」という記述と対比的にusurp「を不正に奪う」が使われている。

1「に懇願する」**2**「を爆撃する」**3**「（権力など）を不正に奪う」**4**「（怒りなど）を減少させる」

(36) 解答 1

訳 **この2週間，ジャネットは今度の休暇の目的地をフランスとイタリアのどちらにするかで迷っていた。だが，航空券を買う必要があるため，まもなく決断しなければならない。**

解説 「（心が）揺れ動く」「（物が）揺れる」「（声が）震える」などの用法もあるが，ここでは「（判断・決心などで）迷う」の意味。「AとBの間で迷う［ためらう］」の意味であればwaver between A and Bのように使う。

1「迷う，（心が）揺れ動く」**2**「火がつく」**3**「はったりをかける」**4**「飛びかかる」

(37) The new book ( ) some common yet mistaken beliefs about the former president's life. Therefore, it is recommended reading for anyone who wants to know the truth about this fascinating man.

1 babbles **2** nibbles
3 stutters **4** debunks

(38) The security company claims that its secure locks and advanced alarm system will ( ) any attempt to break into a home that is protected by them.

1 dribble **2** orient
3 emboss **4** thwart

(39) Brian was ( ) by the customer's rudeness. Although he tried to keep his voice calm, it was a struggle not to show his anger.

1 exasperated **2** lamented
3 assuaged **4** conjured

(40) *A:* How did the negotiations go?
B: I'm afraid they wouldn't ( ) on the price. They insisted that they were already giving us the best deal possible.

1 gloat **2** retort
3 dawdle **4** budge

(41) There are so many signs of military activity near the border that many people fear the country's unfriendly neighbor is planning to ( ) a war in the near future.

1 apprehend **2** instigate
3 corrode **4** impeach

(42) As Amelie watched the children ( ) casually along the beach, she wished that she, too, could be young and carefree again.

1 saunter **2** ferment
3 drool **4** haggle

(37) 解答 4

訳 **その新刊本は，元大統領の人生に関するよく知られているものの誤ったいくつかの通念の虚偽を暴いている。したがって，この興味をそそる男性についての真実を知りたい誰にでもお勧めの読み物である。**

解説 2文目に「真実を知りたい誰にでもお勧めの読み物だ」とあることから，実態を暴く本だと判断できる。debunkは「(主張や俗説など) の正体を暴く，の誤りを暴露する」の意味で，debunk the belief [notion, idea, myth] などのコロケーションで覚えておくとよい。

1「をぺちゃくちゃしゃべる」 **2**「(食べ物) を少しずつかじる」 **3**「を口ごもりながら言う」 **4**「の正体を暴露する」

(38) 解答 4

訳 **その警備会社は，彼らに守られている家に押し入ろうとするいかなる試みも，その頑丈な鍵と先進の警報システムが阻止すると主張している。**

解説 原義は「横切る」。前進してくる相手の前を意図的に横切って妨害し，計画などを邪魔する様子をイメージするとよい。「(計画や目的など) を阻止する」という意味で，thwart a plan [an attempt] のコロケーションで覚えよう。

1「をぽたぽた垂らす」 **2**「(関心など) を向ける」 **3**「(模様など) を浮き彫りにする」 **4**「(計画など) を阻止する」

(39) 解答 1

訳 **ブライアンはその客の無礼な態度に憤慨した。彼は落ち着いた声を保とうとしたものの，怒りを見せないようにするのに苦労した。**

解説 2文目の not to show his anger がヒントになっている。irritate に意味は近いが，exasperateは度合いも強く激しさが感じられる。反意語はappease, mollifyなど。

1「を憤慨させる」 **2**「を嘆き悲しむ」 **3**「(不安など) を和らげる」 **4**「を思い起こさせる」

(40) 解答 4

訳 A：**交渉はどうだった？**
B：**彼らは値段に関して譲歩しそうにないよ。既に僕たちに可能な限りの最低価格を提示していると主張したんだ。**

解説 「(物・人が) ちょっと動く」→「意見・態度を変える」→「譲歩する (＝give in, yield)」という意味の流れを把握しよう。通例would not [never] budgeのように否定の文脈で使われる。

1「ほくそ笑む」 **2**「言い返す」 **3**「ぐずぐずする」 **4**「譲歩する」

(41) 解答 2

訳 **その国境付近では多くの軍事活動の兆候が見られるため，多くの人々は敵対する隣国が近いうちに戦争を扇動する計画があるのではないかと恐れている。**

解説 instigateは「(暴動・反乱・革命など) を扇動する」の意味で，類義語はincite, provoke, stimulateなど。so ... that ～ の構文が使われており，前半の「軍事活動の兆候が見られる」ことからthat以下を推測させる出題パターン。

1「を逮捕する」 **2**「を扇動する」 **3**「を腐食する」 **4**「を告発する」

(42) 解答 1

訳 **アメリーは子供たちが何気なく海辺をぶらぶら歩くのを見ながら，自分もまた若く気ままでいられたらなあと思った。**

解説 のんびりと気ままに散歩するイメージの語。場所を伴い，saunter along the street, saunter through the parkのように使われる。類義語はstroll, ambleなど。

1「ぶらぶら歩く」 **2**「発酵する」 **3**「よだれを垂らす」 **4**「値切る」

(43) □□ The prime minister strongly (　　　) claims that he is responsible for the nation's economic problems. In his speeches, he often blames the country's previous leader for causing these problems.

1 repudiates　**2** dissipates
3 extrapolates　**4** punctuates

(44) □□ Although her mother continually (　　　) her to study harder, Lisa ignored the advice. Instead, she spent most of her free time watching TV or playing video games.

1 supplanted　**2** exhorted
3 pollinated　**4** collocated

(45) □□ *A:* Did you really show up at a fancy dress party wearing a silly costume?
B: Yes, I was totally (　　　). I can't believe I did something so stupid.

1 plagiarized　**2** enunciated
3 mortified　**4** embezzled

(46) □□ The top of the mountain is often (　　　) by clouds, so it can be hard to take good photos of it.

1 engulfed　**2** enumerated
3 marshaled　**4** smuggled

(47) □□ At first, her parents told Sumika that she could not study abroad, but they finally (　　　) after she explained to them how important it was to her.

1 acquiesced　**2** scattered
3 litigated　**4** capitalized

(48) □□ Yuji was so hungry that he (　　　) three hamburgers and a large order of fries in just a few minutes.

1 articulated　**2** severed
3 beckoned　**4** devoured

(43) 解答 1

訳 **首相は国の経済問題の責任は彼にあるとの主張を強く拒絶している。演説の中で，彼はしばしばこれらの問題を引き起こしたかどで国の前リーダーを非難している。**

解説 refuse, rejectなどとほぼ同義だが，「（非難・嫌疑・申し出など）を拒絶する，を否認する」という，より強い意味のフォーマルな表現。repudiate a claim as untrue「主張を事実でないとして拒絶する」のようにasを伴うこともある。

1「を拒絶する」**2**「（霧・人など）を消散させる」**3**「を推定する」**4**「を中断させる」

(44) 解答 2

訳 **母親がもっと頑張って勉強するよう絶えずリサに勧めたにもかかわらず，彼女はその忠告を無視した。代わりに，彼女は自由時間のほとんどをテレビを見たりビデオゲームをしたりして過ごした。**

解説 「（人）に～するように熱心に勧める」の意味。類義語であるurge, encourageと同様に，exhort（人）to *do*の形で使うほか，exhort（人）to ～「（人）に～を熱心に勧める」の形でも使う。名詞はexhortationで「説教，訓戒，励ましの言葉」。

1「に取って代わる」**2**「に熱心に勧める」**3**「に授粉する」**4**「を並べる」

(45) 解答 3

訳 **A：あなた本当に仮装パーティーにばかげたコスチュームを着て行ったの？**
B：うん，完全に恥をかいたよ。あんなばかなことをしたのが信じられない。

解説 embarrass, humiliate などが類義語だが，語源的に mort- は death であることから，mortifyには「死なせるほどに誇りを傷つけ屈辱を与える」といった意味が含まれる。受動態で使われることが多い。

1「を剽窃する」**2**「を明瞭に発音する」**3**「に恥をかかせる」**4**「を横領する」

(46) 解答 1

訳 **その山頂はしばしば雲に覆われているため，よい写真を撮るのが難しい場合がある。**

解説 gulf「湾」のように周りを陸地に包み込まれている様子をイメージするとよい。engulfed in flames「炎に包まれて」, engulfed by the flood「洪水に飲み込まれて」, engulfed by grief「悲しみに襲われて」などの表現がある。

1「（戦火などが）を飲み込む」**2**「を列挙する」**3**「（考えなど）を整理する」**4**「を密輸する」

(47) 解答 1

訳 **当初，スミカの両親は彼女に海外留学をしてはいけないと言っていたが，それがいかに自分にとって重要なのかを彼女が説明すると最終的には従った。**

解説 acquiesceは「本来は同意できないことに不本意ながら同意する」という意味。-quiesceは語源的にquietと関連があることから，「黙って抵抗せずに」のニュアンスが含まれる点が，assent, consent, agreeなどとは異なる。

1「（いやいやながら）従う」**2**「ばらばらになる」**3**「訴訟を起こす」**4**「乗ずる」

(48) 解答 4

訳 **ユウジはあまりにおなかが減っていたので，3つのハンバーガーとLサイズのフライドポテトをほんの数分でむさぼり食った。**

解説 単に「食べる」のではなく，非常な空腹時に「をむさぼり食う，をがつがつ食う」の意味で，類義語はguzzle。その様子から，eagerly, greedily, hungrilyなどの副詞を伴うことも多い。また，「（本など）をむさぼるように読む」の意味でも使われる。

1「（考えなど）をはっきり表現する」**2**「を切り離す」**3**「に手招きする」**4**「をむさぼり食う」

(49) □□ After finding out that the woman had lied on her application, the company decided to (　　　) her job offer. No one wanted someone they could not trust working there.

1 enlighten　　**2** acclaim
3 rescind　　**4** fumble

(50) □□ Due to problems with fossil fuels, scientists have been working to (　　　) the power of the wind and the sun to generate electricity.

1 harness　　**2** shove
3 beseech　　**4** nullify

(51) □□ It was hoped that the manager's plan would (　　　) the situation, but six months later, things are just as bad as ever.

1 demoralize　　**2** engender
3 ameliorate　　**4** bewilder

(52) □□ ***A:*** I'm getting so tired of the kids (　　　) all the time.
B: Really? I don't think they argue more than other kids.

1 chuckling　　**2** prowling
3 writhing　　**4** bickering

(53) □□ Over centuries, both lakes grew much bigger until they eventually (　　　) into the current, much larger Lake Bradford that we know today.

1 demurred　　**2** levitated
3 coalesced　　**4** stammered

(54) □□ Diego became so irritated by his coworker's frequent (　　　) about how much she disliked her job that he asked her to stop complaining so much.

1 whining　　**2** sprouting
3 presiding　　**4** cowering

(49) **解答 3**

訳 **女性が志願書でうそをついていたことを発見した後，その企業は彼女への仕事のオファーを撤回することに決めた。信頼できない人にそこで働いてほしいとは誰も思わなかった。**

解説 志願書に偽りがあったことから，一度は仕事のオファーをしたものの「撤回した」と理解できる。「（契約・条約・判決など）を撤回する」という意味で使われる。語源的に -scind は cut であることから，契約書などを引きちぎるのをイメージするとよいだろう。

1「に教える」 **2**「を称賛する」 **3**「を撤回する」 **4**「を不器用に扱う」

(50) **解答 1**

訳 **化石燃料の問題が理由で，科学者は発電のために風力や太陽光を利用しようと努力してきた。**

解説 harness は名詞では「馬具」。動詞だと「（馬）に馬具を付ける」。馬具を付ける目的は馬を動力源として利用することから，幅広く「を利用する」の意味となる。問題文のように特に自然力を利用する際に頻繁に使われる。

1「（自然の力）を利用する」 **2**「を押す」 **3**「に懇願する」 **4**「を無効にする」

(51) **解答 3**

訳 **マネージャーの計画が状況を改善すると期待されたが，6カ月経っても事態はそれまで同様悪いままだ。**

解説 improve とほぼ同義だが，よりフォーマルな表現でありジャーナリズムで好んで使われる。一般的に「を改善する」の意味の improve に対して，ameliorate は「ひどい状況を緩和する」のニュアンスで使われることが多い。反意語は deteriorate。

1「の士気をくじく」 **2**「を生じさせる」 **3**「を改善する」 **4**「を当惑させる」

(52) **解答 4**

訳 **A：子供たちがいつも言い争うのにはうんざりしてきているんだ。**
B：本当？　ほかの子供たちと同じだと思うけど。

解説 B の発言での argue とほぼ同義だが，bicker は「ささいなつまらないことで口論する」ような場面でより使われる。自動詞なので目的語をとることはなく，「～のことで口論する」は bicker about [over] ～ となる。

1「くすくす笑う」 **2**「（獲物などを求めて）うろつく」 **3**「身もだえする」 **4**「言い争う」

(53) **解答 3**

訳 **何百年にもわたり，2つの湖はずっと大きくなり，ついには合体して今日われわれの知るはるかに大きな現在のブラッドフォード湖になった。**

解説 複数の同種のものが合体し，完全に1つになる様子を coalesce into ～ の形で表す。類義語の merge, combine などと比較するとフォーマルな表現。co- ＝ together の語源を考えると記憶に残りやすいだろう。

1「異議を唱える」 **2**「（奇術などで）空中浮揚する」 **3**「合体する」 **4**「口ごもる」

(54) **解答 1**

訳 **ディエゴは，同僚がいかに仕事が嫌いかについて頻繁に泣き言を言うのにとてもいらいらしたので，そんなに不平を言うのはやめるよう彼女に頼んだ。**

解説 文後半で使われている complain が類義語としてヒントになっている。ただし，whine には聞いている相手を不快にさせるような「めそめそと愚痴をこぼす」といったニュアンスが含まれる。complain と同様に whine about ～ の形で使う。

1「泣き言を言う」 **2**「芽を出す」 **3**「議長を務める」 **4**「縮こまる」

(55) □□ Jessica (　　　) a lot of debt when she was a student. Although she earns a good salary, she sometimes does not have enough money for going out because she needs to pay back her loans.

1 incurred　　**2** grilled
3 denigrated　　**4** tethered

(56) □□ Last week, the government (　　　) a rarely used law that gives it special powers during times of emergency. The last time it was used was during the Second World War.

1 invoked　　**2** inoculated
3 antagonized　　**4** disconcerted

(57) □□ Mrs. Cartier wanted to make sure her students only spoke French in the classroom, so she (　　　) them anytime she heard them speaking in English.

1 chided　　**2** gratified
3 deified　　**4** feigned

(58) □□ Despite the huge amount of criticism she has faced, President Sudermann has refused to (　　　) her statement. Every single word, she claims, was true.

1 recant　　**2** pervade
3 forage　　**4** intercept

(59) □□ Steve heard a noise that seemed to be (　　　) from the basement, so he tried to find its source. When he went downstairs, he saw that his son had forgotten to turn off his electric trains.

1 interspersing　　**2** emanating
3 sanctifying　　**4** languishing

(60) □□ The family who lives across the street has a lot of money, but they never (　　　) it. They dress simply and drive an ordinary car.

1 flaunt　　**2** inculcate
3 tangle　　**4** coddle

(55) 解答 1

訳 **ジェシカは学生のときに多額の借金を負った。彼女は高給を得ているが，ローンを返済する必要があるため，時々外出する十分な金がない。**

解説 目的語には通常好ましくないものが来る。incur a loss「損失を被る」，incur a cost「費用を負担する」，incur an expense「出費を招く」，incur debts「負債を負う」，incur an injury「負傷する」，incur damage「ダメージを受ける」，incur *a person's* anger「（人の）怒りを買う」など。

1「（負債など）を被る」 **2**「を焼き網で焼く」 **3**「を中傷する」 **4**「を綱でつなぐ」

(56) 解答 1

訳 **先週，政府は，有事の際に政府に特別権限を与えるめったに使われない法律を行使した。前回それが使われたのは，第二次世界大戦中であった。**

解説 語源的に -voke は call なので，invoke は「呼ぶ」のイメージでとらえよう。invoke a law は「法律を呼ぶ」→「法律を行使する」，invoke *a person's* mercy は「（人の）慈悲を呼ぶ」→「（人の）慈悲を請う」と考えると理解しやすいだろう。

1「（法など）を行使する」 **2**「に予防接種をする」 **3**「に反感を持たせる」 **4**「を当惑させる」

(57) 解答 1

訳 **カルティエ先生は生徒たちが教室内では確実にフランス語のみを話すようにしたかったので，彼女は彼らが英語で話しているのを聞くといつでも彼らを叱った。**

解説 「（人）を叱る」の意味。scold, rebuke, reprimand などは比較的厳しい言葉を伴うことが多いのに対して，chide は穏やかに不適切な行動をたしなめるような場合にも用いられる。自動詞としても使う。

1「を叱る」 **2**「を喜ばせる」 **3**「を神格化する」 **4**「のふりをする」

(58) 解答 1

訳 **多くの批判に直面したにもかかわらず，ズーダーマン大統領は声明を撤回することを拒否した。一言一句すべてが真実だったと彼女は主張する。**

解説 「（陳述・意見・主張など）を（公式に）撤回する」の意味で使われる。目的語には問題文にある statement のほか，claim, view, testimony, allegation, prediction などがよく使われる。類義語は withdraw, retract, take back ～ など。

1「（主張など）を公式に撤回する」 **2**「の隅々に広がる」 **3**「（探し回って）を手に入れる」 **4**「を途中で止める」

(59) 解答 2

訳 **スティーブは地下室から発しているような音を聞いたので，その音源を探ろうとした。階下に降りると，彼の息子が電車のスイッチを切るのを忘れていたことがわかった。**

解説 emanate は「ガス，音，光，熱，におい」のほか，「考え，うわさ，命令」など，目には見えないものが「出る，発する」ときに用いられる。e- は語源的に ex- と同じで「外へ」の意味。「～から発する」の意味で from ～ を伴うことが多い。

1「をあちこちに点在させる」 **2**「発する」 **3**「を聖別する」 **4**「元気がない」

(60) 解答 1

訳 **通りの向こう側に住む家族は金持ちだが，決してそれをひけらかすことはない。彼らは質素な服装で普通の車に乗っている。**

解説 財産や権威などを自慢げにひけらかす際に使われ，周りからは好意的に思われない場合が多い。口語表現では show off ～ に当たる。flout「をばかにして無視する」と混同しやすいので注意が必要。

1「をひけらかす」 **2**「を教え込む」 **3**「をもつれさせる」 **4**「を甘やかす」

(61) ☐☐ ***A:*** Hey, did Martin ask you to write part of his report for him, too?
B: Yes! I'm so tired of him trying to ( ) his work on other people.

1 foist **2** avail
3 mar **4** span

(62) ☐☐ Richard realized he had been wrong to ( ) his family's advice and quit college. It was almost impossible to get a job without a degree.

1 spurn **2** imbue
3 append **4** depose

(63) ☐☐ Early news reports blamed the driver for causing the bus accident. However, he was later ( ) when it was discovered that there had been a problem with the vehicle's brakes.

1 exonerated **2** fomented
3 propelled **4** bungled

(64) ☐☐ The building under construction was so tall that an extra-high crane was needed to ( ) the necessary materials up to the top.

1 segregate **2** pilfer
3 rectify **4** hoist

(65) ☐☐ After the cheating incident, Ms. Lopez ( ) the students responsible, adding what would happen if they were ever caught doing it again.

1 circumvented **2** admonished
3 alleviated **4** dislodged

(66) ☐☐ In an effort to ( ) the angry customer, the manager offered her a coupon for 10 percent off her next purchase at the store.

1 petrify **2** appease
3 stifle **4** berate

(61) 解答 **1**

訳 **A：ねえ，マーチンは君にも彼のために報告書の一部を書くように頼んだ？**
B：ええ！　彼がほかの人に仕事を押し付けようとするのにはもううんざりだわ。

解説 foist A on Bの形で「AをBに無理やり押し付ける」の意味。類義語imposeと同様の使い方である。目的語に当たるAは通常不要なものや嫌なこと。また「(偽物など) をつかませる」の意味で使われることもある。

1「を押し付ける」 **2**「に役立つ」 **3**「を損なう」 **4**「(の範囲) に及ぶ」

(62) 解答 **1**

訳 **リチャードは家族の忠告をはねつけて大学を辞めたのは間違いだったことに気付いた。学位なしに仕事を得るのはほぼ不可能だった。**

解説 「(申し出・忠告など) をはねつける」の意味だが，相手を見下したり軽蔑の気持ちを持って鼻であしらうようなニュアンスを含む。同じ「を拒否する」でも, declineは丁寧に断る場合に使われる。

1「をはねつける」 **2**「に吹き込む」 **3**「を付け加える」 **4**「を (権力の座から) 退ける」

(63) 解答 **1**

訳 **当初の報道では，そのバスの事故はドライバーに責任があるとしていた。しかし，その後車両のブレーキに問題があったことがわかり，彼の嫌疑は晴れた。**

解説 Howeverを使った逆接の展開。exonerate (人) from ～「(人) を (責任・容疑・義務など) から解放［免除］する」のように使うほか，問題文のように受動態で使われることも多い。類義語absolve, acquit, vindicateなどとあわせて覚えておこう。

1「の嫌疑を晴らす」 **2**「を助長する」 **3**「を進ませる，を推進する」 **4**「をしくじる」

(64) 解答 **4**

訳 **その建設中の建物は非常に高かったので，必要な資材を最上階まで持ち上げるには非常に高いクレーンが必要だった。**

解説 物を持ち上げる際に使われ，lift, raiseなどが類義語。ただし，通常hoistは重いものをクレーンや滑車などの機具を使って持ち上げる場合が多い。hoist a flag「旗を掲げる」, hoist a sail「帆を揚げる」などの意味もある。

1「を隔離する」 **2**「をくすねる」 **3**「を修正する」 **4**「を持ち上げる」

(65) 解答 **2**

訳 **その不正行為の後，ロペス先生は関与した生徒たちを諭し，次回それが見つかったらどうなるかを言い足した。**

解説 admonish (人) for ～「(人) を～の件で諭す」, admonish (人) to *do*「(人) に～するよう勧告する」の形でよく使われる。類義語のreprimand, reproveなどよりも穏やかに諭す印象が加わる。

1「を回避する」 **2**「を諭す」 **3**「(苦痛など) を和らげる」 **4**「を取り除く」

(66) 解答 **2**

訳 **その怒っている客をなだめようとして，マネージャーは次回その店舗での購入に使える10パーセント割引のクーポンを差し出した。**

解説 「(人) をなだめる」を意味し，譲歩・妥協してなだめるというニュアンスを伴うことが多い。また,「(欲望など) を満足させる」「(感情など) を和らげる」の意味もあり，appease *one's* hunger [appetite]「空腹［食欲］を満たす」のように使う。類義語はplacate。

1「を石化する，をすくませる」 **2**「をなだめる」 **3**「(息・声など) を抑える」 **4**「をきつく叱る」

(67) In recent years, the river's fish population has been ( ). Scientists believe that increased levels of pollution are likely to blame for the sudden drop in the number of fish.

1 decimated **2** incriminated
3 alienated **4** perpetrated

(68) ***A:*** How about seeing that new action movie that just opened, honey?
B: An action movie? You know I ( ) violence. How about a comedy instead?

1 regale **2** detest
3 align **4** maim

(69) Josh was having great difficulty with the poem he was working on. Frustrated, he ( ) up another piece of paper and threw it in the garbage.

1 droned **2** blurred
3 crumpled **4** pared

(70) During the election campaign, both candidates ( ) each other constantly. Not only did they criticize each other's policies, but they frequently traded personal insults as well.

1 consecrated **2** barricaded
3 disparaged **4** mesmerized

(71) After locking himself out of the house, Raoul decided to try to climb through an open window and get into the kitchen. Unfortunately, as he was ( ) through the small opening, he ripped his shirt.

1 faltering **2** capitulating
3 chanting **4** wriggling

(72) James ( ) a story about why he had been late, but his lie just made his boss even angrier.

1 goaded **2** deferred
3 concocted **4** scorned

(67) 解答 1

訳 **近年，その川の魚の個体数が大幅に減っている。科学者たちは，汚染のレベルが上がったことが魚の数の急激な減少の原因だろうと信じている。**

解説 2文目のthe sudden dropがヒントになっている。decimateの語源は古代ローマ軍の処罰として「10人ごとに1人を殺す」を意味したが，その後「の数を大幅に減らす，を破壊する，を衰退させる」などの意味で使われるようになった。

1「を大幅に減らす」**2**「に罪を負わせる」**3**「を遠ざける」**4**「(犯罪など)を犯す」

(68) 解答 2

訳 **A：あなた，公開されたばかりのあの新しいアクション映画を観るのはどう？**
B：アクション映画？　僕が暴力をひどく嫌っているのは知っているでしょ。代わりにコメディーはどう？

解説 hateよりも強く「をひどく嫌う，を憎む」の意味で使われる。類義語のabhor, abominate, loatheも重要単語。また，detestは動詞を目的語にとる場合は，不定詞ではなく動名詞であることにも注意。

1「を存分に楽しませる」**2**「をひどく嫌う」**3**「を1列に並べる」**4**「の肢体を不自由にする」

(69) 解答 3

訳 **ジョシュは取り組んでいる詩に非常に苦労していた。いらいらしてもう1枚の紙をしわくちゃにしてごみ箱に放り投げた。**

解説 「(紙や布など)をしわくちゃにする」の意味。類義語のcreaseよりも堅い単語。問題文のようにcrumple upとしても同義。また，自動詞として「(顔が)(今にも泣き出しそうに)くしゃくしゃになる」の意味でも使う。

1「を物憂げに話す」**2**「をぼかす」**3**「をしわくちゃにする」**4**「の皮をむく」

(70) 解答 3

訳 **選挙運動の期間中，両候補は常に互いをけなしていた。互いの政策を批判するだけでなく，頻繁に個人を侮辱する言葉の言い合いもした。**

解説 2文目に含まれるcriticizeやtraded personal insultsから正解を導き出す問題。disparageは重要でなく価値がないとして見下すニュアンスを持つ。belittle, depreciate, denigrate, play down ～ などが類義語。

1「を神聖にする」**2**「にバリケードを築く」**3**「をけなす」**4**「を魅了する」

(71) 解答 4

訳 **自分を家から閉め出してしまった後，ラウルは開いた窓からよじ登って侵入して，台所に入ってみようと決めた。不運にも，狭い隙間をのたくるように進んでいたとき，彼はシャツを引き裂いてしまった。**

解説 ヘビやミミズが体をくねらせて進む様子を想像するとよい。また，比喩的にwriggle out of a difficulty「困難を何とか回避する」のようにも使える。squirm, writhe, wiggleも類義語としてあわせて覚えておこう。

1「勢いがなくなる」**2**「降伏する」**3**「詠唱する」**4**「のたくるように進む」

(72) 解答 3

訳 **ジェイムズはなぜ遅刻したのかについて話をでっち上げたが，彼のうそは上司をいっそう怒らせただけだった。**

解説 語源的にcon- = together，-coctはcookで，「(飲食物)を(混ぜ合わせて)作る」。新たなものを作り出すことから，「(話・口実など)をでっち上げる」の意味でも使われる。

1「をけしかける」**2**「を延期する」**3**「をでっち上げる」**4**「を軽蔑する」

(73) □□ ***A:*** Do you think the gardener (　　　) our rose bushes too much?
B: No, you have to cut quite a bit off. It helps them grow better the following year.

1 beheld　　**2** muddled
3 pruned　　**4** spearheaded

(74) □□ The meeting was (　　　) until next week since both parties wanted to gather more information on the issue.

1 sabotaged　　**2** adjourned
3 infiltrated　　**4** fumigated

(75) □□ Although she was trying to avoid the media, Mayor Jenkins was (　　　) by reporters who insisted that she answer their questions about the scandal.

1 remitted　　**2** accosted
3 forfeited　　**4** pampered

(76) □□ The boxing match was even until Sheila's opponent failed to (　　　) one of her attacks, and Sheila was able to score a direct hit.

1 deface　　**2** parry
3 allot　　**4** jilt

(77) □□ Since she moved out of her parents' house, Erika has been (　　　) in her new freedom. More than anything, she is happy not having anyone constantly pressuring her to clean her room.

1 yielding　　**2** filtering
3 wagering　　**4** reveling

(78) □□ No one knows exactly what (　　　) at the meeting, and the people who attended are not saying anything, so it is likely no one will ever know what happened.

1 transpired　　**2** defected
3 rustled　　**4** ambled

(73) 解答 3

訳 A：庭師がバラの茂みを刈り込み過ぎたと思う？
B：いや，かなり切った方がいいよ。その方が翌年よりよく育つんだ。

解説 pruneは，「(木の余分な枝や根など) を切り取る，を剪定する」の意味で，植木や盆栽の手入れをイメージするとよい。2文目のcut offが言い換えとしてヒントになっているが，trimなども類義語。また，比喩的に「(予算など) を切り詰める」の意味でも使える。

1「を見る」 **2**「を混乱させる」 **3**「を刈り込む」 **4**「(運動など) の先頭に立つ」

(74) 解答 2

訳 その会議は双方がその問題に関してさらなる情報を収集したかったため，来週まで閉会となった。

解説 会議などが一定の期間閉会されるという文脈で使われ，再開時期を表すにはuntil ～，中断期間を表すにはfor ～ を伴う。対してsuspendは単に一時的に停止する場合に使い，dissolveは永久的な解散を意味する。

1「を破壊する」 **2**「(会議など) を閉会する」 **3**「に潜入する」 **4**「をいぶす」

(75) 解答 2

訳 マスコミを避けようと試みていたにもかかわらず，ジェンキンズ市長はスキャンダルに関する質問に答えるよう要求するレポーター陣に話しかけられた。

解説 speak [talk] to ～ よりも堅い語。accostは知らない人に近寄って無作法に話しかけるというニュアンスを含む。相手が迷惑に感じるような話しかけ方である。

1「を送金する」 **2**「に (近寄って) 話しかける」 **3**「を没収される」 **4**「を甘やかす」

(76) 解答 2

訳 そのボクシングの試合は，シーラの対戦相手が攻撃を一度かわし損ねるまで互角だった。そしてシーラはパンチをもろに命中させることができた。

解説 「(相手からの攻撃など) をかわす」の意味で，ward off ～，fend off ～ などに言い換えられる。また，都合の悪い質問をされた際に，「(質問) を受け流す，をかわす」の意味でも使われる。「質問＝攻撃」と考えるとわかりやすいだろう。

1「の表面を汚す」 **2**「(攻撃・質問など) をかわす」 **3**「を割り当てる」 **4**「(恋人) を捨てる」

(77) 解答 4

訳 エリカは両親の家から引っ越して以来，新たな自由を満喫してきた。何よりも誰も彼女に部屋を掃除するよう絶えず強要しないのが嬉しい。

解説 「大いに楽しむ」の意味でenjoyのフォーマルな表現だが，enjoyが他動詞なのに対してrevelは自動詞のためrevel in ～ の形で使われることに注意が必要。名詞では「どんちゃん騒ぎ，酒宴」の意味。

1「(力などに) 屈する」 **2**「ろ過される」 **3**「賭ける」 **4**「満喫する」

(78) 解答 1

訳 その会議で正確に何が起きたのか誰も知らず，出席した人たちは何も言わないので，何が起きたのかは今後も誰もわからないだろう。

解説 文末のhappenedが類義語として使われている。語源的にtrans- ＝ through，-spireはbreatheで「(水分などが) 発散する」。問題文のように「起こる，生じる」のほか，It transpires that ...「…ということが明らかになる」の意味でも用いられる。

1「起こる」 **2**「離反する」 **3**「サラサラと音を立てる」 **4**「ゆっくり歩く」

(79) ☐☐
A: Did you hear that the government decided to (   ) the tax increase?
B: That's good news. I really can't afford to pay any more than I do now.

1 scuttle **2** deduce
3 plunder **4** enlist

(80) ☐☐
After taking the chicken out of the oven, Antonio (   ) it with a delicious garlic and honey sauce.

1 dangled **2** lured
3 garnished **4** debased

(81) ☐☐
Ever since a reporter interviewed him and then printed things that he did not say, the actor has (   ) the media. Today, it is nearly impossible for journalists to get access to him.

1 gnawed **2** elicited
3 shunned **4** coaxed

(82) ☐☐
Recently, William's grandmother's health has been (   ). She seemed fine last year, but she has been in and out of the hospital several times, and she now needs a walker to get around.

1 alluding **2** deteriorating
3 delving **4** meddling

(83) ☐☐
The combination of a new media campaign and the prime minister's charisma has helped to (   ) public support for the government's new policy.

1 galvanize **2** lambaste
3 suffocate **4** tarnish

(84) ☐☐
After forgetting their wedding anniversary, Peter tried to (   ) his angry wife with flowers. However, she made it clear that it would take much more than that for her to forgive him.

1 excavate **2** baffle
3 mollify **4** epitomize

(79) 解答 **1**

訳 **A：政府が増税を断念することに決めたって聞いた？**
B：それはいい知らせだ。僕はもう今以上に払う余裕はとてもないし。

解説 「船底に穴を開ける」が原義。転じて「（計画・契約など）を台無しにする，を破棄する」の意味でも使う。scuttle the plan [treaty, chance] などのコロケーションで覚えるとよい。自動詞では「（小動物などが）慌てて走る」の意味もある。

1「（計画など）を駄目にする」**2**「を推測する」**3**「を略奪する」**4**「（人の支持）を得る」

(80) 解答 **3**

訳 **オーブンからチキンを取り出すと，アントニオはそれにおいしいガーリック・ハニーソースを添えた。**

解説 garnish A with B「AにBを添える，AをBで飾る」。decorate, adornなどが類義語だが，garnishは料理の見栄えをよくするために最後の仕上げに何かを添える際に使われることが多い。名詞では「（料理の）つま，付け合わせ」の意味。

1「を（欲しがるように）ちらつかせる」**2**「を誘惑する」**3**「（料理）に添える」**4**「の価値［質］を落とす」

(81) 解答 **3**

訳 **あるレポーターが俳優にインタビューをし，彼が話していないことを掲載して以来，その俳優はメディアを避けてきた。今日では記者が彼に近づくのはほとんど不可能である。**

解説 avoid, evade, eschewなどが類義語として挙げられるが，shunには特に「嫌悪感を持って意図的に避ける」といったニュアンスが含まれる。また，動詞を目的語にとる場合はavoidと同様に動名詞になる点も知っておくとよい。

1「をかじる」**2**「を引き出す」**3**「を避ける」**4**「をなだめて（～を）させる」

(82) 解答 **2**

訳 **最近，ウィリアムの祖母の健康状態が悪化してきている。昨年は元気なようだったが，数回にわたって入退院をし，現在は動き回るのに歩行器を必要としている。**

解説 2文目から祖母の健康状態が悪化していると判断できる。worsen, get worseが日常よく使われる表現。devalueなどと同様にde-は語源的に「悪化」を表す。deteriorateは，反意語のameliorate「を改良［改善］する」とともに新聞などでよく見かける表現。

1「ほのめかす」**2**「悪化する」**3**「（徹底的に）調査する」**4**「干渉する」

(83) 解答 **1**

訳 **新しいメディアによるキャンペーンと首相のカリスマ性が相まって，政府の新たな政策への国民の支持を活気づけるのに一役買った。**

解説 ガルバーニ電気を提唱したイタリア人解剖学・生理学者Galvaniが由来の動詞。「に電気を通す」が原義だが，「を電流で刺激する」→「を活気づける」と意味が変化して使われるようになった。

1「を活気づける」**2**「を厳しくとがめる」**3**「を窒息させる」**4**「（金属など）の表面を曇らせる」

(84) 解答 **3**

訳 **結婚記念日を忘れた後，ピーターは花束で怒っている妻をなだめようとした。しかし，彼女は夫を許すにはそれをはるかに超えるものが必要であることを明確にした。**

解説 目的語である his angry wife に反応して正解が選べるとよい。類義語は placate, appease, pacifyなど。2文目はHoweverの逆接表現から始まり，妻がそれだけでは許さなかったとあることからも，「なだめようとした」と判断できるだろう。

1「を掘る」**2**「を当惑させる」**3**「をなだめる」**4**「の典型である」

(85) □□ At first, Jake was going to ( ) his old books, but then his brother suggested that instead of just throwing them in the garbage he take them to a used bookstore. That way, someone else might get to enjoy them.

1 satiate **2** attribute
3 discard **4** misconstrue

(86) □□ One problem with working from home is that it is very easy to ( ). With no supervisors watching, people often have trouble motivating themselves to start projects.

1 retaliate **2** arbitrate
3 depreciate **4** procrastinate

(87) □□ Although the painting was once ( ) to be an original Picasso, experts now say that it is unlikely to have been painted by him.

1 purported **2** exhaled
3 smeared **4** syndicated

(88) □□ Last night, thieves broke into the bank and ( ) with over $1.9 million dollars in cash.

1 huddled **2** juggled
3 scowled **4** absconded

(89) □□ The woman was not injured in the accident, but her damaged car's doors would not open. It took emergency workers almost an hour to ( ) her from her vehicle.

1 temper **2** extricate
3 clobber **4** flourish

(90) □□ *A:* So, did you get the ring ( ) at the jewelers, honey?
B: Yes, I was disappointed. It's only worth about $300. I had thought it might be more valuable.

1 renounced **2** improvised
3 appraised **4** garnered

(85) 解答 3

訳 **当初ジェイクは古本を捨てるつもりだったが，彼の兄［弟］は単にごみ箱に捨てるのでなく，古本屋に持ち込むように提案した。そうすれば，誰かほかの人がそれらを楽しめるかもしれない。**

解説 語源的にdis-は「除去」，-cardは「トランプ札」。持っている手札から不要なものを捨てるようなイメージで, throw away ～, get rid of ～ よりもフォーマルな表現である。that以下はsuggestの目的語となる名詞節なのでtakeが原形（仮定法現在）になっている。

1「を十分に満足させる」**2**「を（～の）せいと考える」**3**「を捨てる」**4**「を誤って解釈する」

(86) 解答 4

訳 **在宅勤務の1つの問題は，非常に安易に先延ばしにしてしまうことだ。管理者が監視していないと，人々はプロジェクトを始める意欲を起こすのにしばしば苦労する。**

解説 delay, postpone, put off ～ などと意味は近いが，procrastinateには本来やるべきことを怠慢や無気力によりぐずぐずと引き延ばすといったニュアンスが入る。また，問題文のように目的語を伴わず自動詞として使うことが多い点も前述の類義語とは異なる。

1「報復する」**2**「仲裁する」**3**「価値が低下する」**4**「先延ばしにする」

(87) 解答 1

訳 **その絵画はかつてピカソ自筆の作品だと称されたが，現在，専門家はそれが彼によって描かれた可能性は低いと言っている。**

解説 実際には疑わしいのに偽って「と称する」の意味。名詞は「（発言などの）趣旨」。副詞purportedly「うわさによれば，伝えられるところによれば」の類義語は allegedly, supposedlyなど。

1「と称する」**2**「（息など）を吐く」**3**「に塗り付ける」**4**「（記事など）をメディアに配信する」

(88) 解答 4

訳 **昨夜，泥棒が銀行に押し入り，190万ドル以上の現金を持ち逃げした。**

解説 「逃亡する」の意味だが，abscond with ～「～を持ち逃げする」の形で頻繁に使われる。語源的にab- = awayであり, その場から離れるイメージ。escape, run awayなどが類義の表現だが，句動詞make off with ～ も同様の文脈で使える必須表現。

1「体を寄せ合う」**2**「（球などを）空中に上げてつかむ」**3**「顔をしかめる」**4**「逃亡する」

(89) 解答 2

訳 **その女性は事故でけがをしなかったが，損傷を受けた彼女の車のドアは開かなくなった。救急隊員が彼女を車から救出するのに1時間近くかかった。**

解説 車のドアが開かず, 救急隊員が閉じ込められた女性を脱出させたという文脈。ex- = outを意識すると記憶に残りやすい。「～から脱出させる」の意味でfrom ～ を伴うことが多く，困難な状況から知恵や力を工夫して使い，救い出すようなニュアンスが含まれる。

1「を和らげる」**2**「を脱出させる」**3**「をめった打ちにする」**4**「を見せびらかす」

(90) 解答 3

訳 A：**ねえ，君。宝石商でその指輪を鑑定してもらったの？**
B：**ええ，がっかりしたわ。たった300ドルほどの価値なの。もっと価値があるんじゃないかと思っていたの。**

解説 assess, estimate, evaluateが類義語だが，特に宝石や不動産などの価値を専門家に査定してもらうような文脈で使われる。apprise「に知らせる」との混同に注意。

1「を放棄する」**2**「を即席で作る」**3**「に値を付ける」**4**「（支持など）を獲得する」

(91) □□ It has now become clear that the manager did not order her staff to destroy the documents. Since she was unaware of their actions, she has been ( ) of any responsibility for the incident.

1 absolved **2** defrauded
3 acclimated **4** obstructed

(92) □□ The newly elected mayor will be ( ) at a ceremony to take place in front of the city hall on Friday. She will begin performing her duties the next day.

1 scrounged **2** manifested
3 precluded **4** inaugurated

(93) □□ While the theory seemed unlikely at first, more and more evidence has been discovered to ( ) it. Now, many researchers believe it is likely to be true.

1 corroborate **2** jeopardize
3 maroon **4** disembark

(94) □□ As temperatures rose into the high 30s, soft drink sales increased greatly. Customers are ( ) them down in an attempt to stay cool.

1 manipulating **2** guzzling
3 calibrating **4** stratifying

(95) □□ After ( ) the countryside for hours, the searchers have finally located the two lost hikers.

1 reproving **2** taunting
3 scouring **4** appalling

(96) □□ ***A:*** Wow, Sumika and James were really upset with each other, weren't they? I've never heard either of them shout during a meeting before.

B: Yeah. I'm glad Anne was able to ( ) the tension with her humor. She has a real talent for calming people down.

1 defuse **2** slaughter
3 peddle **4** swindle

(91) 解答 1

訳 **そのマネージャーが，スタッフに書類を破棄するよう命じなかったことがやっと明らかになった。彼女は部下の行動を把握していなかったので，その事件のすべての責任を免れた。**

解説 absolve（人）of [from] ～ の形で，「（人）を（義務・責任・罪など）から解放する」の意味。語源的にab- ＝ away，-solveはloosenなので，「離れて緩める」というイメージで覚えるとよい。exonerate, acquitなどの類義語も頻出単語。

1「を赦免する」**2**「（人）からだまし取る」**3**「（人・動植物）を慣らす」**4**「を妨害する」

(92) 解答 4

訳 **新しく選出された市長は，金曜日に市庁舎前で執り行われる式典にて就任する。彼女はその翌日から職務を遂行し始める。**

解説 inaugurateは「を就任させる」のほかに「（公共施設など）の落成式を行う」「（組織など）を開始する」の意味でも使われる。いずれも「始まり」が共通する概念。inauguration「就任，就任式」, inaugural address [speech]「就任演説」もニュースなどでおなじみである。

1「をせがんで手に入れる」**2**「をはっきりと示す」**3**「を妨げる」**4**「を就任させる」

(93) 解答 1

訳 **その理論は当初はあり得ないように思われたが，それを確証する証拠が次々に発見された。今では多くの研究者が，それは真実であろうと信じている。**

解説 証拠を挙げて理論や陳述などが真実であること「を確証する，を裏付ける」の意味で使われる。類義語はconfirm, verifyなど。collaborate「協力する」と混同しないように注意。

1「を確証する」**2**「を危うくする」**3**「を置き去りにする」**4**「（客・貨物）を降ろす」

(94) 解答 2

訳 **気温が30度台後半まで上昇したので，清涼飲料の売り上げが大幅に増加した。客は涼しさを保とうと，それらをがぶがぶと飲んでいる。**

解説 「（特に酒など）をがぶがぶ飲む，をがつがつ食べる」の意味のほか，ガソリンなどを過度に消費する際も使う。gas guzzlerは燃費が悪くガソリンを食う自動車のこと。問題文はguzzle down ～ だが，guzzle away ～ も使う。

1「を（不正に）操る」**2**「をがぶがぶ飲む」**3**「に目盛りを付ける」**4**「を層状にする」

(95) 解答 3

訳 **その田園地方を何時間も捜し回った後，捜索隊はついに迷った2名のハイカーを見つけた。**

解説 searchとほぼ同義だが，「徹底的にくまなく捜す」といったニュアンスが含まれる。場所を目的語にとり，scour（場所）for（人・物）の形で「（人・物）を求めて（場所）を捜す」。また，scourには「をこすって磨く，をこすり取る」の意味もあるので要注意。

1「を叱る」**2**「をあざける」**3**「（場所）を捜し回る」**4**「をぞっとさせる」

(96) 解答 1

訳 **A：なんと，スミカとジェイムズは本当に互いに腹を立てていたね。ミーティングの最中にあの2人が怒鳴るなんてこれまで聞いたことないよ。**
B：そうね。アンがユーモアで緊張を和らげることができてよかったわ。彼女には人を落ち着かせる真の才能があるのね。

解説 de-は「分離，除去」を表すので「信管（fuse）を外す」の意味。「（爆発物など）から信管を取り除く」→「（危険・緊張など）を和らげる」と変化。diffuse「を広める，を拡散させる」との混同に要注意。

1「（緊張）を和らげる」**2**「を畜殺する」**3**「を行商する」**4**「（金品）をだまし取る」

(97) (　　　) by his heavy backpack, Kenta was not able to walk very far. He decided to call a taxi to get to his destination.

1 Instilled　　**2** Encumbered
3 Siphoned　　**4** Mingled

(98) In general, it is better to (　　　) waste than to bury it in the ground. However, if the garbage is not burned properly, it can create air pollution.

1 encapsulate　　**2** advocate
3 incinerate　　**4** precipitate

(99) Since the company and the labor union cannot agree, a special committee of independent experts has been set up to (　　　) the matter. Now, both parties are moving towards accepting its decision.

1 adjudicate　　**2** inscribe
3 denounce　　**4** bequeath

(100) Although the criminal was (　　　) a knife, Officer Jenkins was able to take the weapon away from him and wrestle him to the ground.

1 emulating　　**2** trampling
3 enticing　　**4** brandishing

(101) For years, Takeshi had felt (　　　) by the rules, boredom, and routine of his job. Starting his own business finally gave him the freedom he had so long desired.

1 lobbed　　**2** downplayed
3 fettered　　**4** eluded

(102) After injuring her knee, Tanya (　　　) the problem by ignoring her doctor's advice and continuing to train for her upcoming race.

1 reprimanded　　**2** emboldened
3 demonized　　**4** exacerbated

(97) 解答 **2**

訳 **重いバックパックに邪魔されて，ケンタはあまり遠くまで歩けなかった。彼は目的地に着くのにタクシーを呼ぶことにした。**

解説 通例受動態be encumbered by [with] ～「～で妨げられる」の形で使われる。類義語はhamper, hinder, impede, obstructなど。-cumberは「妨害」を意味し，cumbersome「厄介な，煩わしい」にも見られる。

1「を教え込む」**2**「を妨げる」**3**「(利益など) を吸い上げる」**4**「を混ぜる」

(98) 解答 **3**

訳 **一般に，廃棄物は地中に埋めるよりも焼却する方がよい。しかし，ごみが適切に燃やされなければ大気汚染を引き起こしかねない。**

解説 2文目のburnedが類義語としてヒントになっている。incinerateは「(ごみなど) を焼却する」ほか，「(死体) を火葬にする」の意味でも使われる。ciner-はashesであるため，「を焼いて灰にする」が正確な意味。incinerator「焼却炉，火葬炉」もあわせて覚えておこう。

1「を要約する」**2**「を主張する」**3**「を焼却する」**4**「を突然引き起こす」

(99) 解答 **1**

訳 **その会社と労働組合が合意できないため，独立した専門家による特別委員会がその問題に決着をつけるために設置された。現在，両者はその決定を受け入れる方向に動いている。**

解説 特別委員会が設けられた目的は，会社・組合間の問題を解決することだと理解できる。adjudicateは「(争いなど) を裁く，に決着をつける」の意味。judgeとほぼ同義だが，adjudicateはよりフォーマルな表現である。

1「を裁く，に判決を下す」**2**「を書く」**3**「を公然と非難する」**4**「を遺贈する」

(100) 解答 **4**

訳 **その犯人はナイフを振り回していたが，ジェンキンズ巡査は彼から武器を取り上げ，地面に組み伏せることができた。**

解説 空所後の目的語a knifeを見てbrandishが選べるとよい。武器やそれに準ずるものを威嚇のために振り回す際に使われる単語。brandish a weapon [sword] などのコロケーションで覚えるとよい。

1「と競争する」**2**「を踏みつぶす」**3**「を誘う」**4**「を振り回す」

(101) 解答 **3**

訳 **タケシは何年間も仕事上の規則，退屈さ，日課に拘束されていると感じていた。起業したことでやっと長年望んでいた自由を手に入れた。**

解説 名詞fetterは「足かせ」。動詞として使うと「に足かせをはめる」→「を拘束する，を束縛する」と比喩的に変化する。通例be fetteredと受動態で使われる。unfettered「束縛されていない，自由な (= free)」も覚えておこう。

1「(ボール) をロブする」**2**「を (実際より) 大したことなさそうに見せる」**3**「を拘束する」**4**「を巧みに逃れる」

(102) 解答 **4**

訳 **膝を痛めた後，ターニャは医者の忠告を無視して次のレースに向けてトレーニングを続けることでその問題を悪化させた。**

解説 「(問題・症状・事態など) を悪化させる」の意味で，worsenのフォーマルな表現。似た意味のaggravateも必須単語。exacerbateはほかに「(人) を憤激させる」という意味もある。

1「を叱責する」**2**「を大胆にする」**3**「を邪悪なものとして描く」**4**「を悪化させる」

(103) Mila had long ( ) a promotion to manager, but when her dream finally came true, she found herself wishing she could go back to her old position.

1 replicated **2** coveted
3 adjoined **4** jiggled

(104) Using all his strength, Marcel was able to ( ) the old pipe from the wall so that he could replace it with a new one.

1 indulge **2** cripple
3 wrench **4** ponder

(105) Although environmental groups have been ( ) the idea that we need to do more to stop global warming for decades, there are still some governments that have just begun to take action to combat it.

1 inundating **2** espousing
3 hampering **4** squashing

(106) ***A:*** Did Mason say anything when he received the bad news?
B: No, he just ( ) a big sigh and sat there with his head in his hands.

1 dispatched **2** heaved
3 refuted **4** quenched

(107) After Jake failed to pay his parking tickets, his car was ( ). He will not be able to get it back until he has paid all of his fines.

1 contrived **2** impounded
3 engrossed **4** hastened

(108) The old church was ( ) by bombing during the war. Now, few people remember that it was even there.

1 obliterated **2** embellished
3 dissuaded **4** infested

(103) 解答 2

訳 **ミラは長いことマネージャーへの昇進を切望していたが，その夢がついに実現すると，以前の地位に戻りたいと願っている自分に気付いた。**

解説 desireなどよりも強く，他人の所有物で通常では手に入らないものを羨望を持って欲しがる，というようなニュアンスを持つ。また，covetedは形容詞として「誰もが欲しがる」の意味。coveted prize, coveted positionのように使われる。

1「を複製する」**2**「をむやみに欲しがる」**3**「に隣接する」**4**「を小刻みに揺らす」

(104) 解答 3

訳 **古いパイプを新しいものに交換するために，全力を振り絞ってマルセルはそれを壁からもぎ取ることができた。**

解説 「をねじる，をひねる」のほか，問題文のように「をもぎ取る」の意味。名詞だと「（ボルトなどを締める）レンチ，スパナ」。heart-wrenching「心をねじるような」→「心の痛む，悲痛な」。

1「を甘やかす」**2**「の機能をまひさせる」**3**「をもぎ取る」**4**「を熟考する」

(105) 解答 2

訳 **環境保護団体は，地球温暖化を食い止めるためにさらなる取り組みが必要だという考えを何十年も支持してきたが，それを防ぐために行動を起こし始めたばかりの政府もまだある。**

解説 「結婚する，妻にする」が原義。転じて「（主義・説など）を自分のものとする」→「を支持する，を採用する」の意味に変化した。adopt, embraceが類義語だが，espouseはより強い傾倒を暗示したフォーマルな表現である。

1「を水浸しにする」**2**「（主義など）を支持する」**3**「を妨げる」**4**「を押しつぶす」

(106) 解答 2

訳 A：**その悪い知らせを受けてメイソンは何か言った？**
B：**いいえ，彼はただ大きなため息をついて頭を抱えてそこに座っていたわ。**

解説 「（重いものを）持ち上げる（＝ lift）」が原義で，「（持ち上げたもの）を放り投げる（＝ throw）」の意味もある。問題文のheave a sighはコロケーションとして覚えよう。heave a sigh of relief「安堵のため息をつく」など。

1「を急派する」**2**「（ため息など）を発する」**3**「を論駁する」**4**「（渇き）を癒やす」

(107) 解答 2

訳 **ジェイクが駐車違反切符の罰金を払わなかった後，彼の車は押収された。彼は罰金をすべて支払うまでそれを取り戻せない。**

解説 「（家畜など）を囲いに入れる」が原義。転じて「を（一時的に）押収する，を没収する」の意味で使われる。問題文のように警察により没収された車両は，警察が管理する“impound lot”の囲いの中で保管される。類義語はconfiscate, seizeなど。

1「（悪事など）をたくらむ」**2**「を押収する」**3**「を没頭させる」**4**「を急がせる」

(108) 解答 1

訳 **その古い教会は，戦時中の爆撃で壊滅した。今ではそこに存在していたことすら覚えている人はほとんどいない。**

解説 原義は「完全に消す」だが，転じて「（建物など）を完全に消滅させる」の意味で使われる。跡形もなくすというニュアンスが強く，obliterateは爆弾や嵐・竜巻などの被害を描写する際によく使われる。問題文でも，by bombingに反応できると理想的である。

1「を消滅させる」**2**「を潤色する」**3**「に思いとどまらせる」**4**「（害虫などが）にたかる，にはびこる」

(109) Some of the information that the journalist received was very interesting, but it could not be (　　　). Since she could not be certain that it was reliable, she had no choice but to leave it out of her article.

1 inflicted　　**2** verified
3 revoked　　**4** garbled

(110) In the past, female employees were often (　　　) to less skilled jobs like typing and filing. Now, however, it is commonly accepted that they can do anything a man can do.

1 incubated　　**2** relegated
3 lampooned　　**4** avenged

(111) Motorists who (　　　) the law by driving far above the speed limit are a danger to everyone on the road. If drivers do not respect the rules of the road, they should lose their licenses.

1 flout　　**2** dazzle
3 inter　　**4** rig

(112) *A:* Stand up straight, Kevin. You look terrible when you (　　　) like that.
B: Sorry, Mom.

1 ensue　　**2** squabble
3 perish　　**4** slouch

(109) **解答 2**

訳 **そのジャーナリストが入手した情報の一部は非常に興味深いものであったが，確認が取れなかった。彼女はその信頼性を確信できなかったため，記事に含めないでおくしかなかった。**

解説 語源的にver-はtrueを意味することから，verifyは「が真実である［正しい］かどうかを（証拠などによって）確認する」の意味。類義語はconfirm, corroborate, substantiateなど。vilify「を中傷する（= speak ill of 〜）」との混同に注意。

1「（打撃など）を与える」**2**「を確かめる」**3**「を取り消す」**4**「を歪曲する」

(110) **解答 2**

訳 **以前，女性社員はタイピングやファイリングのような，より熟練を必要としない仕事にしばしば追いやられていた。しかし現在では，彼女らは男性ができることは何でもできることが一般的に受け入れられている。**

解説 relegate A to Bの形で「AをBに追いやる［格下げする］」の意味だが，通例受動態でbe relegated to 〜 の形で使われる。より低い地位に移されるニュアンスを含み，スポーツチームが下位リーグに降格されるという文脈でも使われる表現である。

1「（卵）を抱く」**2**「を追いやる」**3**「を痛烈に風刺する」**4**「の復讐をする」

(111) **解答 1**

訳 **制限速度を大幅に超えて運転して規則を無視するドライバーは，路上のすべての人にとって危険である。ドライバーが交通規則を守らないのであれば，彼らは免許取り消しになるべきだ。**

解説 2文目のdo not respectの部分を言い換えた表現を選ぶ問題。floutは「（規則・慣習など）をばかにして無視する」の意味。flout the lawのコロケーションで覚えよう。flaunt「を見せびらかす」との混同に注意が必要。

1「をばかにして無視する」**2**「を感嘆させる」**3**「を埋葬する」**4**「に装備する」

(112) **解答 4**

訳 A：**ケビン，背筋を伸ばして立ちなさい。そんなふうに前かがみでいるとみっともないわよ。**

B：**ごめん，ママ。**

解説 冒頭のStand up straightの反対の意味の語を選ぶ問題。slouchは「前かがみのだらしない姿勢で座る［立つ, 歩く］」を意味する。また「前かがみのだらしない姿勢」の意味の名詞としても使う。

1「続いて起こる」**2**「言い争う」**3**「死ぬ」**4**「前かがみになる」

名詞を覚える！

名詞は動詞・形容詞・副詞と比較すると用法もさほど複雑ではなく，語義もはっきりとしていて覚えやすい傾向があります。単語問題でも知っていれば迷うことなくすぐに選べることがほとんどです。そのため，名詞の問題はできるだけ短時間で確実に正解したいところです。以下を参考に重要な名詞を整理しておきましょう。

動詞・形容詞から覚える

いきなり覚えようとするよりも，動詞や形容詞の派生語として結びつけて覚える方が記憶に残りやすい場合があります。以下の動詞・形容詞を覚えた上で，それらの名詞形も確認しましょう。

【動詞→名詞】
acquit → acquittal「無罪放免」
appraise → appraisal「評価」
incarcerate → incarceration「投獄」
abstain → abstention「棄権，節制」
diffuse → diffusion「拡散」
abhor → abhorrence「嫌悪(感)」

【形容詞→名詞】
averse → aversion「嫌悪(感)」
erudite → erudition「博識」
auspicious → auspice「前兆」
fervent → fervor「熱心」
detrimental → detriment「損害，損失」
pedantic → pedant「学者ぶる人」

コロケーションで覚える

特定の名詞がよく使われるフレーズ(＝コロケーション)で覚えておくのも非常に有効です。記憶に残りやすいばかりでなく，リーディングやリスニングでその単語に出会った際にも瞬時に意味を理解する確率が高くなります。

at a velocity of ～「～の速度で」
in the vicinity of ～「～の近くに」
commit perjury [plagiarism]「偽証罪［盗用］を犯す」
have a propensity [penchant] for ～「～の傾向［～に対する強い好み］がある」
give [grant] a reprieve to ～「～に猶予を与える」
have an aversion to ～「～に嫌悪感を持つ」
make [pay] reparation for ～「～の賠償をする」
have [show, feel] no compunction about ～「～に良心の呵責(かしゃく)を感じない」
have [feel, bear] animosity against [toward] ～「～に対して憎しみを持つ」
impose [lay, place] an embargo on ～「～に通商を禁止する」

ジャンル別に覚える

単語問題ではさまざまな分野の英文が出題されます。単語の正確な意味が思い出せなくても「確か裁判関連の単語だったな」「何かの病気だったな」というような記憶から正解が導き出せることも少なくありません。特に名詞はジャンルごとのグループで覚えておくと役立ちます。

【選挙・投票】

suffrage「選挙権」，incumbent「現職者」，partisan「熱心な支持者」，stalwart「忠実な支持者」，canvass「票集め，選挙運動」，electorate「有権者」，constituency「選挙区」，caucus「党員集会」，abstention「棄権」，referendum「国民投票」

【犯罪】

felony「重罪」，misdemeanor「軽犯罪，非行」，fugitive「逃亡者」，libel「（文書での）名誉毀損(きそん)」，slander「（口頭での）名誉毀損」，complicity「共犯，共謀」，accomplice「共犯者」，larceny「窃盗」，arson「放火」，pilferage「盗品」，embezzlement「横領」，contraband「密輸品」

【裁判・刑罰】

litigation「訴訟」，adjudication「判決」，indictment「起訴」，impeachment「告発」，conviction「有罪判決」，acquittal「無罪放免」，exoneration「免罪」，commutation「減刑」，impunity「罪を免れること，免責」，plaintiff「原告」，detention「拘置」，incarceration「投獄」

【病気・医療】

prognosis「予後」，remission「小康状態」，recuperation「（病気からの）回復」，convalescence「快方に向かうこと」，anesthetic「麻酔剤」，euthanasia「安楽死」，pathogen「病原体」，lesion「傷害，病変」，concussion「脳震とう」，anemia「貧血」，migraine「偏頭痛」，arthritis「関節炎」

【戦争・混乱】

brawl「派手な口論」，feud「不和」，upheaval「大変動」，ceasefire「停戦」，truce「休戦」，skirmish「小競り合い」，insurrection「反乱，暴動」，mutiny「（船長などに対する）反乱」，mayhem「大混乱，暴力沙汰」，pandemonium「大混沌(こんとん)」

Unit 2 名詞

(1) After Malcolm was late for work for the third time in a week for no particular reason, he received a (　　　) from his boss who had lost patience with him.

1 clique　**2** farce
3 testament　**4** rebuke

(2) *A:* I heard that the college has received an (　　　) of two million dollars to build a new gym.
B: That's great news. The present gym building is getting really old.

1 archipelago　**2** offshoot
3 anecdote　**4** endowment

(3) The President did not offer any real words of hope in his speech. He just uttered a few bland (　　　) like "Things will get better" and "We are all in this together."

1 blotches　**2** platitudes
3 fringes　**4** hunches

(4) The tennis player is definitely at the (　　　) of his career. He has won every major tournament this year and seems to be unbeatable at the moment.

1 pinnacle　**2** pageant
3 juncture　**4** periphery

(5) The (　　　) which had existed between the two neighboring countries for many years finally ended when the peace treaty was signed.

1 bounty　**2** caucus
3 enmity　**4** deferral

(6) John heard a (　　　) outside his house. When he went outside to investigate, he noticed several fire trucks parked outside the house next door.

1 prelate　**2** rehash
3 scam　**4** commotion

(1) 解答 4

訳 マルコムは，特に理由もなく仕事に遅れて来たのが1週間で3度目だったので，我慢し切れなくなった上司から叱責を受けた。

解説 動詞も同形で「を厳しく叱る，を非難する（= reprimand）」の意味のフォーマルな表現。類義語のreproveは「（間違いを正そうと）をたしなめる」の意味なので，印象はかなり異なる。-bukeが「打つ，殴る」の意味だと理解すると，イメージしやすいだろう。

1「徒党」2「茶番」3「証左」4「叱責，非難」

(2) 解答 4

訳 A：大学は，新しいジムを建設するために200万ドルの寄付金を受け取ったと聞いたわ。
B：それはいいニュースだね。今のジムの建物はかなり古くなってきているからね。

解説 動詞endowは「（学校・病院など）に寄付する」の意味で，endowmentは「寄付金，基金」。また，endowには「（才能・資質など）を授ける」の意味もあり，通例複数形のendowmentsは「（生まれつきの）才能, 資質」の意味。natural endowmentsとも言う。

1「群島」2「派生物」3「逸話」4「寄付金」

(3) 解答 2

訳 大統領はその演説で心からの希望の言葉を述べることはなかった。彼はただ「すべてはよくなる」や「われわれは皆，共にいる」などのつまらない決まり文句をいくつか述べただけだった。

解説 plat- はflatから変化したもので，plateau「台地，停滞状態」も同語源。platitudeは「平坦で変化がないもの」→「平凡，決まり文句」と理解できる。知っておくべき類義語はcliché, banality, commonplaceなど。

1「大きな染み」2「ありきたりの決まり文句，陳腐」3「ふさ飾り，周辺」4「直感」

(4) 解答 1

訳 そのテニス選手は間違いなくキャリアの絶頂期にある。彼は今年すべてのメジャートーナメントを制覇し，目下無敵のようだ。

解説 建築では「（教会などの）小尖塔」の意味。先の細くなった部分のイメージから「（成功・名声・権力などの）頂点，絶頂」の意味になる。peak, apex, culminationなどの類義語に比べるとpinnacleは頂点とはいえやや不安定なニュアンスを含む。at the pinnacle of ～ は頻出表現。

1「頂点」2「（その土地の歴史などを扱った）野外劇」3「（重大）時期」4「周囲」

(5) 解答 3

訳 平和条約が調印されて，長年にわたり2つの隣国間に存在した敵意はついに解消された。

解説 人や組織に対して抱く「敵意，憎しみ」の意味。enemy「敵」が変化してできた単語だと意識すると覚えやすい。類義語はhostility, animosity, antipathyだが，enmityは特に長期間持ち続ける感情である場合が多い。反意語はamity「友好，親善」。

1「奨励金，（自然の）豊かな恵み」2「党員集会」3「敵意」4「延期」

(6) 解答 4

訳 ジョンは家の外で大騒ぎしているのを聞いた。調べようと外に出ると，数台の消防車が隣の家の外に止まっているのに気付いた。

解説 社会的・政治的な「混乱，騒動」のほか，精神的な「動揺」を指すこともある。“motion”が含まれていることからも何らかの「動き」をイメージするとよいだろう。uproar, turmoil, mayhem, racket, meleeなどの類義語もあわせて覚えておこう。

1「高位聖職者」2「焼き直し」3「詐欺」4「大騒ぎ，騒動」

(7) □□ Although the doctor's theories as to the cause and treatment of cancer are still considered to be controversial, she has won a number of ( ) in the medical community.

1 apparitions **2** extroverts
3 fugitives **4** adherents

(8) □□ During trials, the new electric car model reached an astonishing ( ) of 220 miles per hour, which is faster than many sports cars.

1 genealogy **2** contention
3 velocity **4** infirmity

(9) □□ It seems that the accused had a ( ) for violence even before committing the murder. He was already known to the police for other crimes such as domestic violence and getting into fights.

1 propensity **2** cavity
3 trance **4** prelude

(10) □□ *A:* The staff seem to be very dissatisfied with their working conditions these days.
B: Why not call a meeting to allow them to air their ( )? Unless we understand what the problems are, we can't solve them.

1 protocols **2** reformations
3 grievances **4** speculations

(11) □□ The pianist was a child ( ). He gave his first public performance at the age of three, and by the time he was 10 years old he was already drawing thousands of fans to his concerts.

1 pseudonym **2** socialite
3 upstart **4** prodigy

(12) □□ After his accident, John's friends stayed at his bedside day and night. They were determined to keep up this ( ) until he regained consciousness.

1 vigil **2** litany
3 ember **4** ovation

(7) 解答 **4**

訳 **がんの原因や治療に関するその医師の理論は，まだ議論の余地があると考えられているが，彼女は医学界において多くの支持者を獲得している。**

解説 動詞はadhere「くっつく（= stick）」。名詞adherentは「（特定の人物・政党・主義などの）支持者，信奉者」。followerに言い換えられるが，adherentはより積極的な支持を暗示する形式ばった言い方。同形で形容詞にもなり「固執する，粘着する」という意味。

1「亡霊」**2**「外向性の人」**3**「逃亡者」**4**「支持者」

(8) 解答 **3**

訳 **試運転で，その新型電気自動車は驚きの時速220マイルの速度に達したが，それは多くのスポーツカーよりも高速だ。**

解説 「速度」の意味ではspeedと同義だが，velocityはより専門的な用語であり，主に無生物の速度に用いる。またspeedとは異なり一定方向に向けた速度であることが多い。at a velocity of ～「～の速度で」。

1「系譜」**2**「主張，論争」**3**「速度」**4**「虚弱，病気」

(9) 解答 **1**

訳 **被告は殺人を犯す以前から暴力的な傾向があったようだ。彼は家庭内暴力やけんかにかかわるなどほかの犯罪で既に警察に知られていた。**

解説 「（好ましくない）傾向，性癖」の意味で，生まれつき持ち，特に断ち切るのが困難であるニュアンスを含む。主にhave a propensity for ～，またはhave a propensity to *do*の形で使われる。類義語としてはtendency, inclination, predispositionなどがある。

1「（好ましくない）傾向」**2**「空洞，虫歯（の穴）」**3**「恍惚（こうこつ）」**4**「前兆」

(10) 解答 **3**

訳 A：**最近スタッフが労働条件にかなり不満を持っているようだね。**
B：**ミーティングを開いて彼らの不満を吐き出してもらうのはどう？　何が問題なのかがわからなければ，解決することができないので。**

解説 grieve「深く悲しむ」の名詞形だが意味には差があり，grievanceは「不平，不満（= complaint）」の意味。特に労働条件や不当な扱いに対する不満によく用いられる。

1「議定書，儀礼」**2**「改良」**3**「不平，不満」**4**「思索，熟考」

(11) 解答 **4**

訳 **そのピアニストは神童だった。彼は3歳のときに初めて公の場で演奏をし，10歳になるまでには既に何千人ものファンをコンサートに惹きつけていた。**

解説 prodigyだけでも「神童」だが，問題文のようにchild [infant] prodigyでも同じである。一般的に「天才」はgenius。whiz「達人，名人」も知っておくとよいだろう。computer whiz kidなどは新聞でも見かける表現。

1「ペンネーム」**2**「名士」**3**「成り上がり者」**4**「神童」

(12) 解答 **1**

訳 **ジョンが事故に遭って以来，彼の友人たちは昼夜を問わずベッドのそばで付き添った。彼が意識を取り戻すまで，この寝ずの番を続けると彼らは心に決めていた。**

解説 監視，看病，祈り，抗議などの目的で徹夜をすること。keep vigil「徹夜する，通夜をする」の形で覚えておこう。形容詞vigilantは「用心深い，油断のない」の意味。夜も寝ずに緊張感を保った状態をイメージするとよい。

1「（見守りなどのための）徹夜，寝ずの番」**2**「くどい説明，延々と続くもの」**3**「燃えさし」**4**「大喝采」

(13) The religious leader gave a long talk on the subject of (　　　), saying that it was wrong to be greedy and hungry for money and material possessions.

1 ebullience　　**2** chivalry
3 imposition　　**4** avarice

(14) Over time, the girl's (　　　) with the singer began to take over her life. She stopped going to school and stayed home all day watching videos of him on her phone.

1 infatuation　　**2** anomaly
3 camaraderie　　**4** amiability

(15) In the 1950s, the writer left Paris for a brief summer (　　　) in the countryside. It was there that he got the idea for his most famous novel.

1 swathe　　**2** purge
3 sojourn　　**4** tundra

(16) Although the local government made some attempts to do something about the urban (　　　) that was spreading across the city by repairing buildings, most of these improvements were cosmetic and did little to change the sense of neglect and decay.

1 lassitude　　**2** indictment
3 blight　　**4** opulence

(17) The volcanic eruption has led to a sharp decrease in tourism. This could have serious (　　　) for the economy.

1 repercussions　　**2** lacerations
3 factions　　**4** mutations

(18) After working in the same office for several years, Martin began to grow tired of the daily (　　　). He began to wonder if he should quit his job and work freelance instead.

1 surge　　**2** totem
3 swamp　　**4** grind

(13) 解答 **4**

訳 **その宗教指導者は貪欲をテーマに長時間話した。彼は欲張って金や物を欲しがるのは過ちであると述べた。**

解説 greedとほぼ同義だがよりフォーマルな表現。avariceは金銭や富に対する非常に強い欲求を表し，greedより程度が高い。したがって，相性のよい形容詞との組み合わせはinsatiable avarice「飽くことのない貪欲さ」，bottomless avarice「底なしの貪欲さ」など。

1「（感情などの）ほとばしり」**2**「騎士道精神」**3**「（重荷などを）課すること」**4**「強欲，貪欲」

(14) 解答 **1**

訳 **時が経つにつれて，少女はその歌手に夢中になり彼女の生活のすべてを占めるようになり始めた。彼女は学校に行かなくなり，一日中携帯電話で彼の動画を見ながら自宅で過ごした。**

解説 非常に強いが一時的で長続きはしない愛情や情熱を指すため，passing infatuationの形で使うこともある。問題文にもあるようにinfatuation with ～ のほか，have an infatuation for ～「～に夢中である」のように用いる。

1「夢中になること」**2**「変則，異常」**3**「友情」**4**「気立てのよさ」

(15) 解答 **3**

訳 **1950年代にその作家は，田舎での夏の短期滞在のためパリを離れた。彼の最も有名な小説の着想を得たのはそこでのことだった。**

解説 自宅以外の場所での短期間の滞在を指し，同形で動詞にもなる。一般的にはstayのフォーマルな表現だが，少しおどけてvacationを大袈裟に言う際に使われることもある。

1「包帯」**2**「粛清」**3**「滞在」**4**「ツンドラ，凍土地帯」

(16) 解答 **3**

訳 **その地方自治体は，建物を修繕することで市内全域に広がりつつある都市の荒廃を何とかしようと試みたが，これらの改善のほとんどは表面的なもので，放置感と衰退感を変えることはほとんどなかった。**

解説 原義は植物に被害をもたらす「胴枯れ病」。その後，植物に限らず「破壊するもの」→「損うもの」の意味で使われるようになった。urban blightは「都市が老朽化して荒廃した状態」の意味で新聞・雑誌などでも頻繁に使われる。

1「疲労感」**2**「起訴」**3**「（都市の）荒廃，破滅の原因」**4**「裕福」

(17) 解答 **1**

訳 **火山の噴火は，観光事業の急激な減少をもたらした。これは経済に深刻な影響を与えるかもしれない。**

解説 percussion「打楽器」の音が反響するのをイメージするとよい。「（行動・出来事の間接的な）影響，余波」を意味し，通常複数形で用いる。しばしば長期にわたる好ましくない影響を指す。類義語はconsequence, resultなど。

1「影響，余波」**2**「裂傷」**3**「派閥」**4**「突然変異」

(18) 解答 **4**

訳 **同じオフィスで数年働き，マーティンは日々の単調な仕事に飽きてき始めた。彼は仕事を辞めて，代わりにフリーランスで働くのがよいかなと考え始めた。**

解説 心身の疲弊につながる退屈で単調な仕事や勉強を指す口語表現。類義語はdrudgery, toil, choreなど。同形の動詞は「をすりつぶす，を砕く」の意味であることから，「身を粉にするような仕事」をイメージするとよいだろう。

1「（感情などの）高まり，（価値などの）急騰」**2**「トーテム，象徴」**3**「沼地」**4**「骨の折れる単調な仕事」

(19) Due to the fact that the suspect was last seen in the ( ) of the station, the police think it is highly probable that he has already left the area.

1 mainstay　**2** vicinity
3 inanity　**4** snag

(20) While slight ( ) from the annual business plan are to be expected, managers are required to do their best to keep to the structure and goals of the plan.

1 insurrections　**2** gorges
3 deviations　**4** exponent

(21) The blood test confirmed that the patient was in ( ) and that no further treatment was necessary. He was relieved to hear that he would soon be able to leave the hospital.

1 erudition　**2** duplicity
3 turmoil　**4** remission

(22) Hotels and restaurants are always busy preparing for the large number of tourists who are expected to visit the city whenever the king is having a ( ) celebration.

1 consecration　**2** convalescence
3 fallacy　**4** jubilee

(23) The interview team were surprised by the high ( ) of the job applicants, all of whom demonstrated valuable experience and very good communication skills.

1 caliber　**2** prudence
3 subjugation　**4** tedium

(24) Although this was the actor's first ( ) into politics, he gained 80 percent of the vote. Now, everyone is waiting to see if he will be as good a mayor as he was an actor.

1 foray　**2** conurbation
3 implosion　**4** exodus

(19) 解答 **2**

訳 **容疑者は駅の近隣で最後に目撃された事実から，警察は彼が既にその地域から離れた可能性が非常に高いと考えている。**

解説 「近隣，近所，付近」の意味でneighborhoodとほぼ同義だが，より広い範囲を含む場合が多い。in the vicinity of ～ の形で覚えておこう。場所だけでなく数字（特に金額）にも使われる。in the vicinity of $100は，about [approximately] $100の意味。

1「頼みの綱」**2**「近隣，近いこと」**3**「愚かさ」**4**「思いがけない困難」

(20) 解答 **3**

訳 **年間事業計画からのわずかな逸脱は予想されるが，マネージャーはその計画の枠組みや目標を守るよう最善を尽くすことが要求される。**

解説 語源的にde- = away from, viaはwayであり，deviationは決められたコースや基準からの「逸脱」を指す。deviation from the norm [standard] などの形で覚えるとよいだろう。

1「反乱，暴動」**2**「小峡谷」**3**「逸脱」**4**「主唱者」

(21) 解答 **4**

訳 **血液検査によりその患者は寛解期にあり，この先の治療は必要ないことが確認された。まもなく退院できると聞き，彼は安心した。**

解説 動詞はremit。語源的にre- = back, -mitはsend。「(金銭など) を送る」のほか「(苦痛など) を緩和する，を軽減する」の意味もある。名詞remissionは病気などが一時的に和らいでいる「小康状態」。in remissionの形で使う。

1「博識」**2**「二枚舌」**3**「騒ぎ」**4**「小康状態」

(22) 解答 **4**

訳 **ホテルやレストランは，国王が記念祭を行うときはいつでも，その都市を訪れると見込まれる多くの旅行者の受け入れ準備でいつも忙しい。**

解説 「雄羊の角笛」を意味するヘブライ語に由来する。角笛を吹いて記念祭を告げたことから「(25年，50年などの特別な) 記念祭」の意味になった。関連語はjubilate「歓喜する」，jubilant「歓喜に満ちた」。エリザベス元英女王の即位70周年の祝賀行事はPlatinum Jubilee。

1「聖化」**2**「快方に向かうこと」**3**「誤った考え」**4**「記念祭」

(23) 解答 **1**

訳 **面接チームは，求職者たちの高い器量に驚いた。全員が貴重な経験を持ち，非常に高いコミュニケーション能力を示したのだ。**

解説 「(銃の) 口径，(弾丸の) 直径」の意味での出題は考えづらい。それよりも「能力，力量 (の程度)」の意味を押さえておくことが重要。a person of high caliber「優れた人物」。イメージしにくい場合はability, qualityと近いと覚えておくとよいだろう。

1「器量，(銃の) 口径」**2**「慎重」**3**「鎮圧」**4**「退屈」

(24) 解答 **1**

訳 **今回がその俳優の初めての政界への進出だったが，彼は80パーセントの票を獲得した。今はすべての人が，彼が俳優として優れていたのと同様に市長としても優れた存在になれるかを見守っている。**

解説 「(本職以外のまったく別の分野) への進出」の意味で，foray into ～ の形で使われることが多い。make a forayの形で「(敵陣への) 突然の襲撃をする」の意味もあり，raid, assaultなどに言い換えが可能。

1「進出，急襲」**2**「大都市圏」**3**「内側への破裂」**4**「大量出国」

(25) □□
A: If you continue working such long hours, you're going to put your health in ( ). Maybe it's time to slow down a bit.
B: Yes, you're right. I don't want to get sick. I'll try to take more care in the future.

1 impulse **2** jeopardy
3 scarcity **4** compliance

(26) □□
The band's new album, which is to be released today, is the ( ) of twelve years of hard work and constant experimentation.

1 elucidation **2** culmination
3 euphoria **4** hindsight

(27) □□
The doctors noticed a slight ( ) of the patient's symptoms following the operation. They were not overly concerned but decided to order some extra tests just in case.

1 brevity **2** remorse
3 solace **4** aggravation

(28) □□
Initially sentenced to death, the prisoner was given a ( ) at the last minute when new evidence came to light.

1 nomination **2** reprieve
3 penance **4** precedent

(29) □□
An increase in the number of factory farms which can produce food at lower prices has led to the ( ) of the small family-owned farm in many countries.

1 indolence **2** collateral
3 swarm **4** demise

(30) □□
Michael's friends were very concerned when he began drinking alcohol again after over 20 years of complete ( ).

1 commutation **2** retention
3 absurdity **4** abstinence

(25) 解答 **2**

訳 **A：そんな長時間勤務を続けたら，あなたの健康を危険にさらすことになるわよ。たぶん少しゆっくりする時なのよ。**
B：うん，そうだね。病気になりたくないよ。今後はもっと気を付けるようにするよ。

解説 原義は「五分五分の見込み」。転じて「不確実で危うい状態」の意味で使われる。danger, hazard, peril, riskなどが類義語だが，jeopardyは特に「損失・損害・破滅などの危険にさらされた状態」を指すことが多い。

1「衝動」**2**「危険」**3**「欠乏，不足」**4**「（要求などに）応じること」

(26) 解答 **2**

訳 **そのバンドの新しいアルバムは今日発売されるが，12年にわたる努力と不断の実験の最高到達点である。**

解説 「絶頂」の意味では，climax, apex, pinnacle, zenith, acme など類義語は多いが，culminationは「長い努力の結果の成長・発展の頂点」といったニュアンスを持つ。the culmination of *one's* career「生涯の全盛期」。

1「解明」**2**「最高点，絶頂」**3**「幸福感」**4**「後知恵」

(27) 解答 **4**

訳 **医師たちはその患者の手術後の症状のわずかな悪化に気付いた。彼らは過度に心配してはいなかったが，念のため追加の検査を指示することに決めた。**

解説 動詞aggravateは「（問題・困難・病気など）を悪化させる」の意味。問題文では名詞aggravationが，既に存在する病気の症状の「悪化」の意味で使われている。類義語はworsening, exacerbationなど。

1「簡潔さ，（時の）短さ」**2**「深い後悔」**3**「慰め，慰めとなるもの」**4**「悪化」

(28) 解答 **2**

訳 **最初は死刑を宣告されたが，新たな証拠が明らかになり，その囚人は土壇場で執行猶予が与えられた。**

解説 刑（特に死刑）の執行を停止または延期すること。give [grant] a reprieve to ～「～に（刑執行の）猶予を与える」のコロケーションで覚えておこう。刑罰に関して使われることが多いが，時には「（危険・困難・苦痛からの）一時的救済」の意味でも使われる。

1「指名する［される］こと」**2**「執行猶予」**3**「回心，罪のあがない」**4**「前例」

(29) 解答 **4**

訳 **より低価格で食料を生産できる工場式農場の増加は，多くの国で小規模な家族経営の農場の終焉（しゅうえん）をもたらした。**

解説 元々は「死去，逝去」の意味でdeathの婉曲語だが，比喩的に「（活動などの）終焉，消滅」の意味でも使われる。気候変動にかかわる内容では「（生物多様性の）喪失，（種の）絶滅」などの意味でよく使われる。the demise of dinosaurs「恐竜の絶滅」。

1「怠惰」**2**「担保」**3**「（昆虫などの）大群」**4**「終焉」

(30) 解答 **4**

訳 **マイケルの友人たちは，彼が20年以上の完全な禁酒の後に再度酒を飲み出したとき，とても心配した。**

解説 何らかの楽しみの自主的な節制を意味する。abstinenceだけで「禁酒」も意味するが，abstinence from alcoholとしても同様の意味。abstinence from foodは「断食，絶食」。動詞も同様にabstain from ～ の形で使い，fromの後には名詞または動名詞を置く。

1「通勤，減刑」**2**「記憶（力），保持」**3**「不合理」**4**「節制，禁酒」

(31) The politician was willing to do anything to win the election and was happy to lie to the people seemingly without (　　　).

1 compunction　　**2** redemption
3 mortality　　**4** larceny

(32) There were several large structures on the island including two religious (　　　) which had been built many centuries earlier.

1 gadgets　　**2** edifices
3 referendums　　**4** schisms

(33) ***A:*** After all that media (　　　), I was expecting the movie to be good, but in fact it was pretty boring.
B: I thought so, too. I was disappointed, to be honest.

1 vice　　**2** hype
3 zest　　**4** sanctity

(34) Sarah was in a (　　　) about which candidate to pick for the sales manager position. Both had similar qualifications and experience.

1 pitfall　　**2** quandary
3 reproach　　**4** whim

(35) Because this dog has a very calm and gentle (　　　), he would be an ideal companion animal for an elderly person.

1 calibration　　**2** cognition
3 dispensation　　**4** disposition

(36) The man was convicted of several (　　　) including armed robbery, and was sentenced to life in prison.

1 brawls　　**2** felonies
3 diatribes　　**4** escapades

(31) 解答 **1**

訳 **その政治家は選挙に勝つためならどんなことも厭わなかったし，見たところ良心の呵責（かしゃく）もなく人々に対して進んでうそをついた。**

解説 scruple, qualm などが頻出の類義語だが，compunction は特に一時的な罪の意識ややましさを示唆する。have [feel] no compunction about ～，または without compunction「少しも悪いとは思わないで」の形で使われることが多い。

1「良心の呵責」**2**「救済」**3**「死すべき運命，死亡率」**4**「窃盗」

(32) 解答 **2**

訳 **その島には，何百年も前に建てられた2つの宗教的建築物を含め，いくつかの巨大建造物があった。**

解説 問題文では large structures を言い換えたのが edifices。ただし，structure, building は大きさに関係なく用いられるのに対して，edifice は主に教会・寺院・宮殿など，堂々とした大建築物を意味するフォーマルな語。

1「（小さい）機械装置」**2**「大建築物」**3**「国民投票」**4**「（団体の）分裂」

(33) 解答 **2**

訳 A：**メディアがあれだけ大げさな宣伝をしたから，その映画は面白いだろうと期待していたけれど，実際にはかなり退屈だったよ。**
B：**同感よ。私も正直がっかりしたわ。**

解説 メディアでの誇大広告や派手な宣伝を意味する俗語。「いんちき，詐欺」などの婉曲表現としてこき下ろす調子で使われることもある。また，hypodermic と同じく「皮下注射」の意味もある。

1「悪徳」**2**「誇大宣伝」**3**「熱意」**4**「神聖」

(34) 解答 **2**

訳 **サラは営業部長職にどちらの候補者を選ぶかジレンマに陥っていた。どちらも似たような資格と経験を有していた。**

解説 dilemma とほぼ同義だが，quandary には「当惑，困惑」のニュアンスが加わる。be in a quandary about [over] ～「～のことでどうしてよいかわからず途方に暮れる」。plight, predicament は「苦境」の意味だが，これらは特に板挟みになっていない単に困った状況をいう。

1「落とし穴」**2**「ジレンマ，当惑」**3**「叱責，叱責の言葉」**4**「気まぐれな考え」

(35) 解答 **4**

訳 **この犬はとても穏やかで優しい気質なので，高齢者にとって理想的なコンパニオン・アニマルだろう。**

解説 character, personality, temperament などが類義語だが，disposition は特に他人に対する態度に表れる生まれつきの気質といったニュアンスを持つ。have a cheerful [nervous, pleasant] disposition などのコロケーションで覚えるとよい。

1「目盛り」**2**「認識，認知」**3**「施し，分配」**4**「気質，傾向」

(36) 解答 **2**

訳 **その男は，凶器を使用した強盗も含めたいくつかの重罪で有罪判決を受け，終身刑を宣告された。**

解説 crime は犯罪全般を表すが，その中でも殺人・放火などの重罪は felony，軽犯罪は misdemeanor と言う。crime と同様に commit a felony のように使う。犯罪関連の単語はまとめて覚えておくとよい。

1「派手な口論」**2**「重罪」**3**「酷評」**4**「奔放な行為」

(37) □□ When Tim saw the bear on the hill at first, he thought it was a (　　　) of his imagination. It took him at least thirty seconds to realize it was real.

1 backlash　**2** grimace
3 groove　**4** figment

(38) □□ Despite breaking her wrist in the car accident, Susan said she felt no (　　　) against the other driver as the road had been icy, and therefore the accident had not been entirely his fault.

1 envoy　**2** animosity
3 fervor　**4** hindrance

(39) □□ ***A:*** Why did you decide to suddenly quit your job at the bank to become a farmer?

B: Well, I was walking in the countryside one day when I suddenly had an (　　　). I realized that I didn't want to live in the city any longer.

1 epiphany　**2** undertone
3 ailment　**4** amenity

(40) □□ John was faced with a difficult (　　　). Should he choose the college that had offered him a full scholarship or the one with a higher academic ranking?

1 autocrat　**2** lesion
3 boon　**4** conundrum

(41) □□ Last night, the streets in the city center were filled with citizens celebrating their team's win in baseball. However, this morning the town is getting back to some (　　　) of normality.

1 malaise　**2** frenzy
3 semblance　**4** hubris

(42) □□ The journalist was known for his intellectual (　　　). He was not only a talented writer but also a very interesting and knowledgeable public speaker.

1 traction　**2** subordination
3 prowess　**4** profanity

(37) 解答 4

訳 **ティムは最初に丘の上にいる熊を見たとき，それは彼の想像の産物だと思った。それが本物だとわかるのに少なくとも30秒かかった。**

解説 figmentだけでも「想像上に存在するもの」の意味だが，figment of *one's* imaginationの形で使われることが多く，このままで覚えておくべき表現。そのほか，出題されそうな類義語はconcoction, fabrication。

1「急激な反動」 **2**「しかめっ面」 **3**「溝」 **4**「想像の産物」

(38) 解答 2

訳 **自動車事故で手首を骨折したにもかかわらず，スーザンは相手のドライバーに対して何も恨みを感じないと言った。路面が凍っていたので，事故は彼だけの責任ではないからだ。**

解説 強い「憎しみ，敵意」を表し，憎悪に起因する報復の気持ちを示唆する場合もある。animosity against [toward] ～ の形で使う。hostility, enmity, antipathy, rancor, antagonismなどは知っておくべき類義語である。

1「使節，使者」 **2**「激しい憎悪，敵意」 **3**「熱心」 **4**「妨害，障害物」

(39) 解答 1

訳 A：**なぜ突然銀行の仕事を辞めて農家になると決めたの？**
B：**実は，ある日田舎を歩いていて突然ひらめきを得たんだよ。もう都会には住みたくないと気付いたんだ。**

解説 the Epiphanyはキリスト生誕の際に東方の3博士がベツレヘムを訪問したのを記念する「公現祭」。「神の出現」の意味から転じて「神の啓示」のような「直感的な悟り，ひらめき」やその瞬間を意味する。

1「直観的洞察」 **2**「底流」 **3**「(慢性的な) 病気」 **4**「生活を快適にするもの，快適さ」

(40) 解答 4

訳 **ジョンは難題に直面した。彼に奨学金の全額支給を提示した大学を選ぶべきか，大学ランキングの高い方にすべきか？**

解説 a difficult conundrumの具体的な内容が2文目で説明されている。「解決が困難な問題・状況」の意味で，quandaryなどが類義語。また「(しゃれ・語呂合わせを含む) なぞなぞ (= riddle)」の意味もある。

1「専制君主」 **2**「傷害，病変」 **3**「恩恵」 **4**「難問」

(41) 解答 3

訳 **昨夜，市の中心部の通りは，地元野球チームの勝利を祝う市民で埋め尽くされていた。しかし，今朝，町は表面上は正常に戻りつつある。**

解説 semblanceは語源的にseemの意味を含み，「外観，うわべ，見せかけ (= appearance, pretense)」の意味で使われる。「類似」の意味もあり，こちらはresemblanceと関連付けて覚えられるだろう。

1「何となく気分がすぐれないこと」 **2**「狂乱」 **3**「外観」 **4**「慢心」

(42) 解答 3

訳 **そのジャーナリストは優れた知的能力で知られていた。彼は才能ある書き手であるばかりでなく，非常に興味深く知識豊富な演説家でもあった。**

解説 原義は「武勇」だが，その後広く特定の分野における優れた能力や技術を指すようになった。skill, expertise, aptitudeなどと類義のフォーマルな語である。よく使われる表現はshow [display, demonstrate] *one's* prowessなど。

1「牽引」 **2**「従属」 **3**「優れた能力」 **4**「冒瀆(ぼうとく)」

(43) □□ The tennis player sued the newspaper for (　　　) after it published several stories about him that were untrue.

1 blasphemy　　**2** anonymity
3 libel　　**4** augmentation

(44) □□ In some parts of the world, it is still common for a woman's family to have to pay a (　　　), usually a large sum of money, to the family of her future husband.

1 stigma　　**2** conjunction
3 dowry　　**4** configuration

(45) □□ During the trial, Robert lied about his wife's whereabouts on the night of the crime. Now, he is facing time in prison for (　　　).

1 deposition　　**2** precept
3 fidelity　　**4** perjury

(46) □□ *A:* Have you seen the latest (　　　) Rory designed? It's a robotic arm which can be used to clean high ceilings.

B: That's so clever. I wonder where he gets the ideas for all the devices he invents.

1 contraptions　　**2** morsels
3 conglomerations　　**4** fiascos

(47) □□ The report revealed that the (　　　) rate for nursing students in the country was extremely high, with around 25 percent of student nurses dropping out before completing their degrees.

1 inundation　　**2** humiliation
3 inhalation　　**4** attrition

(48) □□ Olivia suddenly developed an (　　　) to coconut. Her mother was very surprised when she said she did not want to eat her favorite coconut yogurt anymore.

1 impediment　　**2** onus
3 aversion　　**4** allure

(43) 解答 **3**

訳 **そのテニス選手は，新聞社が彼に関する真実でない話をいくつか掲載した後，名誉毀損で新聞社を訴えた。**

解説 文書や出版物により人の評判や名誉を傷つける行為のこと。類義語のslanderは口頭での名誉毀損を意味し，defamationはこれらの総称として使う。sue ～ for libel「名誉毀損で～を訴える」。同形で動詞もあり「を誹謗［中傷］する」の意味。

1「（神への）冒瀆」**2**「匿名」**3**「名誉毀損，中傷」**4**「増加」

(44) 解答 **3**

訳 **世界の一部の地域では，女性の家族が将来の夫の家族に，通常大金となるが，持参金を払わなければならないというのが今でも一般的である。**

解説 結婚する際に新婦から新郎とその家族に提供される金銭や品物で「持参金，贈り物」の意味。dowry death「持参金殺人（新婦側の持参金が少ないことなどを理由に新郎の家族によって行われる新婦の殺害）」が社会問題になっている国もある。

1「汚名」**2**「接続詞，結合」**3**「持参金」**4**「配置」

(45) 解答 **4**

訳 **裁判の期間中，ロバートはその犯罪事件当夜の妻の居場所についてうそをついた。現在，彼は偽証罪で服役中である。**

解説 裁判において真実のみを証言することを宣誓したにもかかわらず，故意に事実とは異なる陳述をすること。犯罪なのでcommit a crimeと同様にcommit perjuryのコロケーションで覚えておこう。

1「（高官などの）罷免」**2**「（行動上の）指針」**3**「忠誠」**4**「偽証（罪）」

(46) 解答 **1**

訳 A：**ローリーが考案した最新の妙な仕掛けを見た？　高い天井を清掃するために使えるロボットアームなのよ。**

B：**それはすごく賢いね。彼が発明するあらゆる装置のアイデアはどこで得るのかね。**

解説 工夫して作られた機械・道具を指すが，しばしば奇妙で怪しげなものという意味合いを持つ。形の似ているcontrivanceも「仕掛け，装置」の意味で，動詞形はcontrive「を考案する，を発明する」。ほかの類義語はgadget, device, apparatusなど。

1「妙な仕掛け」**2**「（食べ物などの）一口」**3**「集合（体）」**4**「大失敗」

(47) 解答 **4**

訳 **報告書はその国の看護学生の減少率が極めて高いことを明らかにした。約25パーセントの看護学生が，学位を取得する前に中退してしまうのだ。**

解説 「（摩擦による）摩滅」のほか「（攻撃による）消耗」の意味でも使われ，a war of attritionは「消耗戦」という意味。また，問題文のように退職・退学・死亡などによる人員の「減少」の意味でも用いられる。attrition rate「減少率」。

1「洪水」**2**「屈辱」**3**「吸入」**4**「（人員などの）減少，摩滅」

(48) 解答 **3**

訳 **オリビアは突然ココナッツに嫌悪感を持つようになった。彼女がお気に入りのココナッツヨーグルトをもう食べたくないと言ったとき，母親は非常に驚いた。**

解説 hatred, loathing, antipathy, abhorrenceなどが類義語だが，aversionは不快感を起こさせるものに対する根強い嫌悪をイメージさせる。developのほか，have an aversion to ～もよくあるコロケーション。

1「障害」**2**「責任」**3**「嫌悪（感）」**4**「魅力」

(49) After several weeks of fighting, the two sides agreed to a (　　　) of hostilities so that peace talks could take place.

1 treatise　　**2** severance
3 travesty　　**4** cessation

(50) The TV station received a (　　　) of complaints after one of the guests made some offensive comments on the early morning TV show.

1 proviso　　**2** deluge
3 spree　　**4** zenith

(51) The teacher noticed that his students tried harder when they were allowed to pick their own essay topics, so he decided to give them more (　　　) in choosing what to write about.

1 melancholy　　**2** latitude
3 credulity　　**4** pertinence

(52) ***A:*** Please check that the name on your flight booking form is correct as it's a real (　　　) to change the spelling of your name later.
B: Oh, thanks for the warning. I just noticed a mistake.

1 tatter　　**2** hassle
3 feud　　**4** demeanor

(53) Because of the recent (　　　) of fake news articles on the Internet, it can be difficult to find accurate information.

1 accreditation　　**2** retaliation
3 profusion　　**4** capitulation

(54) Toby found himself to be in a (　　　) after he mistakenly promised to be the keynote speaker at two events on the same day.

1 delegation　　**2** truce
3 knack　　**4** predicament

(49) 解答 **4**

訳 **数週間にわたる戦闘後，両者は和平会談を行えるよう停戦に合意した。**

解説 「停止, 休止」の意味のフォーマルな表現。動詞ceaseの名詞形であることを意識すると覚えやすいだろう。cessation of hostilities「停戦，休戦」。end, terminationなどが類義語。

1「論文」**2**「切断」**3**「下手な模倣」**4**「停止」

(50) 解答 **2**

訳 **早朝のテレビ番組でゲストの１人が不快なコメントをした後，そのテレビ局には苦情が殺到した。**

解説 原義は「大洪水」だが，a deluge of ～ の形で比喩的に同時に大量の物が殺到する際に用いる。a deluge of orders「注文の殺到」, a deluge of inquiries「問い合わせの殺到」。同様に使えるのがa flood of ～, a barrage of ～, an avalanche of ～ など。

1「(協定・契約などの）ただし書き，条件」**2**「殺到，大洪水」**3**「浮かれ騒ぎ」**4**「頂点」

(51) 解答 **2**

訳 **その教師は生徒たちが論文のテーマを自分で選んでよいときにはより熱心に取り組むことに気付いたので，彼は何について書くかを選ぶにあたり，彼らに一層の自由を与えることに決めた。**

解説 「幅」を意味するラテン語に由来する語。「緯度」の意味もあるが，これは赤道との幅を表していることから。また，「行動・言論・思考などの幅」の意から「自由，許容範囲」の意味でも使う。類義語のleewayも頻出。

1「憂鬱（ゆううつ）」**2**「自由，緯度」**3**「すぐ信じ込む性質」**4**「適切さ」

(52) 解答 **2**

訳 **A：後で名前のつづりを変更するのはかなり面倒なので，航空券の予約申込書の名前が正しいかを確認してください。**

B：ああ，注意してくれてありがとうございます。今ちょうど間違いに気付きました。

解説 「面倒，煩わしいこと（= nuisance, annoyance, trouble)」を指す，会話でもよく使われる口語表現。legal hassle「法律上の面倒な手続き」。米語では「けんか，口論」の意味でも使われる。hustle「ハッスルする」と混同しないように注意が必要。

1「切れ端，ぼろ切れ」**2**「煩わしいこと」**3**「不和」**4**「振る舞い」

(53) 解答 **3**

訳 **最近はインターネット上にでたらめのニュース記事が多いため，正確な情報を見つけるのが難しいことがある。**

解説 おびただしいほどの数や量を表し，a profusion of ～ で「多数の～，多量の～」。類義語はabundance, plethoraなど。副詞profusely「過度に，やたらに」はapologize, thank, praiseなどと相性がよく，これらを修飾することが多い。

1「認可」**2**「報復」**3**「豊富」**4**「条件付き降伏」

(54) 解答 **4**

訳 **トビーは間違って同じ日に2つのイベントの基調演説者になる約束をしてしまい，苦境に置かれた。**

解説 解決するのが不可能または非常に難しい困難な状況のこと。be in a dire predicament「ひどい苦境にある」。類義語はplight, quandaryなど。口語ではfixも同様の意味があり，be in a fix「苦しい立場にある」のように使う。

1「代表団」**2**「休戦」**3**「こつ」**4**「苦境」

(55) □□ While the original version of the book was rather obscure and hard to read, the new version contains a lot of helpful (　　　) which makes it much easier to understand.

1 annotations　　**2** acquisitions
3 debutantes　　**4** incarnations

(56) □□ Three legislators voted for the new law, while two voted against it. There were also two (　　　) from those who could not decide which way to vote.

1 inoculations　　**2** abstentions
3 concessions　　**4** insinuations

(57) □□ Many governments decided to impose a trade (　　　) on the invading country. It is hoped that cutting off access to trade will help bring an end to the war.

1 throng　　**2** apex
3 bombardment　　**4** embargo

(58) □□ The airport police were called after an (　　　) between a flight attendant and a drunk passenger who refused to fasten his seatbelt before takeoff.

1 ambush　　**2** inception
3 altercation　　**4** entreaty

(59) □□ In a recent interview, the scientist said that the constant droughts and other extreme weather events we have been experiencing lately are a (　　　) of climate change.

1 retribution　　**2** statute
3 harbinger　　**4** bundle

(60) □□ *A:* When writing your essay, it's important to avoid (　　　). So please don't just copy and paste information, and be sure to cite your sources.
B: Thanks for the advice, Ms. Smith. I'll make sure to do that.

1 cowardice　　**2** plagiarism
3 poise　　**4** reconnaissance

(55) **解答 1**

訳 **その本の原作はかなり曖昧で読みにくかったが，新しいバージョンには多くの役立つ注釈があり，はるかに理解しやすくなっている。**

解説 動詞はannotate「に注釈をつける」。語源的にnoteと関連があり，「noteをつける」と理解するとわかりやすいだろう。「注釈」の意味では可算名詞として通常複数形で使う。不可算名詞として使う場合は「注釈をつけること」の意味。言い換えはcomment。

1「注釈」**2**「買収」**3**「社交界にデビューする女性」**4**「化身」

(56) **解答 2**

訳 **3人の立法者はその新しい法律に賛成票を投じた一方，2人は反対票を投じた。どちらに投じるか決められなかった者による棄権票も2票あった。**

解説 abstain from ～「～を控える」の名詞の形。ab- = awayから「離れる」をイメージするとよいだろう。abstentionは「（投票の）棄権」を意味する場合が多いが，abstention from alcohol「禁酒」のように「節制，自制」の意味でも使われる。

1「（予防）接種」**2**「棄権」**3**「譲歩」**4**「ほのめかし」

(57) **解答 4**

訳 **多くの政府はその侵略国に対して通商禁止を課すことに決めた。貿易の手段を断ち切ることが戦争を終結させるのに役立つと期待されている。**

解説 embargo には bar が含まれていることに注目しよう。「横木，かんぬき」→「を妨げる」→「を禁止する」の変化を考えると記憶に残る。impose an embargo on ～ はコロケーションとして覚えておこう。反対はlift an embargo「通商禁止を解除する」。

1「群衆」**2**「頂点」**3**「爆撃」**4**「通商禁止」

(58) **解答 3**

訳 **客室乗務員と離陸前にシートベルトを締めるのを拒む酔った乗客との間で口論があり，空港警察が呼ばれた。**

解説 「口論」を意味する単語は多いが，altercationは主に公衆の面前での声を張り上げての騒がしい口論を指す。類義語はargument, quarrel, wrangle, row, squabbleなど。

1「待ち伏せ」**2**「初め，開始」**3**「口論」**4**「懇願」

(59) **解答 3**

訳 **最近のインタビューで，その科学者は頻繁に起こる干ばつや私たちが最近経験しているほかの異常気象事象は，気候変動の前兆であると述べた。**

解説 「先触れ，先駆者（= forerunner, precursor）」の意味で人を表す場合もあるが，問題文のように「前兆，兆し（= omen, portent, presage）」の意味で，しばしば何かよくないことが起きる前兆としても使われる。

1「罰」**2**「法令，規則」**3**「前兆，先駆者」**4**「束」

(60) **解答 2**

訳 A：**論文を書くとき，剽窃（ひょうせつ）を避けることが重要です。ですから，情報を単にコピーして貼り付けることはせずに必ず出典を挙げてください。**
B：**忠告をありがとうございます，スミス先生。必ずそのようにします。**

解説 他人の文章やアイデアをコピーして，自分の物であるかのように振る舞うこと。「剽窃，盗用」の行為としては不可算名詞だが，「剽窃［盗用］した物」の意味では可算名詞として使う。commit plagiarism「剽窃を行う」。動詞はplagiarize。

1「臆病」**2**「剽窃，盗用」**3**「平静」**4**「偵察」

(61) □□ Sharon found it hard to overcome her feelings of ( ). She wanted to change her job, but she had neither the energy nor the motivation to do so.

1 havoc **2** deceit
3 inertia **4** regression

(62) □□ Although the jury found the boy guilty of the crime, they asked the judge to show him ( ), as he seemed to be truly sorry for his mistakes.

1 virulence **2** clemency
3 severity **4** serendipity

(63) □□ The talk show host had not intended to cause offense. However, the director took his remarks about his recent film as a personal ( ).

1 pushover **2** affront
3 skirmish **4** emblem

(64) □□ It is doubtful that many people will vote in the upcoming election. Neither of the main parties seem to have any new policies to offer, and there is a real sense of ( ) among voters.

1 debris **2** coercion
3 apathy **4** felicity

(65) □□ Many people were shocked when the journalist revealed his source because protecting the confidentiality of informants is a central ( ) of journalism.

1 pleasantry **2** loophole
3 oration **4** tenet

(66) □□ This beautiful hotel in the mountains is ideal for both short- and long-term breaks. The cool mountain air and breathtaking views offer ( ) from the stresses of busy city life.

1 demarcation **2** respite
3 eviction **4** conveyance

(61) 解答 3

訳 **シャロンは自身の無気力感を克服するのは困難だと気付いた。彼女は仕事を変えたかったが，そのためのエネルギーもモチベーションもなかった。**

解説 形容詞inertのin- は「否定」, -ertはskill。「技術がない」→「不活発な，鈍い」の意味。名詞inertiaはそのような状態を表すが，活動がないことから「怠惰，ものぐさ」も指す。物理では「慣性，惰性」。the law of inertia「慣性の法則」。

1「大破壊，混乱」**2**「欺くこと」**3**「不活発，無精」**4**「後退」

(62) 解答 2

訳 **陪審団はその少年が有罪であるとしたが，彼は自分の過ちを心から反省しているようだったため，裁判官に寛大さを示すよう求めた。**

解説 主に裁判や刑罰における権威者が持つ「寛大さ」の意味で用いられる。類義語はmercy, lenienceなど。また，clemencyは「（天候の）温和」にも使われ，形容詞はclement。clement weather「穏やかな天候」。

1「猛毒性」**2**「寛大さ」**3**「厳しさ」**4**「興味深いことなどを発見する才能」

(63) 解答 2

訳 **トークショーの司会者は，怒らせるつもりはなかった。しかし，その映画監督は，最近の彼の映画に関する司会者の発言を個人に向けた侮辱だと受け取った。**

解説 動詞affrontは「（人）を故意に侮辱する」の意味で，通例受身形で用いられる。-frontは「前面」→「顔」を意味する。問題文では名詞での出題。1文目のoffenseがヒントになっている。insult, slight, slurなどが知っておくべき類義語。

1「たやすいこと」**2**「（公然の）侮辱」**3**「小競り合い」**4**「記章」

(64) 解答 3

訳 **今度の選挙で多くの人々が投票することは疑わしい。主要な政党はどちらも新たな政策を提示していないようで，有権者の間にはまったくの無関心が感じられる。**

解説 a-はwithoutの意味。単なる「無関心」ではなく「無感動，冷淡さ」を含み，indifferenceよりもマイナスのイメージが強い。political apathy「政治的無関心」。

1「がれき」**2**「威圧，強制」**3**「無感動，無関心」**4**「幸福，至福」

(65) 解答 4

訳 **そのジャーナリストが情報源を明かしたとき，多くの人々がショックを受けた。なぜなら，情報提供者の守秘義務を守ることは，ジャーナリズムにおける中心的信条だからである。**

解説 同種の思想を持つ政治，宗教，学術団体などの「主義，教義，信条」を指す。問題文のcentral tenet のほか，basic [fundamental] tenet はよく使われるコロケーション。類義語はprinciple, doctrineなど。

1「愛想のよい言葉」**2**「抜け穴」**3**「演説」**4**「教義，信条」

(66) 解答 2

訳 **山中にあるこの美しいホテルは，短期と長期どちらの休暇にも理想的だ。山の冷たい空気と息をのむような素晴らしい眺めは，慌ただしい都会生活のストレスからのひとときの休息を与えてくれる。**

解説 1文目のbreaksが類義語だが，respiteは「（困難・労働・嫌なことなどの）一時的中断」を意味する。「（支払いの）猶予，（死刑の）執行猶予」の意味で使われることもある。

1「境界，区別」**2**「一時的休止，休息」**3**「立ち退かす［される］こと」**4**「運搬」

(67) □□ While financial education has been improving in schools in recent years, experts say that there is still a ( ) of knowledge about how to manage money among young people.

1 partisan **2** salvo
3 dearth **4** zeal

(68) □□ The team started off the match well with an early goal. However, after several ( ) in the second half, they ended up losing the match.

1 outages **2** ramparts
3 blunders **4** kickbacks

(69) □□ Most of the young orangutans in the rehabilitation center are the ( ) of wild-living mothers who died due to the effects of habitat destruction.

1 progeny **2** fruition
3 conceit **4** audacity

(70) □□ Following the oil spill that destroyed the town, the local people met with lawyers from the company to discuss ( ). After months of negotiations, they received a significant amount of money in compensation.

1 redress **2** acrimony
3 rubble **4** disdain

(71) □□ Although British women over 30 years old won the right to vote in 1918, it was not until 1928 that women over 21 were also granted ( ).

1 suffrage **2** hegemony
3 ingenuity **4** levity

(72) □□ The country's economic ( ) is increasing year by year. In recent years, it has become a more dominant trading partner among emerging markets and developing economies.

1 rampage **2** stench
3 clout **4** misnomer

(67) 解答 **3**

訳 **近年，学校での金融教育は改善されている一方で，専門家は若者の間でまだお金の管理方法に関する知識が不足していると言う。**

解説 lack, shortageのフォーマルな言い方。a dearth of ～ の形で「(物・人) の不足［欠乏］」の意味。a dearth of information [evidence, doctors]などと使う。時にdearthだけで「食糧不足，飢饉（= famine)」の意味で使われることもある。

1「熱心な支持者」 **2**「一斉射撃」 **3**「不足，欠乏」 **4**「熱意」

(68) 解答 **3**

訳 **そのチームは早々にゴールを決め，好調な試合の滑り出しを見せた。しかし，後半でいくつか大きなミスがあり，結局その試合に負けた。**

解説 不注意や無知に起因する「大失敗」を意味する。単なるmistakeとは異なり，非難の対象になるようなニュアンスを含む。mistakeと同様にmake [commit] a blunderのコロケーションで覚えておこう。

1「(機械などの) 停止」 **2**「(とりでなどの) 塁壁」 **3**「大失敗」 **4**「リベート」

(69) 解答 **1**

訳 **そのリハビリテーション施設にいる若いオランウータンのほとんどは，生息地が破壊された影響で死んだ野生で生活していた母親たちの子孫である。**

解説 集合的に「子孫（= offspring, descendant)」の意味。比喩的に「結果，所産」の意味で the progeny of war のように使われることもある。progeny を生み出したものはprogenitor「祖先，創始者」。関連語としてあわせて覚えておこう。

1「子孫」 **2**「達成，実現」 **3**「うぬぼれ」 **4**「大胆さ」

(70) 解答 **1**

訳 **その町に被害をもたらした石油流出の後，地元住民は補償に関して話し合うためその企業の弁護士と面会した。数カ月にわたる交渉の結果，彼らは補償金として多額の金を受け取った。**

解説 同形の動詞は「(不正・間違いなど) を正す，を是正する」の意味。名詞は「(不正などの) 矯正」または，そのために支払われる「補償，賠償金」。つまり，正しい状態に戻すための手段を指す。類義語は2文目にあるcompensationのほか，reparation, recompenseなど。

1「補償」 **2**「辛辣さ，とげとげしさ」 **3**「がれき」 **4**「軽蔑」

(71) 解答 **1**

訳 **30歳以上のイギリス女性は1918年に投票する権利を手に入れたが，21歳以上の女性が同様に選挙権を与えられたのは1928年になってからだった。**

解説 前半のthe right to voteを言い換えたのがsuffrageで，「(政治選挙における) 選挙権，参政権」。問題文にもあるように，特に女性の選挙権に言及する際によく使われる。female suffrage, women's suffrageなど。

1「選挙権」 **2**「(他国に対する) 支配権」 **3**「独創性」 **4**「軽薄」

(72) 解答 **3**

訳 **その国の経済的影響力は年々高まっている。近年は，新興市場や発展途上国の間でより支配力を持つ貿易相手国になった。**

解説 動詞だと「を殴る」，名詞では「殴打」の意味だが，主に口語で「影響力（= influence, power)」の意味でも使われる。political [economic, financial] cloutの形で記憶しておくとよいだろう。

1「狂暴な行動」 **2**「悪臭」 **3**「影響力」 **4**「誤った名称」

(73) *A:* That novel looks interesting. What's it about?
□□ *B:* Well, the main (　　　) is a young boy from a poor family who emigrates to America from Ireland in 1925 and ends up becoming a spy.

1 tycoon　　**2** protagonist
3 bureaucrat　　**4** connoisseur

(74) The mayor seems to have no (　　　) whatsoever. Everyone knows he accepts money in return for political favors.
□□

1 scruples　　**2** delusions
3 fissures　　**4** placebos

(75) Following multiple complaints from local residents, the owner of the nightclub was fined for several (　　　) related to noise violations.
□□

1 allegories　　**2** infractions
3 denizens　　**4** stopgaps

(76) At first, the singer enjoyed the (　　　) he received from his fans. However, as time went on, he began to get tired of all the attention and longed to live a normal life.
□□

1 adulation　　**2** parity
3 ruckus　　**4** rationale

(77) After four days, peace talks between the two sides reached an (　　　). With both sides refusing to compromise further, there seemed to be no way to resolve the conflict.
□□

1 impasse　　**2** inhibition
3 equilibrium　　**4** asylum

(78) At his funeral, many celebrities paid (　　　) to the late designer by wearing clothes and other items he had created.
□□

1 memento　　**2** haven
3 lineage　　**4** homage

(73) 解答 2

訳 **A：その小説面白そうね。どんな話？**
B：えっと，主人公は1925年にアイルランドからアメリカに移住した貧困家庭の少年で，その後スパイになったんだ。

解説 「（小説・映画・芝居などの）主人公」のほか，「（主義・運動の）主唱者，指導者」の意味もある。反意語のantagonist「敵対者」「（芝居などの）敵役」もあわせて覚えておこう。prot(o)- = firstで，prototypeなどと語源的に同じ要素を含む。

1「（実業界の）成功者」**2**「主人公」**3**「官僚」**4**「目利き」

(74) 解答 1

訳 **その市長にはまったく良心の呵責（かしゃく）がないようだ。彼は政治的便宜の見返りに金銭を受け取ることを皆知っている。**

解説 道義に反することをしないようにする「良心のとがめ」を指す。have no scruples, with no scruple, without scrupleなど否定の意味で使われることが多い。知っておくべき類義語はqualm, compunction, twinge of conscienceなど。

1「良心の呵責」**2**「錯覚」**3**「亀裂」**4**「偽薬」

(75) 解答 2

訳 **地元住民から多数の苦情があった後，そのナイトクラブのオーナーは騒音による侵害に関連するいくつかの違反により罰金を科せられた。**

解説 「違反」を意味するフォーマルな表現。breach, violation, infringement, contravention, transgressionなどの類義語があるが，infractionは法律や規則に対する違反を意味するのでan infraction of the law [rule, regulation] のフレーズで覚えておくとよいだろう。

1「寓話」**2**「違反」**3**「居住者」**4**「一時しのぎ」

(76) 解答 1

訳 **最初，その歌手はファンから受ける追従を喜んだ。しかし，時が経つにつれてあれこれと注目を浴びるのにうんざりし始め，普通の生活を送りたいと強く思った。**

解説 「賛美」の意味で，praise, admiration, applauseなどが類義語として挙げられるが，adulationはしばしば実際の価値以上の過度な称賛を意味する。「お世辞（= flattery）」などにニュアンスは近い。

1「追従」**2**「同等」**3**「大騒ぎ」**4**「論理的根拠」

(77) 解答 1

訳 **4日が経ち，両者の和平交渉は行き詰まってしまった。どちら側もこれ以上譲歩しようとせず，対立を解消するすべはないようだった。**

解説 im-は否定を表し「pass（通り過ぎる）することができない」の意味から「行き詰まり」となる。reach [come to] an impasseのコロケーションで覚えておこう。類義語はdeadlock, stalemate, standstillなど。

1「袋小路，行き詰まり」**2**「抑制」**3**「平衡，釣り合い」**4**「避難所，避難」

(78) 解答 4

訳 **葬儀では，多くの著名人が亡くなったデザイナーが作った衣類やほかの品物を身に着けることで彼に敬意を表した。**

解説 pay homage to ～ のコロケーションで覚えよう。日本語でも「敬意を払う」と言うのと同じで，payを使うので覚えやすいだろう。同様にpay respect to ～ も使えるが，homageの場合は特に称賛や評価が行為や言葉で表されるような文脈で使われる傾向がある。

1「記念品」**2**「避難所，安息地」**3**「血統，家系」**4**「敬意」

(79) □□ Josie had a really good time at the concert. She especially enjoyed the singer's beautiful ( ) of a famous Christmas carol which happened to be her favorite song.

1 vestige **2** dissipation
3 vortex **4** rendition

(80) □□ The jury had their doubts about the ( ) of the main witness's statement as he seemed unsure of some of the facts when questioned in court. In the end, they decided to find the accused not guilty.

1 longevity **2** infamy
3 jurisdiction **4** veracity

(81) □□ The ( ) between the actress and her ex-husband deepened after he sold a story about her to a newspaper.

1 rift **2** payoff
3 rendezvous **4** snitch

(82) □□ The two tennis players were old ( ). They had played each other many times in the past, each one winning roughly the same number of matches.

1 adversaries **2** charlatans
3 feats **4** caricatures

(83) □□ Formerly the captain of the American team, Joe is now a well-known football ( ) and often appears on TV shows as a guest commentator.

1 jetty **2** pundit
3 layman **4** onrush

(84) □□ This sports program is designed to help athletes improve their overall ( ). After completing the program, most participants find that they are able to move much more quickly and easily than before.

1 temperance **2** agility
3 vulgarity **4** truancy

(79) 解答 **4**

訳 **ジョージーはそのコンサートでとても楽しい時を過ごした。たまたま彼女のお気に入りの歌であった有名なクリスマスキャロルの，その歌手による美しい表現を特に楽しんだ。**

解説 動詞renderには「(援助・サービスなど）を与える」のほか，「を表現する，を演じる」の意味がある。名詞renditionは「表現されたもの，演じられたもの」を指すので，文脈に応じて「演奏，上演，翻訳，解釈」などの日本語訳になる。

1「痕跡」**2**「放蕩（ほうとう）」**3**「渦」**4**「表現，演奏」

(80) 解答 **4**

訳 **陪審団は，中心となる目撃者が法廷で質問されたときにいくつかの事実に自信がないようだったため，彼の陳述の真実性に疑いを持った。最後には，被告は無罪であると決定した。**

解説 発言などの「真実性，正確さ」を意味し，truth, truthfulnessのフォーマルな表現。verify「の正しさを証明する」，verdict「評決」などとあわせて覚えるとよい。velocity「速度」と形が似ているので混同しないように注意。

1「長寿」**2**「悪名」**3**「司法権，裁判権」**4**「真実性」

(81) 解答 **1**

訳 **その女優と元夫の間の亀裂は，彼が彼女に関する話を新聞に売った後に深まった。**

解説 「(岩などの）割れ目」や「(雲・霧などの）切れ目」など一般的な「裂け目」のほか，比喩的に「(友情・愛情などの）不和，仲たがい」の意味でも使う。通常2者間の対立であるため，問題文のようにbetweenを使って，a rift between the two countriesと使う。

1「不和，裂け目」**2**「報酬」**3**「会う約束」**4**「密告者」

(82) 解答 **1**

訳 **その2人のテニス選手は昔からの敵（対戦相手）だった。両者は過去に何度も対戦し，お互い勝った試合数はほぼ同じである。**

解説 「敵」のほか，特に敵意を持っていない「(スポーツなどの）対戦相手」の意味にも使われる。類義語はopponent, enemy, foe, antagonistなど。語源的に関連のあるadverse「反対の，敵意のある」を想起すれば記憶するヒントになるだろう。

1「敵」**2**「ほら吹き」**3**「偉業」**4**「風刺画」

(83) 解答 **2**

訳 **以前アメリカチームのキャプテンだったジョーは，現在は有名なフットボール評論家であり，ゲストコメンテーターとしてたびたびテレビ番組に出演している。**

解説 特定の分野に精通し，メディアなど公共の場で意見を述べる「専門家，評論家，事情通」のこと。テレビで意見を求められるコメンテーターなど。political pundit「政治評論家」。

1「桟橋」**2**「評論家，専門家」**3**「素人」**4**「突撃」

(84) 解答 **2**

訳 **このスポーツプログラムは，スポーツ選手が全体的な敏しょう性を高めるのに役立つように作られている。プログラムを終えると，ほとんどの参加者は以前よりもずっと速く容易に動けるようになっていると感じる。**

解説 2文目でagilityの説明がされている。速く容易に動く能力を意味するagilityだが，肉体的能力ばかりでなく，速く知的に考える能力に使われる場合もある。形容詞agileは「機敏な，頭の回転の速い」。nimbleは頻出の類義語なのであわせて覚えておこう。

1「自制」**2**「敏しょう性，機敏さ」**3**「卑俗，下品」**4**「無断欠席」

(85) After graduating from college, Tom decided to pursue a career in music, much to the ( ) of his parents who had wanted him to take over the family business.

1 redolence **2** prospectus
3 consternation **4** patronage

(86) A spokesperson for the union said the workers in the factory were underpaid, and they deserved greater ( ) for their work.

1 treason **2** remuneration
3 summation **4** precipitation

(87) In recent years, the area has been struck by a series of ( ), including floods and a forest fire which killed a lot of wildlife and destroyed many homes.

1 pilgrimages **2** electorates
3 calamities **4** projectiles

(88) The prisoners shuffled slowly into the prison yard. They were unable to walk fast due to the heavy metal ( ) around their ankles, which were commonly used in the 1800s.

1 acolytes **2** spasms
3 shackles **4** concoctions

(89) ***A:*** It's been three years, but Tom still holds a ( ) against me for talking about him behind his back.
B: I guess his feelings must have been really hurt. Hopefully, he'll forgive you eventually.

1 grudge **2** glint
3 stalk **4** smirk

(90) The team investigating the accident at the power station found that a ( ) in one of the gas pipes led to the explosion.

1 gradient **2** bout
3 rupture **4** digression

(85) 解答 **3**

訳 **大学を卒業後，トムは音楽の仕事をすることに決めたが，それは家業を継いでほしいと思っていた両親にとっては大変な驚きだった。**

解説 驚き，不安，困惑，恐怖，狼狽などの心の動揺を表す語で，予想もしていなかった展開に対する強いマイナスの感情を意味する。to *a person's* consternation, to the consternation of ～「～が仰天［困惑］したことには」の形で覚えておこう。

1「芳香」**2**「（新事業などの）内容説明書」**3**「驚愕（きょうがく）」**4**「後援」

(86) 解答 **2**

訳 **労働組合の広報担当者は，その工場の従業員は不当に賃金が低く，彼らは労働に対してもっと多くの報酬を得てしかるべきだと述べた。**

解説 動詞remunerateは「（労働・努力に対して）（人）に報酬を出す」の意味で，payのフォーマルな表現。名詞remunerationは「報酬，給料，代償」など。remuneration for ～ の形で「～に対する報酬［代償］」。

1「反逆（罪）」**2**「報酬」**3**「要約」**4**「降水（量）」

(87) 解答 **3**

訳 **近年その地域は，たくさんの野生生物の命を奪い多数の家屋を破壊した洪水や森林火災を含む一連の災難に見舞われた。**

解説 類義語はdisaster, catastropheなど。ただし, calamityはその災難によってもたらされた悲しみや苦悩が強調される。また，「不幸，難儀」の意味でも使われる。the calamity of war「戦禍」。

1「巡礼」**2**「有権者」**3**「大惨事，災難」**4**「発射されるもの」

(88) 解答 **3**

訳 **囚人たちはゆっくりと足を引きずって刑務所内の庭へと歩いてきた。彼らは足首に付けた重い金属の足かせのせいで速く歩くことができなかったのだが，それらは1800年代には一般的に使用されていたものだった。**

解説 「手かせ」「足かせ（= fetter）」を指すが，比喩的に「束縛，拘束」の意味でも使われる。the shackles of debt「借金の束縛」。同形で動詞は「を束縛する（= restrain, restrict）」。be shackled by ～「～に制限される」のように通例受動態で用いられる。

1「侍者，従者」**2**「けいれん，発作」**3**「手錠，束縛」**4**「調合（物），作り話」

(89) 解答 **1**

訳 A：**もう3年が経つのに，トムはまだ彼の陰口をたたいたことで僕に恨みを持っているんだよ。**

B：**彼の心はかなり傷ついたのだと思うわ。いつかは許してくれるといいわね。**

解説 「恨み，遺恨」の意味で，rancor, animosity, malice, resentmentなどが意味的には近いが，grudgeは「（不当な扱いや侮辱に対して）長期間にわたって抱く恨み」といった意味合いを持つ。hold [bear, have] a grudge against ～「～に恨みを抱く」。

1「根深い恨み」**2**「きらめき」**3**「（植物の）茎」**4**「作り笑い」

(90) 解答 **3**

訳 **発電所の事故を調査しているチームは，ガス管の1本に生じた破裂が爆発の原因だったことを発見した。**

解説 物や体の組織の「破裂」のほか，友好関係の「不和，決裂」の意味でも使う。a rupture between the two countries「2国間の決裂」。rapture「有頂天，歓喜」と混同しないように注意が必要である。

1「勾配」**2**「（病気の）発作」**3**「破裂」**4**「（話の）脱線」

(91) When making a business plan, it is important to plan for all possible (　　　) such as changes in the economic situation and natural disasters.

1 contingencies　**2** interludes
3 quirks　**4** innuendos

(92) The singer has a (　　　) for shoes. Therefore, no one was surprised when she was chosen to be the brand ambassador for a major footwear brand.

1 stalwart　**2** repertoire
3 penchant　**4** luster

(93) The doctor said it was hard to judge the effectiveness of the new medicine due to a (　　　) of data. He also mentioned that more tests were needed before they could tell for sure if it was safe.

1 dissertation　**2** hoard
3 gratuity　**4** paucity

(94) After the war, the country was forced to pay millions of dollars in (　　　) for the damage it had caused.

1 premises　**2** reparations
3 disclaimers　**4** misgivings

(95) A group of leading scientists published a report on the long-term (　　　) of climate change on different populations around the world, including those living in low-lying areas.

1 ratifications　**2** installments
3 ramifications　**4** yardsticks

(96) ***A:*** The Prime Minister needs to take responsibility for the election (　　　) and resign as head of the party.

B: I agree. There is no way he can continue as leader after the party's failure in the recent local elections.

1 enigma　**2** arson
3 stowage　**4** debacle

(91) 解答 **1**

訳 **事業計画を立てるときには，経済状況の変化や自然災害のようなあらゆる不測の事態に備えて計画することが重要である。**

解説 将来起きる可能性はあっても確実な予測が不可能な出来事を指し，通常は好ましくない緊急事態や非常事態であることが多い。contingency fund「臨時費」，contingency plan「不測の事態の対応計画」。

1「不測の事態」**2**「合間，幕あい」**3**「(変わった) 癖」**4**「ほのめかし，当てこすり」

(92) 解答 **3**

訳 **その歌手は靴に対して強い好みを持っている。したがって，彼女が大手履物ブランドのブランドアンバサダーに選ばれたとき誰も驚かなかった。**

解説 抑えられないほどの「強い好み，趣味，傾向」を表し，時には他人には好まれない偏った好みというニュアンスを含む。have a penchant for ～ の形で使われる。類義語predilectionも同様にhave a predilection for ～ の形で使われる。

1「忠実な支持者」**2**「レパートリー」**3**「強い好み」**4**「栄光，光沢」

(93) 解答 **4**

訳 **医者はデータ不足により新薬の効果を判断するのは困難だと述べた。それが安全かどうかが確実にわかるようになるにはさらに多くの試験が必要だ，とも述べた。**

解説 量や数が少ない，または不足している状態を指す。lackとほぼ同義だが，paucityはよりフォーマルで文語的。常に単数形で使う。a paucity of information [resources]「情報［資源］不足」。There is a paucity of ～.「～が少ない，～が不足している」。

1「論文」**2**「蓄え，貯蔵品」**3**「心付け」**4**「少数，不足」

(94) 解答 **2**

訳 **戦後，その国は引き起こした被害の賠償金として数百万ドルを支払うことを余儀なくされた。**

解説 不可算名詞としては「(損害などに対する) 補償，賠償」の意味でmake reparation for ～の形で使い，可算名詞の複数形で使う場合は「(敗戦国が払う) 賠償金」の意味。repairと同じ語源を持つ語で，類義語はcompensationなど。

1「前提，土地」**2**「賠償 (金)」**3**「免責条項」**4**「疑念」

(95) 解答 **3**

訳 **一流科学者たちのグループが，海抜の低い地域に住む人々を含む世界中のさまざまな人々への気候変動の長期的な影響に関する報告書を発表した。**

解説 動詞はramify「枝分かれする」。通常ramificationsと複数形で使い「(行動・出来事から派生的に起きるさまざまな) 結果 (= consequence, effect)」の意味。予期していなかった複雑で好ましくない問題というニュアンスを含む。

1「(条約などの) 批准」**2**「分割払いの１回分」**3**「派生的な問題，分枝」**4**「(評価などの) 規準」

(96) 解答 **4**

訳 A：**首相は選挙での大敗北の責任を取って，党首を辞任する必要があるわ。**
B：**そうだね。最近の地方選挙での党のあの敗北があっては，リーダーとしてこのまま続けるわけにはいかないね。**

解説 Bの発言のfailureが類義語としてヒントになっている。選挙などでの「完敗」のほか，試みなどの「大失敗」，政府の「崩壊」，市場の「暴落」などにも使われる。fiascoが頻出の類義語。

1「謎」**2**「放火」**3**「(船などへの) 荷積み」**4**「大敗北，総崩れ」

(97) ☐☐ After the accident, David was worried that he would never be able to walk again. However, his doctors assured him that his (　　　) was good and that he would soon be back to normal.

1 prognosis　　**2** doctrine
3 efficacy　　**4** feasibility

(98) ☐☐ The arrest of the popular community leader was the (　　　) for the uprising that brought down the government and led to democratic revolution in the country.

1 paradigm　　**2** catalyst
3 regimen　　**4** tinge

(99) ☐☐ There were doubts whether the president of the company resigned of his own (　　　). Many employees believe he had been pressured into doing so by the board of directors.

1 insanity　　**2** volition
3 indiscretion　　**4** impeachment

(100) ☐☐ The ship's captain was accused of bringing a large amount of (　　　) such as drugs and weapons into the country over a period of five years.

1 fortitude　　**2** dissidence
3 bravado　　**4** contraband

(101) ☐☐ The government spokesperson handled the press interview with (　　　), answering even difficult questions with great skill.

1 exhilaration　　**2** finesse
3 foliage　　**4** propagation

(102) ☐☐ *A:* I can't believe that Joe talked to me in such a disrespectful way.
B: Me, neither. I must say I was shocked by his (　　　). Maybe you should have a word with him.

1 servitude　　**2** aspiration
3 timidity　　**4** impudence

(97) 解答 **1**

訳 **事故の後，デイビッドはもう二度と歩けないのではないかと心配した。しかし，医師たちは彼の予後は良好ですぐに正常な状態に戻ると断言した。**

解説 罹病後や治療・手術後の経過についての医学上の見通しのこと。よい場合には good prognosis，悪い場合にはbad [poor] prognosisとなる。diagnosis「（病気の）診断」と -gnosisの部分が共通なのであわせて覚えておくとよいだろう。

1「予後」**2**「教義」**3**「効力」**4**「実現可能性」

(98) 解答 **2**

訳 **人望あるコミュニティーリーダーの逮捕は，政府を打倒した暴動のきっかけとなり，その国の民主的革命へとつながった。**

解説 化学用語としては「触媒（自身は変化しないが化学反応を加速させる物質）」の意味。日常的には「重大な変化を引き起こす人［物］」→「きっかけ，要因」の意味で使われる。catalyst for ～ の形で覚えておくとよいだろう。

1「典型」**2**「触発するもの」**3**「養生法」**4**「ほのかな色合い」

(99) 解答 **2**

訳 **その企業の社長が自らの意志で辞任したかどうかは疑わしかった。多くの社員は，彼は取締役会からそうさせられたのだと信じている。**

解説 名詞のwillが言い換え表現だが，volitionはよりフォーマルな印象を与え，「自分で自由に決める意志（力）」というニュアンスを持つ。of *one's* own volition「自分の意志で」のフレーズで使われることが多い。

1「まったくばかげたこと」**2**「意志」**3**「無分別，軽率」**4**「告発」

(100) 解答 **4**

訳 **その船の船長は，5年間にわたり麻薬や武器など大量の密輸品を国に持ち込んでいたことで告訴された。**

解説 「密輸，不法取引」の行為や不法取引された「密輸品」を指す。contra- = againstで -bandの部分はbanと関連があることを意識すると覚えやすいだろう。出題される文脈には，smuggle, illegallyなどを伴うこともある。

1「不屈の精神」**2**「（体制への）反対」**3**「強がり」**4**「密輸品」

(101) 解答 **2**

訳 **政府の報道官は，難しい質問でも見事に回答して記者会見を巧みに処理した。**

解説 文末のgreat skillがほぼ同義でヒントになっている。「巧妙さ，策略」を意味し，語源的にfineと関連がある。with finesse「巧妙に」，political finesse「政治手腕」，diplomatic finesse「外交手腕」などを覚えておくとよい。

1「陽気」**2**「巧妙さ」**3**「（草木の）葉」**4**「繁殖」

(102) 解答 **4**

訳 A：**ジョーが私に対してあんな失礼な話し方をしたのは信じられないわ。**
B：**僕もだよ。彼の厚かましさにはショックを受けたと言うしかないね。君が彼とちょっと話すといいんじゃないかな。**

解説 形容詞impudentの -pudentはashamedの意味を持ち，それにim-「否定」がついた形。名詞impudenceは「恥じないこと」→「ずうずうしさ，生意気」の意味。have the impudence to *do*「厚かましくも～する」。imprudence「軽率」との混同に注意。

1「奴隷の（ような）境遇」**2**「熱望」**3**「臆病」**4**「厚かましさ」

(103) Everyone breathed a sigh of relief when Henrietta's court case ended in an (　　　). It was clear from the beginning that she was innocent.

1 acquittal　**2** incursion
3 insurgency　**4** ordinance

(104) The mountain was relatively easy to climb because there were many (　　　) on the rock face which the climbers could use as handles to pull themselves up.

1 gripes　**2** gimmicks
3 protrusions　**4** incumbents

(105) The public tend to expect their leaders to behave with a sense of (　　　) and dignity. Therefore, they were very shocked to see the videos of the officials behaving inappropriately at the party.

1 tyranny　**2** decorum
3 modulation　**4** immunity

(106) The hostages were held captive for five days. Their (　　　) finally came to an end when police officers smashed down the door of the building and rescued them.

1 enactment　**2** dungeon
3 ordeal　**4** denunciation

(107) Many countries in the world including Korea, Sweden and Israel have some form of (　　　) system under which able-bodied men, and in some cases women, are required to serve in the military for a set period of time.

1 patent　**2** scourge
3 conscription　**4** liability

(108) Although the bank robber insisted that he had been working alone, the police were sure he must have had at least one (　　　) helping him.

1 hermit　**2** accomplice
3 curator　**4** forerunner

(103) 解答 1

訳 **ヘンリエッタの訴訟が無罪放免に終わり，全員が安堵のため息をついた。彼女が無罪なのは当初から明白だった。**

解説 法廷で正式に言い渡される「無罪判決，無罪放免」のことで，反意語はconviction「有罪判決」。動詞はacquit「に無罪を宣告する」で，反意語はconvict。類義語はexoneration, absolution, vindicationなど。

1「無罪放免」**2**「侵入」**3**「暴動」**4**「条例」

(104) 解答 3

訳 **その山には，登山者がつかんで体を引き上げることができるような突起が岩肌に多くあったため，比較的容易に登ることができた。**

解説 動詞はprotrude「突き出る」で，日常的に使用するstick outのフォーマルな表現。語源的にはpro- = forward，-trudeはthrustで，intrude「侵入する」からも連想できるだろう。類義語はprojection, jutなど。

1「不平」**2**「仕掛け」**3**「突起部，突出部」**4**「現職者」

(105) 解答 2

訳 **大衆はリーダーたちに礼儀正しさと品格の意識を持って振る舞うことを期待する傾向がある。したがって，人々は役人たちがパーティーで不適切に振る舞うビデオを見て大変ショックを受けた。**

解説 振る舞い・言葉・服装における「礼儀正しさ」を指す。good mannersのフォーマルな表現だが，decorumは特に社会規範に基づいた守るべき礼儀を意味することが多い。また，decorumsと複数形で用いると「礼儀作法」の意味。

1「専制政治」**2**「礼儀正しさ」**3**「調節」**4**「免疫，免除」

(106) 解答 3

訳 **人質たちは5日間監禁された。彼らの厳しい試練は，警察官がその建物のドアをたたき壊して彼らを救出したときについに終わった。**

解説 非常に厳しくつらい経験を指し，しばしば一定期間続くというニュアンスを持つ。hardshipが類義語として挙げられるが，こちらは「苦難」が強調されるのに対して，ordealは「苦しい経験」の意味。difficultyは一般的に「困難」。

1「（法律の）制定」**2**「地下牢」**3**「厳しい試練，苦難」**4**「公然の非難」

(107) 解答 3

訳 **韓国，スウェーデン，イスラエルを含む世界の多くの国には何らかの徴兵制度があり，健康な男性や，場合によっては女性も，一定期間軍で働くことを要請される。**

解説 米国ではdraft，英国ではcall-upも使われるが，conscriptionはより堅い用語。語源的にはcon- = together，-scriptはwriteで，「共に名簿に名前を書く」→「兵士として登録する」ことから「徴兵」の意味になった。

1「特許」**2**「難儀」**3**「徴兵」**4**「（法的）責任」

(108) 解答 2

訳 **その銀行強盗は1人でやったと主張したが，警察は少なくとも1人の共犯者が手伝っていたに違いないと確信していた。**

解説 主として「（犯罪の）共犯者，共謀者」の意味だが，一般的に「（悪事の）協力者」の意味でも使われる。complicit「共謀して」，complicity「共謀，共犯」もあわせて覚えておこう。

1「隠遁者」**2**「共犯者」**3**「学芸員」**4**「先駆者」

(109) ☐☐ *A:* Why doesn't anyone protest the government's unfair policies?
B: I think everyone is scared to do so. The government doesn't allow political (   ), and those who speak out are likely to end up in jail.

1 dissent **2** inclination
3 futility **4** wrath

(110) ☐☐ The apartment complex is located in close (   ) to both a train station and a shopping center, making it an extremely convenient place to live.

1 proximity **2** constriction
3 allusion **4** matrimony

(111) ☐☐ John has a natural (   ) for animals and nature, so no one was surprised when he decided to move to a remote island to study wildlife.

1 culprit **2** partition
3 affinity **4** sanctuary

(112) ☐☐ Supporters of the young human rights activist were very concerned after they heard of her upcoming (   ) back to her home country. They said they were worried that she would be imprisoned upon her return.

1 inflammation **2** deportation
3 conflagration **4** disintegration

(109) 解答 **1**

訳 **A：なぜ誰も政府の不公平な政策に抗議しないの？**
B：皆そうするのが怖いのだと思うよ。政府は政治的異議を許さないし，声を上げる人はおそらく投獄されてしまうからね。

解説 同形で動詞もある。-sentはfeelで，それにdis-「反対」がついて「感じ方が異なる」→「異議を唱える」。反意語はassent, consent。特に大多数に受け入れられている政府や政策に対する「異議，意見の相違」の意味で使われる。類義語はdisagreement。

1「異議」 **2**「好み，気持ち」 **3**「無益」 **4**「激怒」

(110) 解答 **1**

訳 **その団地は電車の駅とショッピングセンターのどちらにもとても近い場所にあり，住むには非常に便利な場所となっている。**

解説 「（場所・時間・関係などが）近いこと，近接」の意味のフォーマルな表現。approximate「おおよその」から推測ができるだろう。問題文でも使われているin close proximity to ～「～のすぐ近くに」はそのまま覚えるべきフレーズ。

1「近いこと，近接」 **2**「圧縮」 **3**「ほのめかし」 **4**「結婚（生活）」

(111) 解答 **3**

訳 **ジョンは動物や自然に対して天性の親近感を持っているので，彼が離島に移住して野生生物の研究をすると決めたとき，誰も驚かなかった。**

解説 have an affinity for ～「～に対して親近感を持つ」→「～を好む」の使い方で覚えておくとよいだろう。類義語はpenchant, predilectionなど。そのほかに「類似性，関連性（＝similarity, resemblance）」の意味もある。

1「犯人」 **2**「仕切り」 **3**「親近感」 **4**「聖域，避難所」

(112) 解答 **2**

訳 **その若い人権活動家の支持者たちは，まもなく行われる彼女の本国への強制送還について聞き大変心配した。彼らは，彼女が送還後すぐに投獄されるのではないか心配だと語った。**

解説 動詞deportはde- ＝ off, away, -portはcarryの意味から「を国外追放する」。banish, exile, expatriateなどの類義語があるが，通常deportは不法滞在者などの好ましからざる外国人を強制的に本国に送還する場合に使われる。deportationはその名詞形。

1「炎症」 **2**「国外追放」 **3**「大火事」 **4**「崩壊」

形容詞・副詞を覚える！

形容詞は名詞を修飾したり文の補語になることもあります。副詞は名詞以外のあらゆる文の要素を修飾することができますが，どちらもより詳しい様相や印象を伝えるのが役割です。そのため，文中の形容詞・副詞の意味を誤ってしまうと，大きな誤解の原因となるかもしれません。動詞・名詞と同様にコロケーションや語法などを知ることが重要です。

「形容詞＋名詞」のコロケーション

insurmountable problem [difficulty, obstacle]	「克服できない問題［困難，障害］」
vicarious pleasure [excitement, suffering]	「わがことのような喜び［興奮, 苦しみ］」
condescending attitude [behavior, manner]	「見下すような態度［振る舞い, マナー］」
inveterate smoker [gambler]	「常習的な喫煙者［ギャンブラー］」
auspicious start [beginning]	「幸先のよい始まり」
ostensible reason [purpose, aim, motive]	「表向きの理由［目的，目標，動機］」
staunch supporter [advocate]	「忠実な支持者［擁護者］」
pungent smell [criticism]	「鼻につんとくるにおい，辛辣（しんらつ）な批評」
flagrant violation [error, crime]	「目に余る違反［誤り，犯罪］」
excruciating pain [ordeal, boredom]	「耐えがたい痛み［試練，退屈さ］」

形容詞の語法を知る

形容詞だけで覚えるよりも用法を知ることでその単語が使えるようになるのはもちろん，空所後の前置詞が正解を導くヒントになる場合もあります。

be void [devoid] of ～	「～を欠いている」
be redolent of ～	「～の強いにおいがする，～をしのばせる」
be oblivious of ～	「～に気付いていない」
be fraught with ～	「～を伴う」
be commensurate with ～	「～に比例した，～に釣り合った」
be contingent on ～	「～に依存する」
be engrossed in ～	「～に没頭する」
be impervious to ～	「～に影響されない」
be receptive to ～	「～を受け入れる」
be conducive to ～	「～に貢献する」
be detrimental to ～	「～に有害である」
be tantamount to ～	「～と等しい」

反意語とあわせて覚える

類義語は本書の解説でも多く紹介していますが，形容詞・副詞を覚える際には反意語と一緒に覚えるのも，日本語訳だけで覚えるよりもイメージがつかみやすく大変有効です。

stale「鮮度の落ちた」↔ fresh
stringent「厳格な」↔ lax, lenient
transparent「透明な」↔ opaque
innocuous「無害な」↔ poisonous, venomous
thrifty「倹約する」↔ extravagant, lavish
impudent「生意気な，厚かましい」↔ respectful, deferential
senile「老齢による」↔ juvenile
vulgar「下品な」↔ refined, sophisticated
covert「内密の」↔ overt, unconcealed
taciturn「無口な」↔ talkative, loquacious, garrulous
inadvertently「不注意に」↔ intentionally, deliberately

「副詞＋動詞」のコロケーション

形容詞に相性のよい名詞があるのと同じように，副詞にも相性のよい動詞があります。出題される際も以下の動詞を修飾している可能性が高いので知っておくと便利です。

adamantly「頑固に」: insist, maintain, support, refuse
vehemently「激しく」: oppose, reject, deny, protest, criticize
tenaciously「粘り強く」: pursue, fight, defend, persist
profusely「過度に，やたらに」: apologize, thank, bleed, perspire
sheepishly「おずおずと，きまり悪そうに」: admit, confess, apologize
cordially「心から」: thank, invite, embrace, congratulate
brusquely「ぶっきらぼうに」: respond, speak, refuse, demand
exponentially「急激に」: rise, increase, grow, improve, expand

Unit 3 形容詞・副詞

(1) In the beginning, the problems Mari faced seemed to be ( ). However, over time she was able to overcome all of them.

1 insurmountable **2** irrepressible
3 infallible **4** illegible

(2) Last year, Aaron made a number of extremely ( ) investments that he now bitterly regrets. In order to avoid making the same mistakes again, he decided to employ a financial adviser to help him make better decisions.

1 surreptitious **2** imperative
3 painstaking **4** imprudent

(3) *A:* What's this puppy doing here, at the side of the road? Do you think he's been abandoned?
B: It looks like it. I wonder how someone could do such a cold and ( ) act.

1 callous **2** hilarious
3 astronomical **4** invariable

(4) Although Mr. Burns is ( ) in charge of the office, everyone knows that the assistant manager is the one to talk to if you want to get something done.

1 elusively **2** abysmally
3 forlornly **4** nominally

(5) Fans of the reality show enjoy the ( ) thrill of watching their favorite celebrities do things that they will probably never do themselves.

1 residual **2** vicarious
3 repugnant **4** satirical

(6) There are ( ) safety measures in place at the nuclear power plant to protect the workers from the harmful effects of radiation.

1 stringent **2** ambient
3 bereaved **4** alleged

(1) 解答 **1**

訳 **最初はマリが直面する問題は克服できないように思えた。しかし，時が経つにつれて彼女はすべて乗り越えることができた。**

解説 sur-「上に」＋mount「登る」から, surmountableは「乗り越えられる」。否定のin-がついたinsurmountableは「（困難・問題などが）克服できない」。山を乗り越えられないとイメージするとよいだろう。insurmountable problem [difficulty, obstacle]など。

1「克服できない」**2**「生き生きした，制御できない」**3**「決して誤らない」**4**「判読できない」

(2) 解答 **4**

訳 **去年，アーロンは数多くの非常に軽率な投資をし，今，ひどく後悔している。同じ過ちを再び犯さないように，よりよい判断に役立てるために財務アドバイザーを雇うことに決めた。**

解説 prudent「分別のある（= sensible, wise)，用心深い（= cautious, careful)」はプラスの意味の単語だが，否定のim-がつくと「（人・決定・言動などが）後先を考えない」→「軽率な，無分別な」となる。impudent「生意気な，厚かましい」との混同に注意。

1「秘密の」**2**「絶対必要な」**3**「労を惜しまない」**4**「軽率な」

(3) 解答 **1**

訳 A：**この子犬，ここで何しているの，こんな道端で？　捨てられたんだと思う？**
B：**そのようだね。どうしたらそんな冷たくて無情な行動が取れるんだろう。**

解説 名詞callusは「（皮膚が硬くなってできた）たこ」。形容詞callousは「たこになった，（皮膚が）硬くなった」が原義だが，たこになった部分が無感覚になることから「無感覚な，無情な，冷淡な（= insensitive, ruthless)」の意味に変化した。

1「無感覚な」**2**「陽気な」**3**「天文学的な」**4**「不変の」

(4) 解答 **4**

訳 **バーンズ氏が名目上はそのオフィスの責任者だが，何かをやり遂げたければ話すべきはアシスタントマネージャーだということを誰もが知っている。**

解説 バーンズ氏が責任者だが，実際にはその役割を果たしていない。このように名前ばかりで有名無実であることを表す際に使われる副詞。語源的にnomin-はnameであることを覚えておくとわかりやすいだろう。

1「とらえにくいように」**2**「ひどく」**3**「わびしく」**4**「名目上は」

(5) 解答 **2**

訳 **リアリティ番組のファンは，自分ではおそらく決してしないであろうことをお気に入りの有名人がするのを見て，自分のことのようなスリルを楽しむ。**

解説 名詞vicar「司祭，牧師」は語源的に「（神の）代理」の意味。vicariousは「代理の，身代わりの」。他人の苦楽などの感情を想像で経験する際によく用いられ「わがことのような」の日本語訳が近い。vicarious pleasure [excitement, satisfaction, suffering]など。

1「残りの」**2**「自分のことのように感じられる」**3**「嫌な」**4**「風刺的な」

(6) 解答 **1**

訳 **その原子力発電所では，放射線の有害な影響から従業員を守るために厳格な安全対策が設けられている。**

解説 「（規則・法律・基準・条件などが）厳しい」の意味だが，strictよりもさらに厳しい制限により管理されているニュアンスを持つ。そのほかの類義語はrigid, rigorous, draconian，反意語はlax, lenientなど。

1「厳格な」**2**「周囲の」**3**「（死によって近親などを）亡くした」**4**「疑われている」

(7) The couple bought an old, (　　　) hotel in Cambodia for next to nothing and turned it into a million-dollar holiday resort.

1 dilapidated　　**2** congenial
3 haughty　　**4** endemic

(8) The narrow winding streets in the center of the historical town are (　　　) of past times when most people lived locally and traveled on foot or perhaps horseback.

1 redolent　　**2** solvent
3 superfluous　　**4** perverse

(9) *A:* Who should we ask to host the charity fundraiser? We need someone bright and energetic.
B: I think Kay would be perfect for the role. She's very charming and (　　　).

1 vivacious　　**2** spellbound
3 abject　　**4** palatial

(10) The two farmers have been involved in a very (　　　) dispute about who owns the rights to use the land between their properties.

1 acrimonious　　**2** conciliatory
3 forensic　　**4** garish

(11) The diver stood (　　　) on the edge of the diving board for several seconds before leaping into the air.

1 contrived　　**2** derelict
3 complicit　　**4** poised

(12) *A:* Did you hear Jane's speech yesterday?
B: Yes, I had no idea she could speak so (　　　). I was really moved by her words.

1 blatantly　　**2** sporadically
3 eloquently　　**4** belatedly

(7) 解答 1

訳 **そのカップルはカンボジアの古く荒廃したホテルをただ同然で購入し，100万ドルのリゾート地に生まれ変わらせた。**

解説 「(建物・車・家具などが) 荒廃した，ぼろぼろの」の意味。類義語のruinous, decrepitなどと比較すると，dilapidatedは手入れを怠ったり不適切な使い方をしたりした結果，老朽化が加速した意味合いが含まれる。

1「荒廃した」 **2**「(人の性格などに) 適した」 **3**「傲慢な」 **4**「(ある地方に) 特有の」

(8) 解答 1

訳 **その歴史的な町の中心部の細く曲がりくねった道は，ほとんどの人が地元に住み徒歩かおそらく馬で移動していた往時をしのばせる。**

解説 redolent of ～ の形で「～の強いにおいがする」。比喩的に「～を暗示する，～を思わせる，～をしのばせる (= reminiscent of ～)」の意味で使われる。

1「暗示する」 **2**「支払い能力がある」 **3**「過剰の」 **4**「道理から外れた」

(9) 解答 1

訳 A：**チャリティーの資金集めのパーティーで誰にホストを務めてもらうのがいいでしょうか。明るくてエネルギッシュな人がいいですね。**

B：**ケイがその役に適任だと思いますよ。彼女はとても魅力的で活発ですから。**

解説 「活発な，陽気な」の意味だが，魅力的であるというニュアンスを含み，特に女性に使われることが多い。類義語はlively, animated, buoyantなど。viv-は語源的に「生きている」を意味し，vivid, vital, revive, surviveなどと共通の要素である。

1「活発な」 **2**「魅せられた」 **3**「悲惨な」 **4**「宮殿の」

(10) 解答 1

訳 **その2人の農場経営者は，両者の所有地の間の土地は誰が使用権を有するかに関するとても激しい論争に巻き込まれている。**

解説 語源的に acrid「(味・においなどが) 刺激性の (= pungent)」と共通している。acrimoniousは比喩的に「(言葉・議論などが) 辛辣(しんらつ)な，とげとげしい」の意味で使われる。acrimonious debate「激論」。

1「辛辣な」 **2**「なだめるような」 **3**「法医学の」 **4**「けばけばしい」

(11) 解答 4

訳 **その飛び込み選手は，空中へと跳ぶ前に飛び込み台の端に身構えて数秒立った。**

解説 名詞のpoiseは「バランス，平衡」。poisedは「バランスの取れた」→「構えができて，身構えて」となる。転じて「準備ができて (= ready)」の意味でもよく使われる。He is poised to do his best.「彼は最善を尽くす準備ができている」。

1「作り物の」 **2**「遺棄された」 **3**「共謀して」 **4**「身構えて」

(12) 解答 3

訳 A：**昨日のジェーンのスピーチ，聞いた？**

B：**うん，彼女があんなに雄弁に話せるなんてまったく知らなかったよ。彼女の言葉には本当に感動したよ。**

解説 loqui-はspeakが元となっている語で，colloquial「口語の」，loquacious「おしゃべりの」などと共通。eloquentlyは雄弁であると同時に，力強く適切な表現で聴衆を説得したり感銘を与えたりするというニュアンスがある。

1「露骨に」 **2**「散発的に」 **3**「雄弁に」 **4**「遅れて」

(13) Lucian was a rather (　　　) employee who spent most of the day drinking cups of tea and scrolling through the Internet instead of working.

1 pervasive　**2** conscientious
3 indolent　**4** venerable

(14) There were no lights on in the farmhouse and it appeared to be empty. It looked very old and (　　　) standing in the middle of the big field.

1 cognizant　**2** equitable
3 forlorn　**4** antagonistic

(15) The CEO of the solar power company argued that more investment is needed in the (　　　) green sector if it is to grow and become mainstream.

1 brash　**2** venomous
3 nascent　**4** stocky

(16) *A:* Is the salary for this job dependent on how much experience you have?
B: The salary offered will be (　　　) with both age and previous experience.

1 feasible　**2** commensurate
3 momentous　**4** legible

(17) Harriet noticed that her coworker was always talking down to her. After some time, it became hard to put up with his (　　　) attitude towards her.

1 jocular　**2** propitious
3 frenetic　**4** condescending

(18) The man the police are looking for is a known terrorist with links to a number of notorious (　　　) groups.

1 lavish　**2** insurgent
3 queasy　**4** scant

(13) 解答 **3**

訳 **ルシアンは，働く代わりに紅茶を飲んだりネット画面をスクロールしたりして1日のほとんどを過ごす，少々怠惰な従業員だった。**

解説 lazy, idleなどが類義語として挙げられるが，indolentは特に気楽さを好み，仕事や活動を嫌う様子が強調されるため「無精な」に近い。また，「(病気の) 痛みを伴わない」の意味もある。insolent「横柄な」との混同に注意が必要。

1「隅々に広がった」**2**「念入りな，良心的な」**3**「怠惰な」**4**「尊敬に値する」

(14) 解答 **3**

訳 **農場に建つ家には明かりがついていなくて空き家のようだった。とても古く，広大な野原の真ん中にわびしく立っているように見えた。**

解説 問題文では「(場所が) わびしい，さびれた」の意味だが，「(人が) 孤独な，哀れな」の意味でも使われる。特に愛する人や物から離された際の悲しみや孤独, 苦悩が強調される。The child felt lonely and forlorn. などで覚えるとよいだろう。

1「知っている」**2**「公正な」**3**「わびしい」**4**「敵意を抱いて」

(15) 解答 **3**

訳 **その太陽光発電会社のCEOは，着手しようとしている環境重視の部門が成長して主流になるためには，より多くの投資が必要であると主張した。**

解説 innate, native, natalなどと同語源で，nasc-は「生まれる」の意味。nascentは「生まれようとする，発生期の」の意味で使われる。nascent industry「新興産業」，nascent democracy「萌芽しつつある民主主義」，nascent recovery「始まったばかりの景気回復」など。

1「厚かましい」**2**「毒のある」**3**「発生しかけている，初期の」**4**「ずんぐりした」

(16) 解答 **2**

訳 A：**この仕事の給料は，どれだけ経験を積んでいるかに左右されますか。**
B：**ご提示した報酬は年齢と過去の経験の両方に比例します。**

解説 measureと関連のある語で，com- ＝ togetherであることから「同量の」が原義。「(大きさ・数量・程度などが) 釣り合った，相応の (＝ proportionate, equivalent)」の意味で使われる。commensurate with ～「～に比例した，～に釣り合った」。

1「実現可能な」**2**「比例した」**3**「極めて重大な」**4**「(筆跡などが) 読める」

(17) 解答 **4**

訳 **ハリエットは同僚がいつも彼女を見下した調子で話すのに気付いた。しばらくすると，彼の彼女に対する見下したような態度を我慢し難くなった。**

解説 descend「降りる，下る」が含まれており，優越感を持って相手を下に見るような態度をイメージしよう。「見下すような，威張った，尊大な」の意味。condescending attitude [behavior, manner]などのコロケーションで覚えておくとよい。

1「おどけた」**2**「好都合な」**3**「狂乱した」**4**「人を見下したような」

(18) 解答 **2**

訳 **警察が探している男は，いくつもの悪名高き反政府グループとかかわりを持っている名の知れたテロリストだ。**

解説 同形で名詞だと「反乱者，反対分子 (＝ rebel)」の意味だが，問題文のように形容詞で使うと「反乱の，暴動を起こした (＝ rebellious, mutinous)」。insurgent troops「反乱軍」。

1「ぜいたくな」**2**「反乱の，暴動の」**3**「吐き気のする」**4**「乏しい」

(19) The instructions the air traffic controller gave the trainee pilot during the emergency were very ( ) and easy to understand.

1 docile **2** succinct
3 pensive **4** malevolent

(20) The fashion industry, especially fast fashion, consumes ( ) amounts of water as well as other resources and also contributes to water pollution.

1 copious **2** bombastic
3 tenacious **4** anecdotal

(21) ***A:*** It's really difficult working with Terrence as he's so ( ). He's always checking my spelling even in informal text or email messages.
B: That sounds tiring.

1 haggard **2** fraudulent
3 pedantic **4** impassive

(22) Gold and silver are ideal materials for making jewelry as they are very ( ) and can be beaten into different shapes without breaking.

1 malleable **2** acrid
3 appalling **4** pompous

(23) Most people agreed that the one-year suspended sentence handed down to the ex-mayor for tax fraud was much too ( ), especially given the relatively large amount of money he had hidden.

1 lenient **2** explicit
3 bogus **4** tacit

(24) ***A:*** What did you think of the movie? Personally, I found the plot to be completely ( ).
B: Well, I agree the story was kind of unrealistic, but it didn't really matter because the special effects and action scenes were so good.

1 malicious **2** preposterous
3 oblivious **4** premeditated

(19) 解答 **2**

訳 **緊急時に航空管制官が訓練中のパイロットに出した指示は非常に簡潔で容易に理解できた。**

解説 「簡潔な」の意味で，余分な言葉を省き，短いが正確に内容を伝える様子を指す。発話やスピーチに関して多く使われる。類義語はconcise, laconic, terse, pithyなど。

1「従順な」 **2**「簡潔な」 **3**「物思いに沈んだ」 **4**「悪意のある」

(20) 解答 **1**

訳 **ファッション業界，特にファストファッションは，多量の水やそのほかの資源を消費し，水質汚染の一因にもなっている。**

解説 「多量の，豊富な」の意味だが，特に生産量が豊かで枯渇しないような意味合いでよく使われる。copious harvest「豊作」。copyと同語源であることも記憶に残るヒントになるだろう。類義語はabundant, plentiful, ampleなど。

1「多量の」 **2**「大言壮語する」 **3**「粘り強い」 **4**「逸話の」

(21) 解答 **3**

訳 A：**テレンスは細かいことにかなりうるさくて，一緒に仕事をするのが本当に大変だわ。くだけた携帯メールやEメールでさえも私のスペリングをいつもチェックするのよ。**
B：**それは疲れそうだね。**

解説 名詞pedantは，重要なことよりもつまらぬ細部や規則にこだわる人を指す。その形容詞pedanticはfastidiousに言い換えられる。また，軽蔑的に「学者ぶった」といった意味で使われることもある。

1「やつれた」 **2**「詐欺的な」 **3**「枝葉末節にこだわる」 **4**「無表情の」

(22) 解答 **1**

訳 **金と銀は非常に可鍛(かたん)性があり，たたくと粉砕することなくさまざまな形にできるため，宝飾品を作るには理想的な材料である。**

解説 問題文のように金属などがハンマーでたたいたりローラーで延ばしたりできる，という意味で使うほか，「(人が) 従順な，影響されやすい (= obedient, docile)」の意味もある。問題文ではpliable, plasticなどに言い換えられる。

1「可鍛性の」 **2**「辛辣(しんらつ)な」 **3**「ぞっとさせる」 **4**「尊大な」

(23) 解答 **1**

訳 **元市長に脱税の罪で下された1年間の執行猶予は，特に彼が隠していた比較的大きな金額を考慮すると，寛大過ぎると大半の人は同意した。**

解説 「(刑罰・人などが) 寛大な，(基準・規則などが) 緩い (= tolerant)」の意味。lenient punishment [rule, attitude] などのコロケーションで覚えておくとよいだろう。反意語はsevere, strictなど。

1「寛大な」 **2**「明白な」 **3**「偽の」 **4**「暗黙の」

(24) 解答 **2**

訳 A：**あの映画どう思った？　個人的には筋書きが完全にばかげていると感じたけど。**
B：**うん，話がちょっと非現実的だったことは同意するけど，特殊効果やアクションシーンがすごくよかったから，それはあまり問題じゃなかったよ。**

解説 語源を考えるとわかりやすい。「後ろにあるべきものが前 (pre) に置かれている」ことから「(考え・議論などが) 不合理な，ばかげた」の意味。類義語はabsurd, ridiculous, ludicrousなど。

1「悪意のある」 **2**「道理に反する」 **3**「気付かない」 **4**「前もって計画された」

(25) □□ Bobby and his college roommates were all very intelligent and well-read. They often stayed up late at night enjoying ( ) discussions on a variety of topics.

1 erudite **2** jaded
3 posthumous **4** submissive

(26) □□ When she was little, Mia seemed to be a completely normal child. However, as she grew older, she began to demonstrate an ( ) ability to predict the future.

1 inanimate **2** avid
3 uptight **4** uncanny

(27) □□ Miranda is a very ( ) person. She has the ability to cope with and overcome difficult and challenging situations with relative ease.

1 ambivalent **2** resilient
3 frivolous **4** cranky

(28) □□ Rebecca's friends found her interest in disease and death a bit ( ), but in fact it was scientific interest, and she later became a well-known surgeon.

1 rudimentary **2** pragmatic
3 morbid **4** skittish

(29) □□ The lost boys were rescued ( ) when they were found by some hikers who happened to hear them calling for help.

1 daintily **2** fraudulently
3 ascetically **4** fortuitously

(30) □□ The artist's recent paintings are very ( ) and lacking in energy. It is a shame as his previous art works were so interesting.

1 unwieldy **2** profane
3 insipid **4** unequivocal

(25) 解答 **1**

訳 **ボビーと彼の大学のルームメートたちは皆，非常に聡明で博識だった。彼らはよく夜遅くまで起きてさまざまなテーマについて博学な議論を楽しんだ。**

解説 「博学な，博識な」の意味で，1文目のwell-readが類義語である。learned, scholarlyに言い換えられることもあるが，eruditeではより向学心の高さが強調される。erudite scholar [professor]などのように人を形容する場合も多い。

1「博学な」**2**「疲れ切った」**3**「死後に起きた」**4**「服従する」

(26) 解答 **4**

訳 **幼いときにはミアは完全に普通の子供のようだった。しかし，成長するにつれて未来を予言するという驚異的な能力を現し始めた。**

解説 通常では理解できない状況に使われ「不可解な，奇怪な（= weird)」の意味。uncanny silence「不気味な静けさ」。また,「驚異的な，超人的な」の意味でも使われ，問題文のようにuncanny ability「並外れた能力」というよい意味でも用いる。

1「生命のない」**2**「熱心な」**3**「非常に緊張した」**4**「驚異的な，奇怪な」

(27) 解答 **2**

訳 **ミランダはとても立ち直りの早い人だ。彼女は困難できつい状況でも比較的容易に対処し克服する能力を持っている。**

解説 「跳ね返る」が原義で，比喩的に「(病気・困難・不幸などから）立ち直りの早い，回復力のある」の意味で使われる。re- = back「戻る」であることが記憶の助けになるだろう。名詞resilienceは「回復力」。

1「相反する感情を抱く」**2**「立ち直りの早い，回復力のある」**3**「くだらない」**4**「風変わりな」

(28) 解答 **3**

訳 **レベッカの友人たちは彼女の病気や死に関する興味を少々不健全と感じたが，それは実際には科学的な興味であり，彼女は後に有名な外科医になった。**

解説 「病気の」が原義。比喩的に「(精神・考えが）病的な，不健全な」の意味で使われる。morbid interest [curiosity, fear, fascination]など。転じてmorbid appetite [story]のように「恐ろしい，ぞっとするような」の意味になることもある。

1「基本の，未発達の」**2**「実際的な」**3**「不健全な，恐ろしい」**4**「おてんばな」

(29) 解答 **4**

訳 **道に迷った少年たちは，彼らが助けを求めているのをたまたま聞いたハイカーたちによって見つけられ偶然に救出された。**

解説 元々は「偶然に，思いがけず（= accidentally, by chance)」の意味で，よい意味にも悪い意味にも使われていた。現在は形が似ているfortunatelyの影響か，よい結果を生み出す偶然について使われることが多い。

1「優雅に」**2**「詐欺的に」**3**「禁欲的に」**4**「偶然に」

(30) 解答 **3**

訳 **そのアーティストの最近の絵画はとても退屈でエネルギーに欠ける。彼の以前の芸術作品はかなり興味深かっただけに残念だ。**

解説 2文目のinterestingが反意語としてヒントになっている。「(飲食物が）風味のない（= tasteless)」が原義だが，比喩的に「退屈な，面白味のない（= uninteresting, boring)」の意味にもなる。

1「(大きさなどのために）扱いにくい」**2**「神聖を汚す」**3**「無味乾燥な」**4**「曖昧でない」

(31) ☐☐ ***A:*** I can't believe the politician just told another ( ) lie on TV.
B: I know. He doesn't even care that everyone knows he is lying.

1 brazen **2** intrinsic
3 soggy **4** benign

(32) ☐☐ Thousands of ( ) partygoers dressed in colorful costumes filled the streets around the town center during the festival weekend.

1 flimsy **2** benevolent
3 dreary **4** exuberant

(33) ☐☐ After her boss scolded her again in front of her co-workers, Suzanne decided she had had enough and quit her job on the spot. However, after she had cooled down, she began to regret her ( ) decision.

1 impetuous **2** tantamount
3 insufferable **4** luminous

(34) ☐☐ Even though the three elephants had arrived at the sanctuary from very ( ) places at different times, they formed a strong bond of friendship.

1 recalcitrant **2** convoluted
3 disparate **4** inalienable

(35) ☐☐ The driver of the truck was found to be highly ( ) for the accident on the freeway, which injured several people.

1 hereditary **2** culpable
3 salient **4** magnanimous

(36) ☐☐ This film is not suitable for young children because it contains a lot of bad language as well as numerous ( ) jokes.

1 luxuriant **2** profound
3 ample **4** vulgar

(31) 解答 1

訳 **A：あの政治家がまたテレビで厚かましいうそをついたのは信じられないわ。**
B：そうだね。皆彼がうそをついているって知っているのを気にすらしていないし。

解説 「真ちゅうの」の原義から「鉄面皮な，厚かましい」の意味に変化した。shamelessに近いが，brazenはより強く，開き直った傲慢さやずうずうしさが加味される。動詞の用法としては，brazen it out「厚かましく押し通す」も押さえておこう。

1「厚かましい」**2**「固有の」**3**「びしょぬれの」**4**「親切な，良性の」

(32) 解答 4

訳 **色とりどりのコスチュームを着た何千人もの生気あふれるパーティーの参加者が，祭りの週末には街の中心部の通りを埋め尽くした。**

解説 活力に満ちあふれた様子をイメージするとよい。人やその行動を形容する場合には「元気にあふれた，大喜びの，熱狂的な（＝ ebullient)」，植物の場合は「繁茂した，生い茂った（＝ lush, luxuriant)」の意味となる。

1「薄っぺらの」**2**「慈悲深い」**3**「物寂しい」**4**「生気あふれる」

(33) 解答 1

訳 **スザンヌは同僚たちの前でまた上司に叱責されて，うんざりしてその場で仕事を辞める決心をした。しかし，落ち着くとその衝動的な決断を後悔し始めた。**

解説 名詞impetus「勢い，はずみ」からイメージすると覚えやすいだろう。「(行動・判断などが）性急な，衝動的な」の意味で，冷静さや忍耐の欠如を暗示させる。類義語はrash, hasty, impulsiveなど。impetuous decisionはよく使われるコロケーションである。

1「衝動的な」**2**「同等の」**3**「耐え難い」**4**「光を発する」

(34) 解答 3

訳 **その3頭の象は非常に異なる地域から異なる時期にその自然保護区に到着したにもかかわらず，強い友情の絆を築いた。**

解説 問題文中のdifferentが類義語だが，disparateは本質的に異なり，互いが無関係で相入れない様子が強調される。desperate「絶望的な」と混同しやすいので注意が必要。名詞disparity「差異，相違」と形容詞disparateを関連付けて覚えよう。

1「反抗的な」**2**「複雑な」**3**「本質的に異なる」**4**「(権利などが）奪うことのできない」

(35) 解答 2

訳 **そのトラックの運転手は高速道路での事故において大いに過失があるとされた。その事故では数名が負傷した。**

解説 「非難に値する（＝ blameworthy)，有罪の（＝ guilty)」の意味だが，無知や怠惰に起因する違法行為や過ちについて用いられることが多い。culprit「犯人」もあわせて覚えておこう。

1「遺伝性の」**2**「非難に値する」**3**「顕著な」**4**「度量の大きい」

(36) 解答 4

訳 **この映画は多くの汚い言葉と数々の下品なジョークを含むため，小さな子供たちにはふさわしくない。**

解説 「一般的な」が原義。転じて「(人・言葉・行動などが）下品な，無作法な，俗悪な」の意味で使われる。refined, sophisticatedなどの反意語と考えるとわかりやすい。育ちの悪さや教養の無さが暗示されることもある。

1「繁茂した」**2**「(状態・感情などが）深い」**3**「広い，豊富な」**4**「下品な」

(37) □□ ***A:*** You seem irritable today. Have I done something wrong?
B: No. Sorry, it's not you. I just get really (　　　) when I don't get enough sleep.

1 devout　　**2** bumbling
3 clairvoyant　　**4** crabby

(38) □□ Sophie's first visit to Paris left her completely (　　　) of the beautiful buildings and art galleries and she longed to go back again.

1 enamored　　**2** disheveled
3 eclectic　　**4** plausible

(39) □□ Plastic bags are now the most (　　　) of all disposable items, with billions used just once and then discarded every year.

1 ubiquitous　　**2** frazzled
3 philanthropic　　**4** stagnant

(40) □□ ***A:*** I can't believe that Bill didn't invite me to his party.
B: Oh, I'm sure he just left you off the list (　　　). You two have been good friends for years.

1 benevolently　　**2** inadvertently
3 crucially　　**4** horrendously

(41) □□ At the inquest into the causes of the accident, the judge said that by getting into his vehicle when drunk, the truck driver had shown a (　　　) disregard for safety.

1 preemptive　　**2** resplendent
3 wanton　　**4** somber

(42) □□ The building's architects came up with several (　　　) ways to save energy. One of these was the installation of a green roof to keep the building cooler in the summer.

1 clandestine　　**2** adversarial
3 barbarous　　**4** ingenious

(37) 解答 4

訳 A：あなた，今日いらいらしているようね。私が何かいけないことでもした？
B：いや。ごめん，君じゃないよ。ただ，睡眠不足だとすごく気難しくなってしまうんだ。

解説 名詞crabには「カニ」のほかに「気難しい人，不機嫌になる人」の意味があり，形容詞crabbyは「気難しい」の意味の口語表現。類義語では問題文でも使われているirritableのほか，sullen, petulant, bad-temperedなどが重要。

1「信心深い」 2「ぎこちない」 3「千里眼の」 4「気難しい」

(38) 解答 1

訳 ソフィーは初めてのパリ訪問でその美しい建物や美術館に完全に魅了され，また訪れることを切望した。

解説 語源的にamorはloveで, enamoredは「愛の中に入れられた」→「魅了されて」の意味。be enamored of [with] ～「～に夢中である」の形で使われる。She was enamored with the boy. など。類義語はcaptivated, enchanted, enthralledなど。

1「魅了されて」 2「身なりのだらしない」 3「取捨選択する」 4「もっともらしい」

(39) 解答 1

訳 ビニール袋は，毎年数十億枚がたった1度だけ使用され，そして捨てられる，すべての使い捨て用品の中で現在最も至る所に存在するものである。

解説 「至る所にある，遍在する」の意味でcommon, universalに近い。類義語はほかにomnipresentなど。時にユーモラスに「(人が) 必要ないのにどこにでも現れる」という意味でも使われる。

1「至る所に存在する」 2「くたくたに疲れた」 3「博愛の」 4「(空気・水などが) 流れない」

(40) 解答 2

訳 A：ビルが私をパーティーに招待してくれなかったのは信じられないわ。
B：ああ, 彼はただ不注意で君をリストから落としてしまっただけだと思うよ。君たち2人は何年もよい友達だから。

解説 「不注意に，うっかりして」の意味で，故意ではないことをフォーマルに表現する副詞。類義語はaccidentally, unwittingly, by mistakeなど。deliberately, intentionallyが反意語と考えるとわかりやすいだろう。

1「慈悲深く」 2「不注意に」 3「決定的に」 4「恐ろしく」

(41) 解答 3

訳 その事故原因の審問において，判事はトラック運転手は酔っているときに車に乗ることで理不尽に安全を無視したと述べた。

解説 「(行為などが) 理不尽な，不当な」の意味。勝手気ままであり無慈悲で残酷だという意味合いを持つこともある。wanton cruelty「無慈悲な残虐さ」，wanton development「乱開発」など。

1「先制の」 2「光輝くばかりの」 3「理不尽な」 4「陰気な」

(42) 解答 4

訳 その建物の設計者たちはエネルギーを節約する独創的な方法をいくつか思い付いた。そのうちの1つはグリーンルーフを設置して夏に建物をもっと涼しくすることだった。

解説 語源的にgenius「(生まれつきの) 才能」と関連がある。「(人が) 利口な，発明の才に富む」「(道具・考えなどが) 巧妙な，独創的な」の意味でcleverの格式ばった語だが，ingeniousには新たなものを作り出すinventive, creative, innovativeなどのニュアンスが加わる。

1「秘密の」 2「敵の」 3「残虐な」 4「独創的な」

(43) The drug dealers were brought to justice after a two-year ( ) operation in which undercover police officers joined the gang and secretly filmed their activities.

1 irate　**2** extraneous
3 negligent　**4** covert

(44) The actress gave a very ( ) interview in which she spoke honestly about how much the constant attention of the media was bothering her.

1 candid　**2** perennial
3 subliminal　**4** flamboyant

(45) The fortune teller told Mark that the first of June was an ( ) date. Afterwards, he felt it would bring him luck if he chose that date for registering his new company.

1 auspicious　**2** abrasive
3 unwitting　**4** anemic

(46) ***A:*** How do you like working with your new boss?
B: Well, he's friendly but he has a tendency to be ( ), so our meetings usually drag on for a long time.

1 brusque　**2** deceased
3 garrulous　**4** sordid

(47) The magazine editor gave the article a ( ) glance before handing it to one of the junior editors to check more carefully.

1 plenary　**2** truculent
3 palatable　**4** cursory

(48) The casting director kept an ( ) expression on his face throughout the auditions, so the actors had no idea what he was thinking.

1 abortive　**2** inscrutable
3 ornate　**4** illicit

(43) 解答 **4**

訳 **麻薬の売人たちは，2年間にわたる内密の作戦で覆面警察官がギャングに加わり秘密裏に彼らの活動を撮影した後に裁判にかけられた。**

解説 covertは語源的にcoveredの意味を持ち,「内密の, 隠された」の意味。一般的にはsecretのフォーマルな語として使われる。反意語のovert「公然の, 明白な」もあわせて覚えておくとよいだろう。

1「激怒した」**2**「無関係の」**3**「不注意な，怠慢な」**4**「内密の」

(44) 解答 **1**

訳 **その女優は非常に率直にインタビューに答え，常にメディアに注目されることがどれほど彼女を悩ませていたかについて正直に話した。**

解説 candid opinion「遠慮のない［歯に衣着せぬ］意見」のように使う。類義語はfrank, bluntなどだが，candidは容赦のなさを強調する場合がある。またcandid cameraは「隠し撮り用カメラ」。気取らず自然の表情や振る舞いを映すことから。

1「率直な」**2**「永続的な」**3**「潜在意識の」**4**「華麗な，派手な」

(45) 解答 **1**

訳 **その占い師はマークに6月1日は縁起のよい日だと告げた。その後，彼は自分の新しい会社を登記するのにその日を選べば，幸運をもたらしてくれると感じた。**

解説 2文目のluckがヒント。luckyのフォーマルな語がauspiciousである。成功の兆しがある状態を指し「縁起のよい, 幸先のよい」という意味。類義語はpropitiousなど。auspicious start [beginning]「幸先のよい始まり」はよく使われるコロケーション。

1「縁起のよい」**2**「無神経な」**3**「気付かない，故意でない」**4**「生気に欠ける」

(46) 解答 **3**

訳 A：**新しい上司と働くのはどう？**
B：**うーん，彼は親しみやすいけどおしゃべりな傾向があって，会議はたいてい長時間だらだら続くんだ。**

解説 「おしゃべりな」の意味ではtalkative, loquaciousなどもあるが，garrulousは通常どうでもよいことを長々ととりとめなく話し，聞き手は退屈で迷惑に感じるというニュアンスを含む。

1「ぶっきらぼうな」**2**「死去した」**3**「おしゃべりな」**4**「浅ましい」

(47) 解答 **4**

訳 **その雑誌の編集長は，その記事をさらに注意深くチェックするようジュニアエディターの1人に手渡す前に，記事にざっと目を通した。**

解説 「ぞんざいな，大まかな」の意味で，perfunctoryなどが意味的に近いが，cursoryでは「急いで行う」という時間の短さが強調される。cursory look [check, inspection, glance]などのコロケーションで覚えよう。

1「全員出席の」**2**「攻撃的な」**3**「おいしい」**4**「急いだ，ぞんざいな」

(48) 解答 **2**

訳 **配役担当のディレクターはオーディションの間終始謎めいた表情を浮かべていたので，俳優たちは彼が何を考えているのか見当がつかなかった。**

解説 scrutiny「綿密な検査［吟味］」と同じ語源を持ち，否定のin-がついていることから「精査できない」→「理解できない，不可思議な」の意味となる。問題文のように人の表情についてよく使われる。類義語はmysteriousなど。

1「失敗に終わった」**2**「不可思議な」**3**「飾り立てた」**4**「禁制の」

(49) ☐☐ Although the young soccer team failed to win the match against their more experienced rivals, they made a (　　　) attempt, scoring a surprise goal in the last 10 minutes of the game.

1 demure　　**2** gallant
3 untenable　　**4** lethargic

(50) ☐☐ The explorers battled their way through the jungle, seemingly (　　　) to the heat and many biting insects.

1 squeamish　　**2** fastidious
3 impervious　　**4** delirious

(51) ☐☐ Agatha Christie was one of the most (　　　) writers of the 20th century. In her lifetime, she wrote over 200 works including 66 novels and 14 short story collections.

1 prolific　　**2** carnivorous
3 idyllic　　**4** putrid

(52) ☐☐ The fitness instructor advised the class members to do exercises every morning, explaining that regular exercise was (　　　) to good mental and physical health.

1 apathetic　　**2** deplorable
3 conducive　　**4** frigid

(53) ☐☐ *A:* You shouldn't pick those mushrooms, Mike! They might look (　　　) but they are in fact poisonous.
B: Wow. Thanks so much for the warning. They look so harmless.

1 sinister　　**2** pallid
3 innocuous　　**4** desolate

(54) ☐☐ Rick's mother was known as a (　　　) businessperson who had gradually expanded the company through a series of intelligent investments and mergers.

1 murky　　**2** shrewd
3 boisterous　　**4** menial

(49) 解答 **2**

訳 **その若いサッカーチームはより経験豊かなライバルチームとの試合に勝つことはできなかったが，勇敢な試みをして試合終了10分前に驚きのゴールを決めた。**

解説 「勇敢な」の意味でbrave, courageous, valiantなどが類義語として挙げられるが，gallantは騎士のような華やかで目立つ勇敢さを指す。また，騎士のように「（女性に対して）親切な（= courteous, chivalrous）」の意味もある。

1「（特に女性が）控えめな」**2**「勇敢な」**3**「（議論などが）擁護できない」**4**「昏睡状態の」

(50) 解答 **3**

訳 **探検家たちは苦労しながらジャングルの中を進んだ。彼らは暑さや多くの刺してくる虫にも動じないようだった。**

解説 語源的にper- = throughであることから「（液体・気体などを）通さない」が原義。転じて「影響されない，鈍感な」の意味でも使われる。impervious to pain [criticism]のようにtoを伴って用いられ，immune to ～ に言い換えが可能。

1「（血などを見て）すぐ吐き気を催す」**2**「気難しい」**3**「影響されない」**4**「一時的に錯乱した」

(51) 解答 **1**

訳 **アガサ・クリスティは20世紀の最も多作な作家の1人だった。彼女は生涯に66の小説と14の短編集を含む200以上の作品を書いた。**

解説 「多産の」が原義だが，幅広く「多くのものを生み出す」の意味で使われる。問題文では「多作の」の意味で使われている。prolific writer [artist]「多作の作家［芸術家］」。prolific crop [tree]は「多くの実を結ぶ」，prolific bird [animal]は「多産の」の意味になる。

1「（芸術家が）多作の」**2**「肉食性の」**3**「牧歌的な」**4**「腐敗した」

(52) 解答 **3**

訳 **フィットネスのインストラクターはクラスのメンバーに毎朝運動をするようにとアドバイスし，定期的な運動が心身の健康に役立つことを説明した。**

解説 「（よい結果の）助けになる，貢献する」の意味で，通常conducive to ～ の形の叙述用法で使われる。toの目的語にはよい結果となる名詞または動名詞が置かれることに注意。useful, helpful, instrumentalなどよりフォーマルな語である。

1「無感動な」**2**「嘆かわしい」**3**「貢献する」**4**「寒冷な」

(53) 解答 **3**

訳 A：**マイク，そのキノコを取っては駄目！　毒がないように見えるかもしれないけど，実は毒があるから。**
B：**へー。注意してくれてどうもありがとう。まったく無害に見えるね。**

解説 空所後に逆接のbutがあり，innocuousの反意語poisonousが使われている。さらにBの発言中のharmlessはinnocuousの類義語である。「（生物・薬などが）無害な，無毒の」のほか，「（言動などが）悪意のない」の意味でも使われる。

1「不吉な」**2**「（顔・肌などが）青白い」**3**「無害な，悪意のない」**4**「荒廃した」

(54) 解答 **2**

訳 **リックの母親は，一連の賢明な投資と合併によって徐々に会社を拡大させたやり手の実業家として知られていた。**

解説 「賢明な，そつがない」の意味だが「悪賢い」といったニュアンスはなく，正しい判断力を持ち，それを適切に使える能力を指す。問題文のようにビジネスにおける実践的な賢さに使われる場合も多い。類義語のastuteもあわせて覚えておくとよいだろう。

1「暗い，（水などが）濁った」**2**「機転が利く，才覚のある」**3**「騒々しい」**4**「単純で退屈な」

(55) □□ In many religions, priests are not required to be (　　　), and they are free to marry if they choose.

1 dispassionate　　**2** obnoxious
3 celibate　　**4** ephemeral

(56) □□ As a result of the CEO's (　　　) poor decision-making in recent years, the company is likely to go out of business.

1 listlessly　　**2** stupendously
3 posthumously　　**4** semantically

(57) □□ The (　　　) reason for the man's visit to the shop was to look at jewelry, but in reality, he was checking out the security system because he wanted to rob the store.

1 emblematic　　**2** effusive
3 optimum　　**4** ostensible

(58) □□ The teacher was passionate about education. He inspired his students with a (　　　) desire to study hard and do well in life.

1 fervent　　**2** buoyant
3 placid　　**4** quaint

(59) □□ The singer's behavior has become very (　　　) recently. Sometimes, he performs really well, but at other times he arrives late and unprepared or does not turn up at all.

1 provident　　**2** pessimistic
3 ineligible　　**4** erratic

(60) □□ The businessman was a (　　　) supporter of the presidential candidate and donated a lot of money to his election campaign.

1 fickle　　**2** staunch
3 verbose　　**4** belligerent

(55) 解答 **3**

訳 **多くの宗教において，聖職者は独身である必要がなく，望むのであれば自由に結婚ができる。**

解説 特に宗教的理由による「独身の，禁欲主義の」の意味で使われる。名詞はcelibacy「独身（状態），独身生活」。celibateにも名詞用法があり，その場合「独身（主義）者，禁欲主義者」のように人を表す。

1「感情に左右されない」**2**「とても嫌な」**3**「独身の，独身主義の」**4**「つかの間の」

(56) 解答 **2**

訳 **CEOの近年の途方もなく愚かな意思決定の結果，その会社は破産してしまいそうだ。**

解説 大きさ・数量・偉大さなどにおいて，仰天するほどに度合いが想像を超えている際に使う副詞。問題文のように悪い意味でも使うが，stupendously successfulなどよい意味でも使える。類義語はastoundingly, astonishingly, remarkably, staggeringlyなど。

1「無気力に」**2**「途方もなく」**3**「死後に」**4**「意味論的に」

(57) 解答 **4**

訳 **その男が店を訪れた表向きの理由は宝飾品を見ることだったが，実際にはその店に強盗に入ろうとしていたため防犯装置をチェックしていた。**

解説 表面上の理由・目的などが真実とは異なる際に「表向きの，見せかけの（= apparent）」の意味で使われる。ostensible reason [purpose, aim, motive]などのコロケーションが出題されやすいので，これらをしっかりと押さえておこう。

1「象徴の」**2**「感情をあらわにした」**3**「最適な」**4**「表向きの」

(58) 解答 **1**

訳 **その教師は教育に熱心だった。彼は生徒たちに一生懸命に勉強してよい人生を送るようにとの熱烈な願望を吹き込んだ。**

解説 1文目のpassionateが類義語としてヒントになっているが，passionateが衝動的な強い感情である場合も多いのに対して，ferventは誠実さを伴う強い感情である。fervent supporter [advocate, admirer]など。

1「熱心な，熱烈な」**2**「快活な」**3**「穏やかな」**4**「古風で趣のある」

(59) 解答 **4**

訳 **最近その歌手の行動にはかなり一貫性がなくなっている。時には本当に素晴らしいパフォーマンスをするが，別の時には遅刻して準備ができていなかったり，まったく姿を現さないこともある。**

解説 常軌を逸し，気まぐれで予想がつかない様子を指す。「風変わりな，とっぴな」，または問題文のように「不規則な，一定しない（= unpredictable, inconsistent）」の意味で使われる。erratic typhoon「迷走台風」。

1「先見の明のある」**2**「悲観的な」**3**「資格のない」**4**「一貫性のない」

(60) 解答 **2**

訳 **その実業家は大統領候補の忠実な支持者で，彼の選挙運動に多額の献金をした。**

解説 原義は「水を通さない」。転じて「（人・信条・主義などに対して）忠実な，信頼できる（= faithful, stalwart, steadfast）」の意味になった。決して揺らぐことのない断固たる意志が暗示される。staunch supporter [advocate]はよく使われるコロケーションである。

1「気の変わりやすい」**2**「忠実な」**3**「言葉数が多い」**4**「好戦的な」

(61) The newspaper article exposed the politician as an ( ) liar who was in the habit of making up facts and was thus unlikely to change in the future.

1 interim **2** inveterate
3 euphoric **4** efficacious

(62) At first, most of the students in Emma's English class were ( ) to answer questions. However, over time they began to gain confidence and became more talkative.

1 flippant **2** turbulent
3 reticent **4** strident

(63) Despite many requests for information, local government officials have been very ( ) when discussing the causes of the oil spill. When questioned, they said they were waiting for the results of the official report.

1 circumspect **2** pristine
3 covetous **4** delinquent

(64) The Spanish flu pandemic that swept the world infecting around a third of the world's population was caused by a highly ( ) strain of influenza.

1 nonchalant **2** cumbersome
3 virulent **4** morose

(65) At first, the company's expansion was quite slow, but in recent years, it has been growing ( ). The number of its branches has been doubling every year for almost 10 years.

1 belligerently **2** exponentially
3 dismally **4** scrupulously

(66) After a ( ) and dangerous journey across the sea in terrible weather conditions, the refugees arrived safely at their destination.

1 harrowing **2** personable
3 recurrent **4** thrifty

(61) 解答 **2**

訳 **新聞記事は，その政治家が事実をでっち上げる癖のある常習的なうそつきで，それ故に今後も変わりそうにないことを暴いた。**

解説 頻繁にあることを行ったため，習慣化してしまい変えることができなくなった状態を指す。veter- はveteranにも見られoldの意味。古くからの習慣だと考えると記憶に残るだろう。inveterate smoker [gambler]など。

1「仮の」 2「常習的な」 3「幸福感にあふれた」 4「（薬などが）効き目のある」

(62) 解答 **3**

訳 **最初は，エマの英語のクラスの生徒の大半は質問に答えるのに口数が少なかった。しかし，時間と共に彼らは自信をつけ始め，もっと口数が多くなった。**

解説 2文目のtalkativeが反意語としてヒントになっている。reticentは「無口な，寡黙な」の意味だが，特に自身の意見・感情やプライベートについて語らない様子を指すことが多い。taciturnが類義語だが，こちらは生来の社交性の欠如を暗示する。

1「軽薄な」 2「激動する，荒れ狂う」 3「無口な」 4「耳障りな」

(63) 解答 **1**

訳 **多くの情報開示要請にもかかわらず，石油流出の原因についての話し合いにおいて地方自治体の役人は大変慎重にしてきた。質問されると，彼らは正式な報告書の結果を待っていると述べた。**

解説 語源を考えると理解しやすい。circum- = around, -spectはlookなので，周囲を丹念に観察する様子をイメージしよう。cautious, waryが類義語だが，circumspectはリスクを回避するため，行動を起こす前にすべての可能性を考慮するような慎重さを示唆する。

1「慎重な」 2「損なわれていない」 3「むやみに欲しがる」 4「未納の」

(64) 解答 **3**

訳 **世界中に広まり世界人口の約3分の1が感染したスペイン風邪のパンデミックは，非常に毒性の強い変種のインフルエンザが原因だった。**

解説 「毒」が原義であるvirusと関連のある語。「（毒が）毒性が強い，（病気が）悪性の，伝染力が強い」の意味で使われる。また，比喩的に「（言葉などが）辛辣（しんらつ）な，敵意に満ちた（= hostile）」の意味もある。virulent criticismなど。

1「無関心な」 2「（重く大きくて）扱いにくい」 3「毒性の強い」 4「不機嫌な」

(65) 解答 **2**

訳 **当初，その会社の拡大はかなりゆっくりであったが，近年は急激に成長してきている。支店の数はほぼ10年間，毎年倍増している。**

解説 「（増加・加速などの仕方が）急激に」の意味で使われる。したがってgrow, rise, increase, improve, accelerateなどの動詞と相性がよく，これらを修飾することが多い。exponentialは「急激な，指数の」の意味。

1「好戦的に」 2「（増加などが）急激に」 3「陰気に」 4「正直に」

(66) 解答 **1**

訳 **ひどい天候状況の中，海を越える悲惨で危険な旅を終え，難民は無事目的地に到着した。**

解説 名詞harrowは農具の「馬鍬（まぐわ）」。動詞だと「（土）を馬鍬でかきならす」→「を苦しめる」。形容詞harrowingは「（経験・状況・話などが）悲惨な，痛ましい，ぞっとする」の意味となる。類義語はdistressing, appallingなど。

1「悲惨な」 2「容姿の端整な」 3「繰り返される，再発する」 4「倹約する」

(67) *A:* Wow. This cheese smells really strong!
B: Now you mention it, it does have a rather (　　　) odor.

1 astute　**2** defunct
3 cerebral　**4** pungent

(68) In her speech, the new dean of the university said that racism as well as other forms of discrimination were (　　　) to her and that she would implement new policies to promote diversity and inclusion.

1 errant　**2** obtrusive
3 affable　**4** abhorrent

(69) It is only recently that we have become aware of the (　　　) effect of microplastics on both our environment and the health of the general public.

1 counterfeit　**2** consensual
3 insidious　**4** defamatory

(70) Sally has a good reputation as an editor because her work is so (　　　). She is in the habit of reading everything carefully and rarely misses any details.

1 meticulous　**2** implausible
3 vacuous　**4** ponderous

(71) Even before fighting broke out, there were reports of (　　　) gunfire in various parts of the city and residents were advised to stay indoors just in case.

1 sporadic　**2** dogmatic
3 ludicrous　**4** tangible

(72) In order to reach the temple, it is necessary to drive along a (　　　) zigzag path through the mountains with steep drops on both sides.

1 precarious　**2** lugubrious
3 banal　**4** nocturnal

(67) 解答 4

訳 **A：わあ。このチーズのにおいは強烈だね！**
B：そう言われてみると，確かにかなり鼻につんとくるにおいね。

解説 「突き刺すような」が原義。主に使われるのは味やにおいで，pungent smell「鼻につんとくるにおい」，pungent taste「刺激の強い味」。そのほかpungent criticism「辛辣な批評」，pungent comment「辛口のコメント」もあわせて覚えておこう。

1「(人・計画などが) 機敏な」 2「現存しない，廃れた」 3「大脳の」 4「鼻につんとくる」

(68) 解答 4

訳 **その大学の新しい学部長はスピーチの中で，人種差別はほかの差別と同様彼女に嫌悪感を起こさせるものであり，多様性と包括性を推進する新しい方策を実施すると述べた。**

解説 動詞はabhor「を忌み嫌う」。語源的にab- = awayなので「嫌いなので離れたい」と考えると覚えられるだろう。特に道徳や正義に反する忌まわしさを示唆することが多い。類義語のdetestable, loathsome, abominableはいずれも必須単語である。

1「道に迷った」 2「押し付けがましい」 3「気やすく話せる」 4「嫌悪感を起こさせる」

(69) 解答 3

訳 **われわれがマイクロプラスチックの環境と一般大衆の健康との両方に対する知らぬ間に及ぶ影響に気付いたのは，つい最近になってからである。**

解説 悪い方向に徐々に気付かないうちに進行する際に使われる。insidious disease「潜行性の病気」。また，人に気付かれないよう悪事を働く際には「陰険な，狡猾な」の意味になることもある。insidious enemy「油断できない敵」，insidious bullying「陰湿ないじめ」。

1「偽の」 2「合意上の」 3「潜行性の」 4「中傷的な」

(70) 解答 1

訳 **サリーの仕事は非常に細かな気遣いがされているので彼女は編集者として評判がよい。彼女は常にすべてを注意深く読み，細かい点をめったに見落とすことがない。**

解説 2文目のcarefullyがヒントになり，carefulと近い意味のmeticulousが正解。meticulousはcarefulより注意深さの程度が高く，「細部にまで気を配った（= scrupulous, fastidious）」の意味。「過度に気を配り過ぎる」という否定的な意味で用いられる場合もある。

1「細かいことに気を遣う」 2「本当とは思えない」 3「(考えなどが) 空っぽの」 4「非常に重い」

(71) 解答 1

訳 **戦闘が勃発する以前でさえ，市内各所で散発的な発砲の報告があり，住民は念のため屋内に留まるよう勧告された。**

解説 出来事の発生頻度が不定期でばらばらな様子。occasional, intermittentなどが類義語として挙げられるが，sporadicはより格式ばった語で，より頻度が低い場合に使われることが多い。sporadic disease「散発的に見られる疾患」。

1「散発的な」 2「独断的な」 3「滑稽な」 4「明白な」

(72) 解答 1

訳 **寺院に到着するためには，両側が急な崖になっている危険なジグザグの道を運転して山々を抜ける必要がある。**

解説 「(安定性を欠いて) 危険な」の意味のほか，「(状況が) 不安定な，心もとない」の意味もあり，危険にさらされている状況に起因する際に用いられる。また，precarious theoryなどでは「いいかげんな，根拠不十分な」の意味になる。

1「危険な，不安定な」 2「悲しげな」 3「陳腐な」 4「夜行性の」

(73) Although she (　　　) denies it, many people suspect that Chantelle was responsible for the mistake that caused the company to lose its most important client.

□□

1 altruistically　　**2** innately
3 gallantly　　**4** vehemently

(74) *A:* Our new manager seems (　　　) to new ideas.
B: Yes, I found her to be very flexible and open-minded.

□□

1 amenable　　**2** abysmal
3 elliptical　　**4** insubstantial

(75) The documentary came under fire for featuring (　　　) details on how scary scenes were created in various horror movies. It was advertised as family-friendly, but some viewers found it disturbing.

□□

1 homely　　**2** adroit
3 subdued　　**4** lurid

(76) According to a report published by an environmental organization, high levels of air pollution in the city are having a (　　　) effect on the health of residents.

□□

1 trite　　**2** barbaric
3 detrimental　　**4** cavalier

(77) Visitors are advised to stay away from the riverbank. Although the river looks calm, the stretch of water is extremely (　　　) due to its depth and fast moving current.

□□

1 fiendish　　**2** desultory
3 treacherous　　**4** derisive

(78) The actor enjoyed a very (　　　) lifestyle. He had several luxurious homes around the world and traveled everywhere in a private jet.

□□

1 opulent　　**2** macabre
3 redundant　　**4** inclement

(73) 解答 **4**

訳 **シャンテルは激しく否定するが，会社が最も重要な顧客を失うことになったミスの責任は彼女にあったと多くの人は考えている。**

解説 特に反対や否定する感情が激しい際に使われる副詞。vehemently denyのほか，vehemently oppose, vehemently protest, vehemently refuseなどのコロケーションで覚えておくとよいだろう。

1「利他的に」**2**「生まれつき」**3**「勇敢に」**4**「激しく」

(74) 解答 **1**

訳 **A：私たちの新しいマネージャーは新しいアイデアを快く受け入れてくれそうね。**
B：そうだね，彼女はとても柔軟で心が広いと思うよ。

解説 自身の見解と異なっても他人の意見・忠告・提案を逆らわずに快く受け入れ協力する姿勢を指す。類義語はreceptiveなど。amenable to ～ の形で使い「～を受けやすい」の意味にもなる。amenable to advice [reason]「忠告［道理］に快く従う」。

1「快く従う，従順な」**2**「極端に悪い」**3**「楕円の」**4**「実体のない」

(75) 解答 **4**

訳 **そのドキュメンタリーは，さまざまなホラー映画でどのように怖いシーンが作られるかに関するぞっとするような詳細を特集したことで非難を浴びた。それはファミリー向けと宣伝されていたが，不愉快に感じる視聴者もいた。**

解説 恐怖や嫌悪感を引き起こすような物や状況に用いる。そのほか「(色が) けばけばしい」の意味もあるが，いずれもマイナスの意味だと理解しよう。つづりが似ているのでlucid「明快な」との混同には注意が必要。こちらはプラスの意味である。

1「平凡な」**2**「機敏な，器用な」**3**「(人・態度が) 沈んだ」**4**「恐ろしい」

(76) 解答 **3**

訳 **ある環境団体から発表された報告書によると，その市の高レベルの大気汚染が住民の健康に悪影響を及ぼしている。**

解説 「(健康などに) 有害な」の意味で使われる。叙述用法ではtoを伴いSmoking is detrimental to your health.など。類義語としてharmful, pernicious, deleteriousなどが挙げられる。

1「(表現などが) 陳腐な」**2**「残忍な」**3**「有害な」**4**「無頓着な」

(77) 解答 **3**

訳 **観光客はその川岸から離れるようにと勧告されている。川は穏やかに見えるが，水深は深く流れも速いので極めて危険である。**

解説 名詞treachery「裏切り，背信」の形容詞treacherousは「(人・言動などが) 裏切りの，不誠実な」。転じて，安全そうなのに実は危険が潜んでいる際にも「(足場・状況などが) 危険な，油断できない」の意味で使われる。

1「残忍極まる」**2**「漫然とした」**3**「(見た目と違って) 危険な」**4**「嘲笑する」

(78) 解答 **1**

訳 **その俳優はとてもぜいたくな暮らしを楽しんでいた。彼は世界中に数軒の豪華な家を所有し，どこへでも自家用ジェット機で移動した。**

解説 2文目のluxuriousが類義語としてヒントになっていて「豪勢な，ぜいたくな」の意味。luxuriousのほか，affluent, lavish, sumptuousなども類義語だが，opulentは特にぜいたく三昧な生活を誇示するようなニュアンスを含む。

1「ぜいたくな」**2**「ぞっとする」**3**「余分な」**4**「(気候が) 厳しい」

(79) □□ After his release from prison, the former gang member seemed to be truly (　　　) for his crimes and devoted the rest of his life to public service.

1 obstinate　**2** penitent
3 irrefutable　**4** gaudy

(80) □□ *A:* Were you angry when you found out your sister had borrowed your new coat without asking you?
B: Yes, I was (　　　). That's the second time she's done that this month.

1 raucous　**2** livid
3 sadistic　**4** transient

(81) □□ The artist is a very (　　　) songwriter who has not only sold millions of CDs but has also collaborated over a hundred songs with other famous musicians.

1 prodigious　**2** scrupulous
3 leery　**4** translucent

(82) □□ After being caught speeding for the third time in six months, the famous actor received a six-month driving ban for his (　　　) disregard of road safety rules.

1 lucrative　**2** impalpable
3 flagrant　**4** suave

(83) □□ The government has pledged support for the hundreds of people who were left (　　　) after the forest fires destroyed their homes and businesses.

1 invincible　**2** destitute
3 pitiless　**4** incessant

(84) □□ When his wife accused their children of eating all the cake, Paul had no choice but to (　　　) admit that he had been the one that finished it off.

1 sheepishly　**2** irreparably
3 enviably　**4** immortally

(79) 解答 2

訳 **刑務所を出所した後，その元ギャングは犯した罪を心から後悔しているようで，残りの人生を公共奉仕に捧げた。**

解説 「（誤った行為に対して）後悔している，悔い改めた」の意味。類義語のregretful, remorseful, repentant, contriteはいずれも重要単語である。penitentiary「刑務所（＝prison）」は悔い改める場所であることから。

1「頑固な」 2「後悔している」 3「論駁（ろんばく）できない」 4「けばけばしい」

(80) 解答 2

訳 **A：お姉さん［妹さん］が何も聞かずにあなたの新しいコートを借りたのを知って怒ったの？**
B：ええ，激怒したわ。それは今月2度目なのよ。

解説 「鉛色の」が原義で「（顔が）青ざめた（＝pale）」の意味でも使われる。問題文での用法「激怒した」は叙述用法でのみ用いられる口語表現。類義語furious, infuriated, irateはいずれも知っておくべき重要単語である。

1「耳障りな」 2「激怒した」 3「加虐的な」 4「一時的な」

(81) 解答 1

訳 **そのアーティストは極めて驚異的なソングライターで，何百万枚ものCDを売っただけでなく，ほかの有名なミュージシャンと100曲以上共同制作してきた。**

解説 大きさや数量・程度などが桁外れに大きい様子を表し「驚異的な」のほか「巨大な，莫大な」の意味。同語源のprodigyは「神童」だが，「驚異，驚くべきこと」のニュアンスから理解できるだろう。prodigious amounts [quantities] of ～「膨大な量の～」など。

1「驚異的な」 2「細心の注意を払って」 3「疑い深い」 4「半透明の」

(82) 解答 3

訳 **スピード違反でつかまったのが6カ月で3度目となり，その有名な俳優は道路の安全規則を著しく無視したことで6カ月間の運転禁止処分を受けた。**

解説 conflagration「大火災」と語源的に関連があり「燃えさかる」が原義。違反や誤りの度が過ぎているため，見過ごすことができない様子を指す。flagrant breach [violation, error, crime]など。fragrant「香りのよい」との混同に注意。

1「もうかる」 2「触知できない」 3「目に余る」 4「物腰の柔らかな」

(83) 解答 2

訳 **政府は，森林火災により家や店舗が破壊されて極貧状態になった数百人の人々の支援を約束した。**

解説 お金や家を始め，生活必需品を持たない極度な貧困状態を指す。the destitute「貧窮者」。indigent, impoverishedは重要な類義語。また，be destitute of ～「～を持たない（＝be devoid of ～）」の意味でも使う。

1「無敵の」 2「極貧の」 3「無情な」 4「絶え間ない」

(84) 解答 1

訳 **妻がケーキをすべて食べてしまったことで子供たちを責めたとき，ポールはそれを平らげたのは自分だとおずおずと認めるしかなかった。**

解説 羊のおとなしく内気で気が弱いイメージから「おどおどしながら，きまり悪そうに」の意味。問題文のようにadmitを修飾するほか，confess, apologizeなどとも使われることが多いのでコロケーションとして覚えておこう。

1「おずおずと」 2「修復できないほど」 3「うらやましいほどに」 4「永遠に」

(85) □□ Although he is now a very upstanding member of society, when the film director was young, he was a very (　　　) youth, who rebelled against authority and refused to listen to anything his parents said.

1 cohesive　**2** wayward
3 incremental　**4** measly

(86) □□ In her first year working at the bank, Alice gained a reputation as a (　　　) investor who could be relied upon to make money for clients.

1 savvy　**2** precipitous
3 fluorescent　**4** listless

(87) □□ ***A:*** Would it be better to drive to the airport and leave our car there or take a taxi?

B: I think it would be less expensive to take a taxi there and back. The airport charges (　　　) prices for parking.

1 inflatable　**2** exorbitant
3 sanguine　**4** palpable

(88) □□ When the young man first arrived at the shelter, he was very (　　　) with dirty hair and clothes. However, after a few days he began to look like his normal self again.

1 inept　**2** unkempt
3 indignant　**4** aloof

(89) □□ Michael was an extremely (　　　) child who could read by the age of two and solve difficult mathematical questions before he was four.

1 laconic　**2** obsequious
3 quarrelsome　**4** precocious

(90) □□ The president of the company was arrested today for (　　　) paying bribes to several local politicians who awarded city contracts to the company. If the charges can be proven, he will likely go to prison.

1 allegedly　**2** devoutly
3 diversely　**4** impeccably

(85) 解答 2

訳 **今ではとても誠実な社会人だが，その映画監督が若かったときはかなり勝手気ままな若者で，権力に対して反抗し両親の言うことには何ひとつ耳を貸さなかった。**

解説 "awayward" の頭音が消失した形。人の考えが一定でなく気まぐれで手に負えない様子を指し，「強情な，頑固な」のニュアンスもある。類義語はwillful, intractable, recalcitrantなど。

1「結束力のある」 **2**「勝手気ままな」 **3**「だんだん増える」 **4**「ほんのわずかの」

(86) 解答 1

訳 **アリスは銀行で働き始めた1年目に，顧客のために金を稼ぐ上で頼りになるつぼを心得た投資家との評判を獲得した。**

解説 「よく知っていて正しい判断ができる」という意味の口語表現。類義語であるshrewd, astuteも重要単語で，抜け目なく機転が利くというニュアンスを含む。computer-savvy「コンピューターに精通した」，media-savvy「メディア通の」などの形でも使われる。

1「つぼを心得た」 **2**「断崖絶壁になった」 **3**「蛍光を発する」 **4**「気力のない」

(87) 解答 2

訳 **A：空港まで車で行ってそこに置いておくのと，タクシーを使うのとどっちがいいだろう？**
B：タクシーで往復した方が安いと思うよ。空港は法外な駐車料金を取るから。

解説 量・価格・程度などが一般の基準から逸脱している様子を指す。語中にorbit「軌道」が含まれ，ex- ＝ out ofなので「軌道から外れている」と考えるとわかりやすい。exorbitant priceはよく使われる表現で，この場合outrageous, prohibitiveへの言い換えが可能。

1「（空気などで）膨らます必要のある」 **2**「法外な」 **3**「希望にあふれた」 **4**「明白な」

(88) 解答 2

訳 **その青年が最初に避難所に到着したときには，髪も洋服も汚くとてもだらしなかった。しかし，2，3日すると普段どおりの見た目に戻り始めた。**

解説 kemptは「（髪が）くしを入れた」の意味。反対のunkemptは特に「（髪が）とかされていない」の意味で使われるが，髪に限らず服装や外見がだらしない様子や庭などが手入れされていない際にも使われる。unkempt hair [garden] のコロケーションで覚えるとよい。

1「能力［技量］に欠ける」 **2**「だらしない」 **3**「憤った」 **4**「よそよそしい，離れて」

(89) 解答 4

訳 **マイケルは極めて早熟な子供で2歳までに字が読め，4歳になる前には難しい数学の問題が解けた。**

解説 「（子供が）早熟の，（植物が）早咲きの」の意味。pre- ＝ beforeであることを意識すると覚えやすいだろう。prematureが「早過ぎる」のニュアンスであるのに対して，precocious childは「天賦の才能を持った（＝ gifted）」といった意味になる。

1「短い，簡潔な」 **2**「こびへつらう」 **3**「けんか早い」 **4**「早熟の」

(90) 解答 1

訳 **その会社の社長は，伝えられるところによると市の契約をその会社に発注した数名の地元政治家に賄賂を渡したことで今日逮捕された。もし容疑が立証されたら，彼は投獄されることになるだろう。**

解説 真偽のほどはわからないが「伝えられるところによると，申し立てによると」の意味。疑わしいが決定的な証拠がない場合などにジャーナリズムで多用される。類義語はreportedly, supposedly, purportedlyなど。

1「伝えられるところによると」 **2**「信心深く」 **3**「さまざまに」 **4**「申し分なく」

(91) David was rushed to the emergency room with ( ) pain in his chest. He was later found to have had a heart attack.

1 sultry **2** vociferous
3 excruciating **4** mutinous

(92) *A:* Why do you think Mel suddenly offered to help me plan the event? She has never offered to help with anything before. Does she want something from me?

B: I don't think she has an ( ) motive. She's just trying to be helpful.

1 arduous **2** altruistic
3 extrinsic **4** ulterior

(93) The young monk was a very ( ) student. He listened carefully to the words of his elders and studied the texts assigned to him diligently.

1 contemptible **2** comatose
3 oblique **4** assiduous

(94) The main reason why Robyn moved back to her hometown was concern over her parents' ( ) mental capacities. She wanted to be closer to them in case of emergencies.

1 contingent **2** extenuating
3 waning **4** impermeable

(95) Although the company's new cell phone required two years and millions of dollars to develop, most people agree that it is only ( ) better than the previous model. It is hard to believe that they achieved so little.

1 marginally **2** bashfully
3 nonchalantly **4** intently

(96) Visitors to the area are recommended to take a tour of this farm which is famous for its wonderfully ( ) and aromatic peaches.

1 imperious **2** generic
3 succulent **4** perishable

(91) 解答 3

訳 **デイビッドは胸にひどい痛みを感じ緊急治療室に急いで運ばれた。その後，彼は心臓発作を起こしていたことが判明した。**

解説 「(痛みが) ひどい」の意味で，excruciating pain はよく使われるコロケーション。excruciating boredom [silence, ordeal]のように精神的な苦痛にも使われる。

1「蒸し暑い」 2「騒々しい」 3「ひどい苦痛を与える」 4「暴動の」

(92) 解答 4

訳 **A：なぜメルが突然イベントの計画を手伝うと言ってきたと思う？ これまで何も手伝おうとしなかったのに。何か私に期待しているのかな？**
B：隠された動機があるとは思えないけど。ただ役に立とうとしているだけでしょ。

解説 原義は「後に来る，向こうの」だが，自らの利益のために意図的に隠された動機・目的に使われることが多い。ulterior motive [purpose]のコロケーションで覚えるとよいだろう。類義語であるlatent, covertも必須単語である。

1「骨の折れる」 2「利他的な」 3「付帯的な」 4「隠された」

(93) 解答 4

訳 **その若い修道士はとても勤勉な学生だった。彼は年長者の言葉に注意深く耳を傾け，与えられたテキストを熱心に研究した。**

解説 2文目のcarefully, diligentlyがヒントになっている。assiduousは「勤勉な」の意味だが，細部にまで配慮が行き届き，耐えず努力をしているようなニュアンスが含まれる。diligent, hardworkingなどが類義語である。

1「軽蔑すべき」 2「昏睡状態の」 3「遠回しの」 4「勤勉な」

(94) 解答 3

訳 **ロビンが自分の故郷に戻った主な理由は，両親の衰えてきている思考能力について心配だったからである。彼女は緊急時に備え彼らのより近くにいたかった。**

解説 動詞waneは「(月が) 欠ける」のほか，「(力・人気・程度などが) 衰える，弱くなる」際にも使われる。wax and wane「(月が) 満ち欠けする，増減する」。waningはwaneの形容詞形。

1「依存する」 2「酌量できる」 3「衰えている，減退している」 4「(液体などを) 通さない」

(95) 解答 1

訳 **その会社の新しい携帯電話は開発に2年と数百万ドルを必要としたが，ほとんどの人は以前のモデルよりほんのわずかに優れているだけだと同意する。これほど少しの成果しか挙げられなかったとは信じがたい。**

解説 「(変化の差が) わずかに」の意味で，The condition has improved marginally.「状況はわずかに改善した」のように使われる。また，問題文のように比較級を修飾する場合も少なくない。類義語はslightly, minimallyなど。

1「わずかに」 2「はにかんで」 3「無頓着に」 4「一心に」

(96) 解答 3

訳 **その地域を訪れる人には，素晴らしく水分が多く香りのよい桃で有名なこの農場のツアーに参加するのがお勧めである。**

解説 「(果物が) 水分の多い，(肉が) ジューシーな (＝ juicy)」の意味だが，よい意味で水分が多く，食べ物であれば「おいしい (＝ delicious, palatable, delectable)」ことを含意する。succulent orange [steak]などのコロケーションで覚えておこう。

1「有無を言わせない」 2「一般的な」 3「(果物が) 水分の多い」 4「腐りやすい」

(97) The trainee soldiers engage in several hours of (   ) exercise every day. This includes learning to march uphill while wearing a heavy backpack.

1 apolitical **2** strenuous
3 prophetic **4** indulgent

(98) ***A:*** You may have gotten good scores in your first-year exams but it's still important not to become (   ) and to continue to study hard.
B: Thanks for the advice, Professor Black.

1 tortuous **2** mundane
3 complacent **4** laborious

(99) The newspaper report said that the fire in the community center was started by an (   ) device which seems to have been handmade. Fortunately, there was no one in the building at the time.

1 incendiary **2** ostentatious
3 ascetic **4** inane

(100) In this movie, the gods are (   ) figures. They know everything about the past, present, and future of the human characters.

1 antiseptic **2** infantile
3 agnostic **4** omniscient

(101) ***A:*** Our boss is always shouting at me for no reason. I wish he would stop.
B: I know. He seems to be getting more and more (   ) as he gets older.

1 discerning **2** exemplary
3 inquisitive **4** irascible

(102) How to deal effectively with waste is a seemingly (   ) problem that the governments of most countries are struggling with.

1 exquisite **2** sleek
3 intractable **4** shoddy

(97) 解答 **2**

訳 **訓練兵たちは毎日数時間のきつい訓練に従事する。その中には重いバックパックを身に着けて上り坂を行進する訓練もある。**

解説 「大変な精力［努力］を要する」の意味。「（仕事などが）きつい（= arduous, grueling）」のほか,「（活動などが）活発な, 熱心な（= ardent, vigorous, zealous）」の意味でも使われる。strenuous opposition「猛烈な反対」。

1「政治に無関心な」 **2**「多大な努力を要する」 **3**「予言の」 **4**「寛大な」

(98) 解答 **3**

訳 **A：1年目の試験ではよい成績を取ったかもしれないけれど，それでも自己満足せずに一生懸命勉強し続けることが重要よ。**
B：アドバイスをありがとうございます，ブラック教授。

解説 語源的に, -placent はplease「を喜ばせる」の意味。問題文でもよい成績を取ったからといって必要以上に喜んではいけないという文脈である。「自己満足した」のほか, 軽蔑的に「のんきな」の意味もある。類義語はsmug, self-satisfiedなど。

1「回りくどい」 **2**「日常の」 **3**「自己満足した」 **4**「骨の折れる」

(99) 解答 **1**

訳 **新聞の報道によると，コミュニティセンターの火災は手製と思われる発火装置により発生したものだった。幸い，そのとき建物内に人はいなかった。**

解説 incense「香（こう）」と語源的に関連があり,「発火の」の意味を持つ。問題文のように「火災を起こす」のほか，比喩的に「（演説・文章などが）扇動的な，扇情的な」の意味もある。incendiary speech [article]など。

1「火災を起こす」 **2**「これ見よがしの」 **3**「禁欲的な」 **4**「無意味な」

(100) 解答 **4**

訳 **この映画では神々は全知の存在である。彼らは登場する人物の過去・現在・未来のすべてを知り尽くしている。**

解説 語源を考えてみると，omni- はall，-scient はto know の意味を持つため，omniscient は「すべてを知っている」→「全知の，博識の」。omni- はomnipresent「遍在する」, omnipotent「全能の」，omnivorous「雑食性の」などにも見られる。

1「防腐の」 **2**「幼児の」 **3**「不可知論の」 **4**「全知の」

(101) 解答 **4**

訳 **A：私たちの上司はいつも理由なく私に怒鳴るの。やめてほしいわ。**
B：そうだね。年齢を重ねるにつれ，ますます短気になっているようだね。

解説 irate「怒った」と同語源で,「怒りっぽい，短気な」の意味。irritable, short-temperedなどに言い換えが可能だが，irascible はより格式ばった語。

1「識別力のある」 **2**「模範的な」 **3**「好奇心の強い」 **4**「短気な」

(102) 解答 **3**

訳 **ごみをいかに効果的に処理するかは，ほとんどの国の政府が苦労している手に負えない問題のようだ。**

解説 「（問題などが）手に負えない，扱いにくい」の意味だが，人について使う場合には「頑固な, 強情な（= stubborn, obstinate）」の意味。intractable child「素直でない子供」。病気に使えば「治りにくい（= incurable）」。intractable disease「難病」。

1「この上なく見事な」 **2**「滑らかでつやつやした」 **3**「強情な，手に負えない」 **4**「粗悪な」

(103) □□ Although the two actresses behaved (　　　) toward each other in public, there were rumors that there had been several terrible fights between them while they were filming a movie.

1 tenaciously　　**2** cordially
3 figuratively　　**4** diabolically

(104) □□ During her long and (　　　) career, the highly respected pianist performed in practically every major concert hall in the world.

1 furtive　　**2** despondent
3 reprehensible　　**4** illustrious

(105) □□ The political situation in this area is becoming more (　　　) day by day. Most experts agree that fighting could break out anytime.

1 adept　　**2** volatile
3 meager　　**4** prescient

(106) □□ Unlike his wife who is very confident, Jeremy is a shy and (　　　) type of person who gets easily embarrassed when speaking publicly.

1 atrocious　　**2** chivalrous
3 fanatical　　**4** diffident

(107) □□ The restaurant in this traditional British hotel has recently updated its menu. It is now offering a (　　　) afternoon tea, with sandwiches, scones, and a variety of absolutely delicious cakes.

1 repulsive　　**2** scrumptious
3 capricious　　**4** facetious

(108) □□ The new modern library building with its high glass walls and pillars of steel looked (　　　) in the little country village.

1 incongruous　　**2** rotund
3 chronic　　**4** perfunctory

(103) 解答 **2**

訳 **その2人の女優は公の場では互いに真心を込めて振る舞っていたが，映画の撮影中に2人の間で激しいけんかが何度かあったとのうわさがあった。**

解説 cor-はheartであることから「心から，真心を込めて」の意味で使われる。cordially thank ～「～に心から感謝する」, cordially hate ～「～を心底嫌う」。また，Cordially yours「敬具」は手紙の結びの文句として使われる。

1「粘り強く」 **2**「心から」 **3**「比喩的に」 **4**「邪悪に」

(104) 解答 **4**

訳 **長く輝かしい経歴において，その非常に名高いピアニストは世界中のほぼすべての主要なコンサートホールで演奏をした。**

解説 「(業績・経歴などが) 輝かしい」「(人物が) 著名な」の意味。famous, renowned, eminentなどが類義語だが，illustriousは特にその人物が成し遂げたことが理由で著名である場合に使われる。

1「人目を盗んでの」 **2**「落胆した」 **3**「叱責に値する」 **4**「輝かしい，著名な」

(105) 解答 **2**

訳 **この地域の政治情勢は日ごとに不安定になっている。ほとんどの専門家はいつ戦闘が勃発してもおかしくないと意見が一致している。**

解説 語源的には「飛ぶ」の意味。液体であれば「揮発性の」の意味で，蒸発する様子をイメージしよう。一般的には「(状況・情勢などが) 不安定な」の意味で，類義語はunstable, unpredictableなど。

1「熟練した」 **2**「(状況などが) 不安定な」 **3**「(食事などが) 乏しい」 **4**「予知する」

(106) 解答 **4**

訳 **自信に満ちた妻とは異なり，ジェレミーは内気で自信のないタイプの人物で，人前で話すとすぐにまごついてしまう。**

解説 問題文中のconfidentが反意語，shyが類義語。-fid-は「信頼」を表し，di-は「否定」を意味する。shyとはやや異なり，diffidentは自身の能力や意見に自信がないので「言動をためらう，人目につきたくない」という意味合いを持つ。

1「極悪非道な」 **2**「勇敢な」 **3**「狂信的な」 **4**「内気な，自信のない」

(107) 解答 **2**

訳 **この英国の伝統的なホテルのレストランは，最近メニューを刷新した。現在，サンドイッチやスコーンや最高においしい各種ケーキから成るとてもおいしいアフタヌーンティーを提供している。**

解説 「(食べ物が) とてもおいしい」の意味でdelicious, palatable, delectableなどが類義語。「魅力的な，素敵な」の意味でも使われる。sumptuous「豪華な，ぜいたくな」を元にして造語されたと考えられる。

1「嫌悪感を起こさせる」 **2**「とてもおいしい」 **3**「気まぐれな」 **4**「おどけた」

(108) 解答 **1**

訳 **高いガラス張りの壁とスチールの柱のあるその新しいモダンな図書館の建物は，小さな田舎の村には調和しないように見えた。**

解説 congruous「調和する，一致する」に否定を表すin-がついて「不調和な，釣り合わない」の意味。また，「(態度・言葉・話などが) 不適切な (= inappropriate)」の意味で使われることもある。

1「調和しない」 **2**「丸い」 **3**「慢性の」 **4**「おざなりの」

(109) It was a hot humid afternoon. As none of the hikers were in a hurry, they walked along the path at a (　　　) pace.

1 languid　**2** tentative
3 scruffy　**4** rustic

(110) The scene in which the soldier tearfully says goodbye to his wife and baby daughter before he goes to war is one of the most (　　　) scenes in the film.

1 emaciated　**2** poignant
3 lanky　**4** voracious

(111) ***A:*** How was the apartment you went to look at yesterday, Sally?
B: It was awful. The building was really old and (　　　) with a hole in the roof and a broken elevator.

1 devious　**2** decrepit
3 immaculate　**4** nebulous

(112) The documents in the filing cabinet were arranged so (　　　) that it took Olivia more than an hour to find the one she was looking for.

1 brusquely　**2** adamantly
3 fervently　**4** haphazardly

(109) 解答 1

訳 **その日の午後は暑くて湿度が高かった。ハイカーたちは誰も急いでいなかったので，のろのろしたペースで小道を歩いた。**

解説 動詞languish「(活動などが) 低迷する」「(植物が) しおれる」とあわせて記憶しておこう。いずれも元気のない様子である。問題文では「のろのろした」の意味で使われているが，「(時が) けだるい」の意味でも使われる。類義語ではlistless, lethargicが必須単語。

1「のろい，元気のない」**2**「仮の」**3**「汚らしい」**4**「田舎の」

(110) 解答 2

訳 **兵士が戦場に向かう前に涙ながらに妻と幼い娘に別れを告げる場面は，その映画の最も感動的なシーンの1つである。**

解説 語源的に「突き刺す」の意味を持ち,「心に刺さる」→「心を揺り動かす，感動的な」の意味で使われる。moving, touchingなどに言い換えられるが，poignantはより強く感性に訴えるようなニュアンスを持つ。poignant scene [story] はよく使われるコロケーション。

1「やつれた」**2**「感動的な」**3**「ひょろひょろした」**4**「むさぼるように食べる」

(111) 解答 2

訳 **A：サリー，昨日見に行ったアパートはどうだった？**
B：ひどかったの。建物はとても古くておんぼろで，天井に穴があるしエレベーターは壊れていたのよ。

解説 高齢で衰えていたり長期の使用により老朽化した様子を指す。問題文のように物や建物であれば「老朽化した（= dilapidated)」，人であれば「老いぼれた，老衰した（= feeble, infirm)」の意味になる。

1「不誠実な」**2**「老朽の，老いぼれた」**3**「汚れひとつない」**4**「曖昧な」

(112) 解答 4

訳 **ファイリング・キャビネットの書類は非常にでたらめに並べられていたので，オリビアが探していた書類を見つけるのに1時間以上もかかった。**

解説 書類がなかなか見つからなかったことから，整頓されていなかったと推測できる。haphazardlyは先のことを考慮せずに無計画で行き当たりばったりの状態を表す。類義語はrandomly, at random，反意語はsystematicallyなど。

1「ぶっきらぼうに」**2**「頑固に」**3**「熱心に」**4**「無計画に」

句動詞を覚える！

句動詞とは動詞が前置詞・副詞を伴い，新しい意味を持つ定型フレーズのことで，「熟語」「イディオム」などと呼ばれることもあります。give up「諦める」, get off ～「～から降りる」などがわかりやすい例ですが，句動詞の定義はやや曖昧です。例えばmull over ～「～について熟考する」は句動詞として過去に出題されていますが，自動詞mull「熟考する」に前置詞over「～に関して」が付いているだけで，特別な意味になっているわけではありません。いずれにしても動詞や前置詞・副詞の意味を知ることが句動詞を理解する基本です。また，句動詞は日常会話においても非常によく使われるので，コミュニケーション力アップのためにも重要句動詞はぜひマスターするようにしましょう。

前置詞・副詞の意味

句動詞では前置詞・副詞が特に重要な役割を果たします。それらの意味を知ることで，初めて出会う句動詞であってもおおよその意味を推測し正解を選べることが少なくありません。まずは以下の前置詞・副詞のイメージを確認しましょう。

- **at：一点，状態**
  come at ～「～に到達する，～に襲いかかる」, at *one's* disposal「～の自由になって」
- **on：接触，依存，強制力**
  hit on ～「～をふと思いつく」, fall back on ～「～に頼る」, impose A on B「AをBに課す」
- **for：目的，理由，交換**
  yearn for ～「～を切望する」, blame A for B「AをBのことで責める」, take A for B「AをBだと思う」
- **from：起点，分離**
  derive from ～「～に由来する」, abstain from ～「～を慎む」
- **to：帰着，一致**
  ascribe A to B「AをBのせいにする」, assent to ～「～に同意する」
- **by：近接，基準**
  come by ～「～を手に入れる」, by any standard「どんな基準から見ても」
- **with：供給，付帯**
  beguile A with B「AをBでだます」, dispense with ～「～なしで済ませる」
- **of：認識，除去**
  repent of ～「～を後悔する」, relieve A of B「AをBから解放する」
- **off：離れて**
  cordon off ～「～を遮断する」, fend off ～「～をかわす」
- **out：外へ**
  bail out ～「～を救済する」, farm out ～「～を下請に出す」

・over：**全体を覆う，関連**

gloss over ～「～を取り繕う」，ruminate over ～「～について思い巡らす」

・around：**周りに**

mill around「目的もなく動き回る」，horse around「ふざける」

・through：**貫通，手段**

browse through ～「（本）を拾い読みする」，fall through「（計画などが）駄目になる」

句動詞の問題の考え方

出題された句動詞を知っていればよいですが，そうでない場合は前置詞や副詞に注目しましょう。

※以下の3問はChapter 2に掲載されている問題です。

> In order to meet increasing demand for its products, the company hired more workers and (　　) its manufacturing output.
>
> **1** ramped up　**2** struck off　**3** washed out　**4** locked away

「生産量を増やした」と推測できます。up, off, out, awayの中でどれが最も「増やした」の意味に近いかを考えます。

> Professional baseball players can earn very high salaries. Some of the top players (　　) more than $100 million a year.
>
> **1** rake in　**2** grow on　**3** key up　**4** swear by

「年間1億ドル以上を稼ぐ」の意味だとわかります。「稼ぐ」ということは，お金が入ってくることですので，in, on, up, byのどれが近いかイメージしましょう。

> ***A:*** I can't believe James (　　) in front of the whole class that you want to date Sally.
>
> ***B:*** I know! It was so embarrassing, and I told him to keep it a secret.
>
> **1** palmed off　**2** chewed over　**3** blurted out　**4** wolfed down

「ジェイムズが秘密をうっかり言ってしまった」という文脈です。言葉を発するイメージはoff, over, out, downのどれでしょうか。

動詞ramp, rake, blurtの意味がわかれば問題ないですが，迷った場合にはその後の前置詞・副詞から選ぶ方法が有効です。本書の問題を解く際にもぜひ意識するようにしてください。句動詞の意味もイメージしやすくなり，きっと記憶にも残ることでしょう。

Unit 4 句動詞

(1) The company's sales increased for most of the year, but they started to ( ) during the last quarter.

1 chime in　　**2** taper off
3 answer back　　**4** crouch down

(2) ***A:*** Where shall we go to eat tonight, Tom? I'm happy with any kind of food, so I'll ( ) whatever you decide.
B: In that case, let's go to the Indian restaurant on Maple Street.

1 run up against　　**2** look back on
3 put in for　　**4** fall in with

(3) When his team members started arguing during the meeting, the coach told everyone to ( ) and discuss the issue calmly.

1 simmer down　　**2** waste away
3 horse around　　**4** punch out

(4) Natasha ( ) the magazines in the dentist's waiting room, but she could not find anything interesting to read.

1 lived down　　**2** fawned over
3 hiked up　　**4** thumbed through

(5) ***A:*** I think the boss favors Sharon too much. He always lets her ( ) breaking company rules.
B: I agree. She came in late twice this week, and he didn't say anything to her about it.

1 square off against　　**2** gang up on
3 load up on　　**4** get away with

(6) In the seminar, the instructor told participants that success in any kind of business ( ) three things — having a good idea, working hard, and being willing to take risks.

1 boils down to　　**2** chips away at
3 comes down on　　**4** gets back at

(1) 解答 2

訳 **その企業の売り上げはその年の大半は増加したが，最後の四半期に次第に減少し始めた。**

解説 taperは名詞では「(先が細くなっている）ろうそく」。そのことから句動詞taper offは「(売上・収益などが）徐々に減少する」「(雨・風などが）次第に収まる」「(団体・組織などが）次第に消滅する」の意味で使われる。

1「(会話などに）口を挟む」**2**「次第に減少する」**3**「口答えする」**4**「身をかがめる」

(2) 解答 4

訳 A：**トム，今夜はどこに食べに行く？　私は何でもいいから，あなたの決めたもので賛成するわ。**

B：**それなら，メープル通りのインド料理店に行こう。**

解説 文脈からAが同意すると述べていることがわかる。fall in with ～ は問題文では「(考えや提案など）に同意する（＝ agree to ～, comply with ～)」だが，「(偶然に）～と知り合う（＝ get acquainted with ～)」の意味もある。

1「(障害など）にぶつかる」**2**「(昔のこと）を振り返る」**3**「～に応募する」**4**「～に同意する」

(3) 解答 1

訳 **チームのメンバーがミーティング中に言い争いを始めたとき，コーチは全員に気持ちを静めて落ち着いてその問題について話し合うように言った。**

解説 simmerは「ぐつぐつ煮える」状態から「(怒りなどが）爆発寸前である」場合にも使う。simmer downは「(怒り・興奮などの）気持ちが静まる」「(騒動などが）収まる（＝ calm down, subside)」。Simmer down!「落ち着け！」。

1「(怒りなどの）気持ちが静まる」**2**「(人・体力が）衰弱する」**3**「ふざける」**4**「退社時刻を記録する」

(4) 解答 4

訳 **ナターシャは歯医者の待合室で雑誌のページをぱらぱらめくったが，興味を持って読めるものを何も見つけられなかった。**

解説 親指（thumb）でページを素早くめくる動作から，「～にざっと目を通す」の意味。類義の表現はbrowse, flip through ～, flick through ～, leaf through ～ など。

1「～を人に忘れさせる」**2**「～にへつらう」**3**「(物価など）を急に引き上げる」**4**「～のページをぱらぱらめくる」

(5) 解答 4

訳 A：**あの上司はシャロンをひいきし過ぎだと思うわ。彼は彼女が会社の規則を破ってもいつもお咎めなしで済ませるし。**

B：**同感だよ。彼女は今週2回遅刻したのに，彼はそのことで彼女に何も言わなかったんだ。**

解説 get awayだと「立ち去る」。withの目的語には悪事などが置かれ，「～とともに立ち去る」→「～をしたのに（何もなかったかのように）いなくなる」→「(罰を受けずに）～をうまくやってのける」と考えるとわかりやすい。

1「～に対して身構える」**2**「～を集団で攻撃する」**3**「～をどっさり買い込む」**4**「～を（罰などを受けずに）うまくやる」

(6) 解答 1

訳 **そのセミナーで，講師は参加者にいかなるビジネスであっても成功は3つのことに帰着すると述べた。それはよきアイデアを持ち，懸命に努力し，リスクを厭わないことだ。**

解説 boil downは「沸騰させて煮詰まる」。boil down to ～ は「つまるところ～になる」。料理を煮詰めて余分な水分を蒸発させるように，かさを減らして重要な部分のみ残すと理解するとよい。

1「～に帰着する」**2**「～を徐々に減らす」**3**「～を厳しく非難する」**4**「～に仕返しをする」

(7) ☐☐ Paul was ( ) by his coach for being late for training. He was told he would never make the first team unless he improved his attitude.

1 smoothed over **2** chewed out
3 factored in **4** boxed up

(8) ☐☐ Brad refused to ( ) his coworkers about why he quit his job, but they heard rumors that he had a fight with his boss.

1 dispense with **2** ride on
3 level with **4** shoot for

(9) ☐☐ Sylvia used to work in the financial industry, so she often ( ) advice to her friends and family about how to invest their money.

1 doled out **2** bulked up
3 forced back **4** leaned on

(10) ☐☐ *A:* I don't like the way Keira always ( ) the teacher.
B: I know. I guess she thinks he'll give her better grades if she's nice to him.

1 sucks up to **2** comes in for
3 leaps out at **4** bear down on

(11) ☐☐ When the store was robbed for the third time, the owner decided to ( ) security. He put security cameras inside the store and had an emergency alarm installed.

1 reel in **2** gain on
3 weed out **4** beef up

(12) ☐☐ *A:* The boss got really angry with me this morning just because of a minor spelling mistake in my report.
B: I wouldn't worry about it. She always ( ) when she's in a bad mood.

1 nods off **2** lashes out
3 caves in **4** fires away

(7) 解答 2

訳 **ポールはトレーニングに遅れたことでコーチからきつく叱られた。彼は態度を改善しなければ決して一軍には入れないと言われた。**

解説 激しく叱りつける際には，唇や下顎が大きく動くことからchew「噛む」をイメージするとよいだろう。chew out ～ は「～をひどく叱る，～を怒鳴りつける（= rebuke, reprimand)」の意味で，句動詞ではtell off ～, bawl out ～ などが類義。

1「（問題など）を和らげる」**2**「～を叱りとばす」**3**「～を考慮に入れる」**4**「～を箱詰めする」

(8) 解答 3

訳 **ブラッドはなぜ仕事を辞めたのかについて同僚に正直に話すのを拒んだが，彼らは彼が上司とけんかをしたといううわさを聞いた。**

解説 levelは形容詞では「水平な，同じ高さの」。level with ～ は「～と同じ高さ［レベル］にする」→「～に率直に話す」と考えると覚えやすい。会話でよく使われるI'll level with you. は，Frankly speaking, やTo be frank with you, などに言い換えられる。

1「～なしで済ませる」**2**「～次第である」**3**「～に正直に言う」**4**「～を目指す」

(9) 解答 1

訳 **シルビアはかつて金融業界で働いていたので，資金の投資の仕方について友人や家族にしばしばアドバイスを与えた。**

解説 doleは名詞では「（金・食物などの）分配，施し」。dole out ～ は「（金・食物など）を配る，～を分け与える（= hand out ～, distribute)」の意味だが，特定の人々に少しずつ平等に分配するニュアンス。刑罰や助言を与える際にも使われる。

1「～を配る」**2**「～を大きくする」**3**「（涙など）を抑える」**4**「～に圧力をかける」

(10) 解答 1

訳 A：**キーラがいつも先生におべっかを使うやり方は好きじゃないわ。**
B：**そうだね。彼女は，先生に対していい子にしていればよりよい成績をつけてくれると思っているんだろう。**

解説 承認されたり便宜を図ってもらうために，相手が喜ぶことをしたり言ったりする際に使われる表現で，「～にごまをする」を意味する。suck it upで「我慢する，(愚痴を言わずに）やる」。suck「を吸い込む」から「困難を受け入れる」と理解しよう。

1「～におべっかを使う」**2**「（非難など）を受ける」**3**「～の目に飛び込む」**4**「（威嚇するように）～に迫る」

(11) 解答 4

訳 **店が強盗に3度押し入られ，オーナーは警備を強化することに決めた。彼は店内に監視カメラを設置し，非常警報機を取り付けた。**

解説 「（組織・法律・設備・イメージなど）を強化する」の意味で，strengthen, improveに言い換えが可能。牛肉（beef）を食べることで筋力がアップすると考えると理解しやすいだろう。beef up security [surveillance] はよく使われるフレーズ。

1「（魚）をリールを巻いて引き寄せる」**2**「～に近づく」**3**「～を取り除く」**4**「～を強化する」

(12) 解答 2

訳 A：**今朝，上司が私の報告書に小さなつづりの間違いがあるというだけですごく怒ったの。**
B：**僕なら気にしないよ。彼女は機嫌が悪いといつも厳しく非難するから。**

解説 lashは名詞では「むち，むち打ち」の意味。動詞だと「をむちで打つ」。lash outは比喩的にむちを言葉に置き換えて「厳しく非難する」の意味で使われる。lash out at [against] ～「～を厳しく非難する」。

1「うとうとして眠り込む」**2**「痛烈に非難する」**3**「屈服する」**4**「質問を始める」

(13) George had worked at the newspaper for so long that he could ( ) articles. His editor always came to him when she needed something written quickly.

1 mull over **2** churn out
3 blow away **4** foul up

(14) The CEO ( ) reports that his company was performing poorly. He said that profits had been lower than usual this year but were expected to rise again in the next six months.

1 cracked up **2** decked out
3 rolled in **4** played down

(15) ***A:*** How did you do in the math test, Sarina?
B: Not very well, but I just managed to ( ) with a pass.

1 hunker down **2** scrape by
3 limber up **4** snap off

(16) When heavy rain and strong winds hit without warning, the group of hikers tried to find somewhere sheltered to ( ) the storm.

1 jockey for **2** strike up
3 pore over **4** ride out

(17) When Meghan's uncle died, she ( ) a large amount of money. She was surprised because she had not known that he was wealthy.

1 burned out **2** squeezed in
3 wore in **4** came by

(18) Before asking her boss for a pay raise, Fiona ( ) her boss by bringing him coffee and complimenting him on his dress sense.

1 leafed through **2** tore into
3 buttered up **4** bawled out

(13) 解答 **2**

訳 **ジョージはその新聞社に長年勤めていたので，記事を量産することができた。編集長は手早く何かを書く必要があるときにはいつも彼のところにやって来た。**

解説 outから「外に出す」ことをイメージするとよい。churnは名詞では「攪乳器」。句動詞churn out ～ は「(機械的に) ～を大量生産する」の意味だが，しばしば生産量と速度のみが重視され，「(粗悪品など) を乱造する」の意味合いで使われる。

1「～を熟考する」 **2**「～を大量生産する」 **3**「(競技などで) ～を倒す」 **4**「～でへまをやる」

(14) 解答 **4**

訳 **CEOは会社の業績がよくないとの報告書を軽く扱った。彼は今年の利益は通常より低かったが，6カ月もしたらまた上昇するだろうと言った。**

解説 「(人・物事など) を軽視する (= make light of ～, downplay, belittle)」の意味。問題文では2文目でCEOが業績の低さをあまり重大視していないことがわかる。反対はplay up ～「～を重視する，～を強調する」。

1「～を大破させる」 **2**「～を飾る」 **3**「(金など) がたくさんある」 **4**「～を軽く扱う」

(15) 解答 **2**

訳 **A：サリナ，数学のテストはどうだった？**
B：あまりよくなかったわ。何とかうまく切り抜けて合格はしたけれど。

解説 scrapeは「をこする」の意味であることから，scrape by [along]は狭い所を体を擦りながらやっと進むようなイメージ。転じて「何とか切り抜ける, 何とか暮らしていく (= get by, make ends meet)」。scrape by on $3 a day「1日3ドルで何とか暮らす」。

1「しゃがむ」 **2**「(試験などを) 何とかうまく切り抜ける」 **3**「体をほぐす」 **4**「ぽきっと折れる」

(16) 解答 **4**

訳 **何の前触れもなく大雨と強風に見舞われ，ハイカーたちのグループは嵐を無事に乗り切るための避難場所を見つけようとした。**

解説 「(暴風・嵐など) を乗り切る (= weather)」の意味だが，比喩的に「(困難な状況) を大きなダメージもなくうまく乗り切る (= survive)」の意味でも使われる。目的語にはstormのほか，crisis, recessionなどがくる場合が多い。

1「～を得ようと画策する」 **2**「(会話など) を始める」 **3**「～を熟読する」 **4**「(困難など) を無事に乗り切る」

(17) 解答 **4**

訳 **メガンの叔父が亡くなったとき，彼女は多額の金を手に入れた。彼が裕福とは知らなかったので彼女は驚いた。**

解説 comeとbyで「(物や情報など) の近くに来る」→「～を手に入れる (= obtain, acquire)」の意味。問題文のように偶然に手に入れる，あるいは入手困難なものを手に入れる，といったニュアンスがある。また「(場所) に立ち寄る」の意味でも使われる。

1「(人の体力) を使い果たす」 **2**「(人など) を押し込む」 **3**「(靴など) を履き慣らす」 **4**「～を手に入れる」

(18) 解答 **3**

訳 **上司に昇給を要求する前に，フィオナはコーヒーを入れてあげたり服のセンスを褒めたりして上司におべっかを使った。**

解説 動詞のbutterは「にバターを塗る」。butter up ～ は便宜などを図ってもらう目的で「(人) にへつらう，(人) におべっかを使う (= flatter)」の意味で使われる。日本語の「ごまをする」に近い。soft-soap, sweet-talkなどの動詞に言い換えが可能。

1「～のページをぱらぱらめくる」 **2**「(人など) を激しく攻撃する」 **3**「～におべっかを使う」 **4**「～を厳しく叱り飛ばす」

(19) □□ *A:* How's your headache, Beth?
B: Much better, thanks. The pain went away once the drugs I took ( ).

1 spilled over **2** kicked in
3 muddled through **4** copped out

(20) □□ Many students ( ) food and other essentials so that they have enough money to buy books and go out with their friends.

1 iron out **2** scrimp on
3 vouch for **4** mete out

(21) □□ These days, many companies ( ) a lot of administrative work to other companies rather than doing it themselves.

1 nail down **2** scale back
3 farm out **4** pluck up

(22) □□ In order to meet increasing demand for its products, the company hired more workers and ( ) its manufacturing output.

1 ramped up **2** struck off
3 washed out **4** locked away

(23) □□ A large number of the company's workers protested outside the main factory to ( ) unfair pay cuts and poor working conditions.

1 louse up **2** lead on
3 rail against **4** pep up

(24) □□ Wynona just ( ) during high school, but after entering university, she realized she would have to make more effort if she wanted to get good grades.

1 stowed away **2** coasted along
3 piped down **4** rallied around

(19) 解答 2

訳 A：頭痛はどう，ベス？
B：ありがとう，だいぶよくなっているわ。飲んだ薬が効き始めて痛みもなくなったの。

解説 kick inは状況によってさまざまな意味になるが，まずは「始める」と理解しよう。問題文のように「（薬が）効き始める」の意味でもよく使われる。そのほか「（金を）寄付する（＝contribute），（割り当て分の金を）支払う（＝ chip in）」の意味もある。

1「（液体が）あふれ出る」**2**「（薬などが）効き始める」**3**「何とか切り抜ける」**4**「（責任などから）逃避する」

(20) 解答 2

訳 多くの学生は，本を買ったり友人と出かけたりするお金を確保するために，食べ物やほかの必需品を倹約する。

解説 自動詞scrimpは「けちけちする，節約する（＝ economize）」の意味。何を節約するのかの情報を加えるにはscrimp on ～「～を節約する」とする。skimp on ～ もほぼ同義。また，scrimp and save「つましく暮らす，倹約する」はセットフレーズ。

1「～を解決する」**2**「～を倹約する」**3**「～を保証する」**4**「（罰など）を割り当てる」

(21) 解答 3

訳 近年，多くの企業は大量の管理業務を自社で行わずに，ほかの会社に下請けに出す。

解説 「（仕事・作業など）を下請けに出す，～を外注する」の意味で，outsource, subcontractに言い換えられる。outから仕事を社外に出すのをイメージできるだろう。ちなみに野球などで「～をファーム（二軍）に送る」もfarm out ～ である。

1「（日取りなど）を確定する」**2**「～を一定の割合で減らす」**3**「～を下請けに出す」**4**「（勇気など）を奮い起こす」

(22) 解答 1

訳 商品の高まる需要を満たすため，その会社はさらに従業員を雇い生産量を増やした。

解説 名詞のrampは高速道路の「ランプ」のような「傾斜路，スロープ」。ramp up ～ で傾斜を上るイメージとなり，「（生産・価格・スピードなど）を増やす，～を上げる（＝ increase, raise）」の意味。よく使われるramp up securityの場合は，reinforce, strengthen, beef up ～ などに言い換えられる。

1「（生産など）を急に増やす」**2**「～を切り落とす」**3**「～を洗い落とす」**4**「～をしまい込む」

(23) 解答 3

訳 その会社の多くの労働者が主力工場の外で抗議をし，不当な賃金カットや劣悪な労働条件を激しく非難した。

解説 ここでのrailは鉄道とは無関係で，「ののしる，毒づく」の意味の自動詞。問題文にあるように怒った様子できつい言葉を使い抗議する状況をイメージするとagainstが使われているのも理解できるだろう。criticize severelyにほぼ同義。

1「～を台無しにする」**2**「～をだます」**3**「～を激しく非難する」**4**「～を元気づける」

(24) 解答 2

訳 ワイノナは高校のときにはただ気楽に過ごしていたが，大学入学後は，よい成績を取りたいならもっと努力しなければならないだろうと気付いた。

解説 coastは「沿岸を航行する」。coast alongは「のんびりやる，苦労せずに楽々とやってのける」の意味。coast along in class「気楽に授業を受ける」。

1「密航する」**2**「気楽に行動する」**3**「話をやめる」**4**「（集団などが）結集する」

(25) The rugby player injured his shoulder when he made a hard tackle during the match, but he (　　　) the pain and continued playing.

1 nibbled at　　**2** headed up
3 grated on　　**4** shrugged off

(26) ***A:*** Jack was so annoying during that meeting! He kept (　　　) when other people were talking.
B: Yes, he does tend to do that. I don't think he realizes how rude it is.

1 soaking up　　**2** cutting back
3 butting in　　**4** forking out

(27) There was so much demand for the company's new smartphone that it sold out just days after it was (　　　).

1 nosed around　　**2** rolled out
3 picked over　　**4** thrown back

(28) The man tried to (　　　) the painting as a genuine work by Picasso, but the art dealer quickly recognized it was a fake and called the police.

1 root out　　**2** pass off
3 kick around　　**4** wallow in

(29) The movie star always traveled with a bodyguard to (　　　) the reporters who followed him wherever he went.

1 fend off　　**2** dwell on
3 side with　　**4** bundle up

(30) During the 12-hour flight, Patrick (　　　) the time by reading a book and watching inflight movies.

1 hushed up　　**2** lagged behind
3 whiled away　　**4** marked up

(25) 解答 **4**

訳 **そのラグビー選手は試合中に激しいタックルをして肩を痛めたが，痛みを無視してプレーを続けた。**

解説 shrugは手のひらを上に向けて肩をすくめるポーズで，無関心・疑問・不快などを表す。offを伴うので，それらが身から離れる様子をイメージしよう。「～を無視する，～を一笑に付す」の意味となる。問題文は「こんな痛みは大したことない」というニュアンス。

1「～を少しずつかじる」 **2**「（組織など）を統率する」 **3**「～に不快感を与える」 **4**「～を無視する」

(26) 解答 **3**

訳 **A：あの会議の最中，ジャックはかなりうっとうしかったわ！　ほかの人が話しているときに何度も口を挟んで。**

B：うん，彼は確かにそうする傾向があるね。それがどれだけ失礼かわかっていないと思うよ。

解説 buttは「頭［角］で突く」という意味。butt inは無理やり中に入るイメージから「口を挟む，干渉する（= interfere）」。無礼で迷惑というニュアンスが含まれる。

1「～を吸い取る」 **2**「削減する」 **3**「口を挟む」 **4**「（大金）を支払う」

(27) 解答 **2**

訳 **その会社の新しいスマートフォンには非常に需要があったので，発売後ほんの数日で売り切れた。**

解説 rollとoutで物が転がり出るのをイメージしよう。転じて「（新商品やサービス）を発売する（= launch）」や「（新製品など）を公開する（= unveil）」の意味で使われる。

1「～を捜し回る」 **2**「（新製品）を発売する」 **3**「～を念入りに調べて選ぶ」 **4**「～（の進展）を遅れさせる」

(28) 解答 **2**

訳 **男はその絵画をピカソの本物の作品だと偽ろうとしたが，美術商はすぐにそれが偽物だと気付き警察に連絡した。**

解説 pass off A as B「AをBだとして偽る」。再帰代名詞を目的語にすると，He passed himself off as a lawyer.「彼は弁護士に成り済ました（= He pretended to be a lawyer.）」。悪意を持ってうそを通そうとする意図が含まれる。

1「～を根絶する」 **2**「～を偽る」 **3**「（計画など）をあれこれ検討する」 **4**「（感情）におぼれる」

(29) 解答 **1**

訳 **その映画スターは，行く先々について来るレポーターをかわすために常にボディガードを伴って移動した。**

解説 fendはdefendから変化したもので「防ぐ」が原義。offは「離れて」の意味なので，fend off ～で「（攻撃・批判・質問など）をかわす」の意味。言い換えはward off ～, stave off ～など。

1「（攻撃など）をかわす」 **2**「～をくよくよ考える」 **3**「～に味方する」 **4**「～を束にする」

(30) 解答 **3**

訳 **12時間のフライト中，パトリックは本を読んだり機内映画を見たりしてのんびりと時間を過ごした。**

解説 特にすべきことがない中で，好きなことをしながらのんびり過ごす様子を指す。目的語は問題文のようにthe timeのほかthe daysやthe morningなど。またbyを省略してwhile away the time reading a book ... のようにも使える。

1「（事件など）をもみ消す」 **2**「～に遅れをとる」 **3**「（時）をのんびり過ごす」 **4**「～を値上げする」

(31) □□ The weather report warned that a storm would hit the region within the next 24 hours, so local residents should ( ) heavy rain and strong winds.

1 brace for **2** pack off
3 stake out **4** cut across

(32) □□ *A:* How was the basketball game, Sharon?
B: It was really exciting. Our team ( ) an amazing comeback to win the game after being 20 points behind at the end of the 3rd quarter.

1 washed over **2** toyed with
3 pulled off **4** knocked back

(33) □□ Kate's parents ( ) her career choice. They had always hoped she would become a lawyer, but she followed her dream of becoming an artist.

1 dragged off **2** frowned on
3 flew at **4** scraped together

(34) □□ During her year studying abroad, Ayaka ( ) her hometown. She wished she could see all her friends and eat her mother's cooking.

1 sailed through **2** trimmed down
3 pined for **4** rigged up

(35) □□ Isaac's teacher warned him that if he continued to ( ) in class, she would be forced to ask him to leave. She said his behavior was disturbing the other students.

1 bear up **2** circle back
3 goof off **4** let on

(36) □□ During the pre-match interview, the coach was ( ) with confidence. He said his team had the ability to beat any other team in the country.

1 wearing down **2** milling about
3 spinning out **4** brimming over

(31) 解答 1

訳 **天気予報は今後24時間以内にその地域を嵐が直撃すると警告していたので，地元住民は大雨と強風に備えるべきである。**

解説 差し迫った事柄の影響を最小限にするために身構えるといった文脈で使われる。問題文のように悪天候に備える際に新聞などでよく使われる。get ready for ～ がほぼ同義。brace を他動詞で使い brace *oneself* for ～ と使うこともできる。

1「～に備える」**2**「～を急いで送り出す」**3**「～の張り込みをする」**4**「～を横切る」

(32) 解答 3

訳 **A：シャロン，バスケットの試合はどうだった？**
B：本当に興奮したわ。私たちのチームは第3クォーター終了時点で20点負けていたのに，その後驚きの巻き返しをやってのけて試合に勝ったの。

解説 「(困難なこと) をうまくやってのける」の意味。You can pull it off.「君ならできるよ」のようにも使える。また「車を道路脇に寄せる (＝ pull over)」の意味もある。

1「(感情などが) ～を激しく襲う」**2**「～について漠然と考える」**3**「～をやってのける」**4**「(酒など) をぐいっと飲み干す」

(33) 解答 2

訳 **ケイトの両親は，彼女の職業選択に難色を示した。彼らは彼女が弁護士になるようずっと望んでいたが，彼女は芸術家になる夢を追った。**

解説 frown は「しかめっ面をする，まゆをひそめる」の意味。不機嫌・怒り・嫌悪などを表す表情であることから，frown on ～ で「(人の行為など) に難色を示す，～を認めない (＝ disapprove of ～)」。受動態で使われることも多い。

1「～を無理に連れて行く」**2**「～に難色を示す」**3**「～に飛びかかる」**4**「(金など) を何とかかき集める」

(34) 解答 3

訳 **アヤカは留学中の1年，故郷を思い焦がれた。友人たち皆に会ったり母親の料理を食べたいと願った。**

解説 pine 自体に「思い焦がれる，切望する」の意味があるが，覚えにくい場合は for を意識するとよい。ここでは目的・目標を示す「～を求めて」の意味。pine for ～ で「(人・物事) を恋しく思う」。言い換えとしては，他動詞の miss が挙げられる。

1「～に楽々と成功する」**2**「～を削減する」**3**「～を思い焦がれる」**4**「～を急ごしらえする」

(35) 解答 3

訳 **アイザックの先生は，もし彼が授業中怠け続けるのならば，教室から出て行くように言わざるを得ないと彼に警告した。彼の行動はほかの生徒の邪魔になっていると彼女は言った。**

解説 「(仕事・勉強などを) サボる，怠ける (＝ dawdle)」の意味。goof around「くだらないことをして時間をむだにする」もあわせて覚えておこう。名詞 goof は「ばか者，まぬけ」，goof-off は「怠け者」。形容詞 goofy は「まぬけな」という意味。

1「耐える」**2**「一回りして元に戻る」**3**「怠ける」**4**「秘密を漏らす」

(36) 解答 4

訳 **試合前のインタビューで，そのコーチは自信がみなぎっていた。彼のチームは国内のどのチームにも勝利する力があると彼は言った。**

解説 名詞 brim は「(コップ・鉢などの) 縁」。brim over は容器にいっぱいに注いで縁からあふれる様子を想像するとよい。転じて，with を伴い，強い感情が満ちあふれているときに使う。brim over with confidence [enthusiasm, happiness, excitement] など。

1「すり減る」**2**「目的もなく動き回る」**3**「スリップして制御が利かなくなる」**4**「みなぎる」

(37) Karen could not believe it when she crashed her new car. She had used all her savings to buy the car, but now she had to (　　　) more money to have it repaired.

1 rip off　**2** bunch up
3 shell out　**4** fence in

(38) ***A:*** I'm really hungry. Do we have any food in the house?
B: We have some bacon and mushrooms in the fridge, so I can (　　　) some pasta if you'd like.

1 tear off　**2** wait on
3 stub out　**4** rustle up

(39) After the national election, a ceremony was held to (　　　) the new president, and he began his duties as the country's leader.

1 swear in　**2** drag out
3 gloat over　**4** tamper with

(40) Clara's professor told her that she needed to (　　　) her report, so she went back to the sources to find more information she could add.

1 buy off　**2** grind up
3 flesh out　**4** dip into

(41) Financial experts warned the government that it needed to (　　　) spending in order to reduce the national debt.

1 rein in　**2** cast off
3 jot down　**4** haul off

(42) When a few of the protestors started throwing bottles at the police, they were (　　　) by some people in the crowd, but others tried to get them to stop before anyone got hurt.

1 headed off　**2** laid out
3 dumbed down　**4** egged on

(37) 解答 **3**

訳 **カレンは新車をぶつけてしまったとき，それを信じられなかった。すべての貯金をはたいてその車を買ったのに，今度はそれを修理するためにさらにお金を払わなければならなかった。**

解説 動詞のshellは「(ナッツ・エビ・貝など) を殻から取り出す」の意味。shell out ～ は「財布やポケットから金を取り出す」→「(仕方なく) (大金) を支払う」を意味する。fork out ～ も同様の意味で使われる。

1「(人・店) から盗む」**2**「～を束にする」**3**「(大金) をしぶしぶ支払う」**4**「～を囲い込む」

(38) 解答 **4**

訳 **A：すごくお腹がすいているの。家に何か食べ物はある？**
B：冷蔵庫にベーコンとマッシュルームがあるから，よければパスタを急いで作れるよ。

解説 rustleは「サラサラと音を立てる」の意味だが,「さささっと行動する」ような様子を想像するとよいだろう。rustle up ～ で「(料理など) を急いで用意する」の意味で，whip up ～ に言い換えが可能。

1「～を引きはがす」**2**「(人) の世話をする」**3**「(タバコなど) をもみ消す」**4**「(食べ物など) を急いで作る」

(39) 解答 **1**

訳 **国政選挙の後，新大統領を宣誓させて就任させる式典が執り行われ，彼は国のリーダーとしての任務に就いた。**

解説 「任務を遂行することを宣誓させた上で職務に就かせる」という意味だが，問題文のように地位・職に就くほか，法廷で陪審員や証人に宣誓させる場合にも用いる。受動態で使うことも多く，swearは不規則動詞なので注意が必要。活用はswear-swore-sworn。

1「～を宣誓させて就任させる」**2**「～を長引かせる」**3**「～にほくそ笑む」**4**「～に (害を与えるような) 手を加える」

(40) 解答 **3**

訳 **教授はクララに彼女のレポートは肉付けする必要があると言ったので，彼女は付け加えられる情報をもっと探そうと資料を見直した。**

解説 考え・計画・議論などに情報や説明をさらに加えることで，より充実した内容にすること。fleshは「肉」という意味なので，日本語の「肉付けする」と共通していて覚えやすい。put flesh on ～ のほか，elaborate on ～ も類義の表現として知っておくとよい。

1「～を買収する」**2**「～を粉にひく」**3**「～に肉付けする」**4**「(貯金など) に手をつける」

(41) 解答 **1**

訳 **金融専門家たちは政府に対して，国債を減らすには支出を厳しく抑制する必要があると警告した。**

解説 名詞reinは「(馬などの) 手綱」という意味。動詞だと「(馬など) を手綱で御する」を意味する。手綱は馬の動きを制御する手段であることから，rein in ～ は比喩的に「(費用など) を厳しく抑制する，(感情など) を抑える (＝ control)」の意味で使われる。

1「(支出など) を厳しく抑制する」**2**「～を放棄する」**3**「～を書き留める」**4**「～を無理に連れて行く」

(42) 解答 **4**

訳 **抗議する人のうち数名が警官隊に向かって瓶を投げ始めたとき，彼らは群衆の中の一部の人にけしかけられたが，けが人が出る前に止めようとする者もいた。**

解説 ここでのeggは「卵」ではなく「を扇動する，をそそのかす (＝ urge, incite)」の意味で，egg on ～ の形で使う。特にばかげたことや危険なことなど，本来すべきでないことをそそのかしてさせるといった文脈で使われる。

1「～を阻止する」**2**「(考えなど) を詳しく説明する」**3**「(教材など) を易しくする」**4**「～をそそのかす」

Unit 4 句動詞

(43) *A:* Tom, stop watching TV and do your homework!
□□ *B:* OK, Mom. I'll (   ) it once this show has finished.

1 let up on　　**2** stand in for
3 get down to　　**4** snap out of

(44) Professor Thompson was well-known for being strict. Every week, she
□□ (   ) punishments to students who came to class late or failed to do their reading assignments.

1 tapped into　　**2** ruled out
3 loaded up　　**4** dished out

(45) The sound of the siren became louder and then (   ) as the
□□ ambulance passed by and continued in the direction of the city center.

1 stormed out　　**2** pushed back
3 dawned on　　**4** trailed off

(46) A crowd was waiting outside the store on the first day of the New Year
□□ sale. As soon as the staff opened the doors, people (   ) the store and rushed to get the best bargains.

1 played off　　**2** piled into
3 harped on　　**4** glanced off

(47) Although its first song was a big hit, the band's popularity soon
□□ (   ), so not many people know its later releases.

1 cropped up　　**2** tipped off
3 fizzled out　　**4** plowed through

(48) The new principal addressed the whole school and promised to
□□ (   ) bullying. He said the school should be a place where all students feel safe.

1 reel off　　**2** stamp out
3 whip up　　**4** dash off

(43) 解答 3

訳 A：トム，テレビを見るのをやめて宿題をしなさい！
B：わかったよ，ママ。この番組が終わったらすぐ宿題に真剣に取り掛かるよ。

解説 get down to ～ は「集中して（仕事・勉強・問題など）に取り掛かる」の意味で，toの後には名詞・動名詞がくる。downは「腰を落ち着けて」，toはそちらの方向へ向かうイメージ。Let's get down to business.「本題に入りましょう」は会議の際によく使われる。

1「～に対して手を緩める」**2**「～の代理を務める」**3**「～に真剣に取り掛かる」**4**「～から立ち直る」

(44) 解答 4

訳 トンプソン教授は厳しいことでよく知られていた。毎週，彼女は授業に遅刻して来たりリーディング課題をやってこなかったりした学生に罰を与えた。

解説 dishとoutから想像できるとおり「（料理）を大皿から取り分ける（＝ serve）」の意味もあるが，問題文では「（罰・批判など）を与える」の意味。また「（物・情報など）を（気前よく）与える，～をばらまく（＝distribute）」という意味で使用されることもある。

1「～を利用する」**2**「～を除外する」**3**「（車・船など）にいっぱい積み込む」**4**「（罰など）を与える」

(45) 解答 4

訳 救急車が通り過ぎて，そのまま街の中心部の方向へと向かうとき，サイレンの音は大きくなり，その後次第に小さくなった。

解説 「（声・音が）次第に小さくなる，次第に消える」の意味でtrail awayも同義。offから「離れていく」様子をイメージするとよいだろう。intoを伴って「弱くなって最後には～になる」と使うこともある。

1「（怒って）激しい勢いで出て行く」**2**「～を押し戻す」**3**「～にわかり始める」**4**「次第に弱くなる」

(46) 解答 2

訳 新年のセールの初日に，大勢の人が店の外で待っていた。従業員が扉を開けるとすぐに人々は店内に殺到し，いちばんの格安品を手に入れようと突進した。

解説 pileから山積みになる様子を想像するとよい。pile into ～ で「～にどっと押し寄せる，(乗り物など）に急いで乗り込む」の意味。問題文後半のrushed to ～ がヒントになっている。また，pile inは「殺到する」という意味。

1「～の勝負をつける」**2**「～に殺到する」**3**「（同じこと）を繰り返し言う」**4**「～をかすめる」

(47) 解答 3

訳 そのバンドは，デビュー曲は大ヒットしたものの，すぐに人気がなくなったので，その後リリースした作品を知る人はあまり多くない。

解説 fizzleは「かすかにシューッという音を立てる」。勢いよく出ていた炭酸飲料などの泡が次第に消えていくように，「当初は有望だったのに徐々に衰えて消滅する」といった文脈で使われる。outから「消える，なくなる」がイメージできるだろう。

1「（不意に）持ち上がる」**2**「～に密告する」**3**「途中で失敗する」**4**「（仕事）を骨折ってする」

(48) 解答 2

訳 新しい校長は全校に向けて話し，いじめを根絶することを約束した。学校は全生徒が安心できる場であるべきだ，と彼は述べた。

解説 stampは「を踏みつける」。outは「消える」の意味であることから，stamp out ～ は「（タバコなどの火）を踏み消す」の意味。比喩的に「（うわさなど）をもみ消す」「（犯罪・貧困・病気など）を根絶する（＝ eliminate, eradicate）」の意味でも使われる。

1「～をすらすら話す」**2**「～を根絶する」**3**「（感情）をかき立てる」**4**「～を急いでやってのける」

(49) □□ ***A:*** I can't believe James (   ) in front of the whole class that you want to date Sally.

B: I know! It was so embarrassing, and I told him to keep it a secret.

1 palmed off **2** chewed over
3 blurted out **4** wolfed down

(50) □□ Daniel had to give up on his research because the funding he had been (   ) to pay for it was canceled at the last minute.

1 stripping out **2** waving aside
3 banking on **4** letting down

(51) □□ Tom was usually a very outgoing boy, but when he met his favorite baseball player for the first time, he (   ). He was so nervous that he could not even give his name.

1 blended in **2** chipped in
3 droned on **4** clammed up

(52) □□ Many students got poor results on the test because they were (   ) by the questions. The professor apologized and said he would write clearer instructions in the next test.

1 papered over **2** tripped up
3 drowned out **4** sounded out

(53) □□ When a forest fire started in the region, the quick actions of the firefighters (   ) disaster. They managed to stop the fire before it reached houses in the area.

1 stumbled upon **2** staved off
3 fussed over **4** talked down

(54) □□ Philip (   ) large debts as a result of his gambling habit. He ended up having to sell his car to pay back the money.

1 racked up **2** bowled over
3 fanned out **4** opted for

(49)　解答　3

訳　A：あなたがサリーとデートしたがっていることをジェイムズがクラスの皆の前でうっかり言ったのは信じられないわ。
B：そうなんだよ！　本当に恥ずかしかったよ。それに秘密にしてって彼に言ったのに。

解説　out「外に」のイメージから「口に出す」が想像できたかもしれない。特に「緊張･衝動などによって言うべきでないことをうっかりして突然言う」という意味合いで使われる。blurt out *a person's* secret「（人の）秘密をうっかり漏らす」。

1「（偽物など）をつかませる」**2**「〜を熟考する」**3**「〜をうっかり言う」**4**「〜をがつがつ食べる」

(50)　解答　3

訳　ダニエルは研究費を支払うために当てにしていた資金提供が土壇場でキャンセルになり，研究をあきらめなければならなかった。

解説　「〜を頼りにする，〜を当てにする」の意味で，depend on 〜, rely on 〜, count on 〜 などに言い換えが可能。すべてonを伴うので覚えやすいだろう。Don't bank on my help.「私の助けを当てにしないで」など。

1「（部屋など）から家具などを取り去る」**2**「（考えなど）を退ける」**3**「〜を当てにする」**4**「〜を失望させる」

(51)　解答　4

訳　トムは普段はとても外向的な少年だったが，大好きな野球選手に初めて会ったときには黙り込んでしまった。彼は緊張のあまり名前を言うことすらできなかった。

解説　上下の唇を二枚貝（clam）になぞらえている。貝が閉じるように突然堅く口を閉ざし黙り込んでしまう様子。類義の表現はbutton up, button *one's* lip「口にボタンをする」→「黙る」。また，zip *one's* lipは日本語の「口にチャックをする」に近い。

1「溶け込む」**2**「（金などを）出し合う」**3**「だらだら話す」**4**「口を閉ざす」

(52)　解答　2

訳　多くの学生は設問に引っかかってしまったため，テストの結果がよくなかった。教授は謝り，次回のテストではより明確な指示を書くと言った。

解説　trip upは「つまずく，しくじる」。I tripped up on a rock.「私は石につまずいた」など。問題文の場合は「（人）をつまずかせる」→「（人）を引っかける」。ただし，目的語が代名詞の場合にはHe tripped me up.のようにtrip upの間に入る。

1「（欠陥など）を取り繕う」**2**「〜を間違えさせる」**3**「（音）をかき消す」**4**「（人の意見）を打診する」

(53)　解答　2

訳　その地域で森林火災が発生したとき，消防隊員の素早い行動が大惨事を防いだ。近隣の住宅に火が達する前に何とか鎮火することができた。

解説　名詞staveは「棒」。stave off 〜 は「〜を棒で追い払う」→「（よくないこと）を（一定の間）寄せ付けない，〜を引き延ばす」の意味となる。avert, prevent, fend off 〜, ward off 〜 などが類義の表現。

1「〜に偶然出くわす」**2**「〜を防ぐ」**3**「〜で騒ぎ立てる」**4**「〜を言い負かす」

(54)　解答　1

訳　フィリップはギャンブル癖の結果，多額の借金を重ねた。彼は結局，金を返済するために車を売らなければならなかった。

解説　スポーツなどで「（得点・勝利）を獲得する」のほか，ビジネスでは「（売上・利益）を蓄積する」という意味で使われる。問題文のように「（借金・損失）を重ねる」などよくない意味合いでも使う。いずれも大量の物「を蓄積する（＝ accumulate）」というイメージ。

1「（損失など）を重ねる」**2**「〜を非常に驚かせる」**3**「〜を扇形に広げる」**4**「〜を選ぶ」

(55) *A:* Hey, Tony. Can you (　　　) so that I can sit down?
B: Sorry, Carol, there's no room. Philip asked me to save a space for him.

1 knuckle down　　**2** drift off
3 scoot over　　**4** hole up

(56) A ceasefire agreement between the two countries largely brought peace to the region, but fighting still (　　　) between rebel groups in some places.

1 flared up　　**2** carved up
3 clogged up　　**4** choked up

(57) *A:* Don't (　　　) me, Callum. What did you get me for my birthday?
B: It's a surprise, so you'll have to wait until your party.

1 hold out on　　**2** lead up to
3 step down from　　**4** pick up after

(58) Leaving home and living alone is exciting for young people, but it can also be stressful because it is the first time they have to (　　　) themselves.

1 fend for　　**2** crack down
3 ease off　　**4** keel over

(59) Although the new Prime Minister was popular at first, public support (　　　) as the country's economy suffered because of her policies.

1 ebbed away　　**2** fired up
3 ducked out　　**4** stopped off

(60) Gabrielle was (　　　) by her grandparents. They always bought her presents and would take her anywhere she wanted to go.

1 passed over　　**2** bargained on
3 doted on　　**4** stitched up

(55) 解答 **3**

訳 **A：ねえ，トニー。私も座れるように席を詰めてくれる？**
B：ごめん，キャロル。もう余裕がないよ。フィリップに席を取っておくように頼まれたんだ。

解説 米国でよく使われる口語表現。ベンチや電車などの席で，横に移動してほかの人が座れるスペースを作る動作を指す。スクーター(scooter) のようにスーっと滑る様子をイメージするとわかりやすいだろう。move overもほぼ同義。

1「真剣に取り組む」**2**「うとうと眠る」**3**「席を詰める」**4**「隠れる」

(56) 解答 **1**

訳 **2国間の停戦合意によりおおむねその地域に平和が訪れたが，場所によってはいまだに反乱軍の間で戦闘が起きていた。**

解説 flareは「(炎が) ゆらゆら燃える」。そのイメージからflare upは「ぱっと燃え上がる」。転じて「(病気が) 悪化する」「かっとなる」「(暴動・問題などが) 勃発する」。いずれの場合も突然に激化・悪化する状況を意味する。

1「(暴動などが) 勃発する」**2**「(土地など) を分割する」**3**「～を詰まらせる」**4**「絶句する」

(57) 解答 **1**

訳 **A：キャラム，私に隠し事をしないで。私の誕生日に何を買ってくれたの？**
B：サプライズなんだから，パーティーまで待たなきゃ駄目だね。

解説 こちらでずっとholdしておく，と理解するとわかりやすい。「(人) に対して与えない」→「(人) に隠し事をする，(人) の要求に応じない」の意味になる。なお，hold outは「持ちこたえる，屈しない」の意味。

1「～に隠し事をしている」**2**「(時間的に)～に至る」**3**「～から辞任する」**4**「(人) が汚した後を片付ける」

(58) 解答 **1**

訳 **家を出て1人暮らしをするのは若者にとって刺激的である。しかし，自分でやりくりしなければならないのは初めてであるため，ストレスも多いかもしれない。**

解説 fendはdefendから変化した形。「防ぐ」→「やりくりする, 養う」。fend for *oneself*「自分の面倒を見る，自活する (= look after *oneself*, provide for *oneself*)」。特に問題文のように，子供が実家を出て独立するといった文脈でよく使われる。

1「～をやりくりする，～を養う」**2**「厳しく取り締まる」**3**「～を緩める」**4**「転倒する」

(59) 解答 **1**

訳 **新しい首相は最初は人気があったが，彼女の政策により国の経済が悪化すると国民の支持は低下した。**

解説 名詞ebbは「引き潮」。動詞では「(潮が) 引く」「衰退する (= diminish)」。awayを伴い徐々に離れていくのをイメージするとよいだろう。anger, confidence, enthusiasmなどの感情が「徐々に弱まる」際にも使われる。

1「衰える」**2**「点火する」**3**「(仕事・責任などを) 逃れる」**4**「途中で寄る」

(60) 解答 **3**

訳 **ガブリエルは祖父母に溺愛されていた。彼らはいつも彼女にプレゼントを買い与え，行きたがる所はどこへでも連れて行った。**

解説 「(家族・恋人など) を溺愛する (= adore)」の意味。欠点などには目をつむり，しばしば必要以上の愛情を注ぐといった否定的なニュアンスが含まれる。また，「もうろくする，ぼける」の意味もある。

1「～について言及しない」**2**「～と思う」**3**「～を溺愛する」**4**「～を縫い合わせる」

(61) ☐☐ ***A:*** I think it's time to (　　　) the house a little. We could paint the kitchen a different color and put some new wallpaper in the living room.

B: Good idea. It's been 10 years since we last did any work on it.

1 settle on　　**2** spruce up
3 pin down　　**4** whisk away

(62) ☐☐ Professional baseball players can earn very high salaries. Some of the top players (　　　) more than $100 million a year.

1 rake in　　**2** grow on
3 key up　　**4** swear by

(63) ☐☐ The presidential candidate's speech drew a lot of public attention. Many people said his chance of winning the election would (　　　) what he said.

1 patch up　　**2** hinge on
3 snuff out　　**4** rattle off

(64) ☐☐ The mayor set up a special committee to (　　　) the cause of the city's homelessness problem and suggest measures for dealing with it.

1 live up to　　**2** stand out from
3 zero in on　　**4** creep up on

(61) 解答 **2**

訳 A：少し家をきれいにしてもいいころね。キッチンを違う色に塗り替えたり，リビングの壁紙を新しくしたりすることもできるわ。
B：それはいいね。前回手を入れてからもう10年だからね。

解説 upからプラスの意味であることが想像できるだろう。spruce up ～ で「～をきれいにする（= do up ～）」。主に人や建物の外見をよくするという文脈で使われる。I need to spruce myself up.「身ぎれいにしなくっちゃ，おしゃれしなくっちゃ」。

1「～を決定する」**2**「～をきれいにする」**3**「（詳細など）をはっきりさせる」**4**「～をさっと持ち去る」

(62) 解答 **1**

訳 プロ野球選手は非常に高い給料を稼ぐことができる。一流プレーヤーの中には年間1億ドル以上を稼ぐ人もいる。

解説 rakeは名詞では「熊手」。rake in ～ で「（大金・利益など）を稼ぐ」の意味。「～を熊手でかき寄せる」と考えるとわかりやすい。rake it inのフレーズで「がっぽり儲ける」の意味になる。

1「（大金）を稼ぐ」**2**「～の気に入るようになる」**3**「～の神経を高ぶらせる」**4**「～に全幅の信頼を寄せる」

(63) 解答 **2**

訳 その大統領候補者の演説は，多くの国民の関心を引いた。多くの人々は，選挙に勝つ可能性は彼の発言次第だろうと言った。

解説 名詞hingeは「（戸などの）ちょうつがい」，転じて「かなめ，決定要因」。句動詞hinge on ～ は「～次第である，～による（= depend on ～）」。問題文のように，「将来の結果や成功などが～次第だ」という文脈で使われることが多い。

1「（けんかなど）を収拾する」**2**「～次第である」**3**「（希望など）を消滅させる」**4**「～をすらすらと言う」

(64) 解答 **3**

訳 市長は市のホームレス問題の原因に注意を集中し，その対処の方法を提案するため，特別委員会を設置した。

解説 「～に（銃などの）狙いを定める」の意味。銃の照準スコープをのぞき，十字の印の交点をターゲットに合わせるイメージ。転じて「（問題など）に注意を集中する」の意味で使われ，focus on ～, concentrate on ～, home in on ～ などに言い換えられる。

1「（期待など）に応える」**2**「～より目立つ」**3**「～に注意を集中する」**4**「～に忍び寄る」

Chapter 3
模擬テスト

解答時間 15 分

模擬テスト 第1回

To complete each item, choose the best word or phrase from among the four choices. Then, on your answer sheet, find the number of the question and mark your answer.

(1) Politicians have been (   ) about the budget for months, but it looks like they have finally reached an agreement.

1 billowing　**2** wrangling
3 embarking　**4** soaring

(2) Ever since she was a small child, Emma has had a (   ) for botany. While her friends were playing with toys indoors, she much preferred to examine leaves and plants in the garden.

1 predilection　**2** depreciation
3 countenance　**4** resurgence

(3) Due to the large number of visa applications they have been receiving, the immigration office is trying to (   ) processing times. They are hoping to speed them up by at least 20 percent.

1 expedite　**2** sedate
3 mumble　**4** dodge

(4) Mark's doctor told him that it was his constant overeating that had (   ) his stomach.

1 distended　**2** blared
3 perused　**4** savored

(5) The number of female CEOs stood at around 18 percent last year. Although there is room for improvement, it is encouraging to see more women ascending to the upper (   ) of business management.

1 contours　**2** epitaphs
3 echelons　**4** amalgams

(6) The young men were behaving in a very (　　　) manner, shouting and cursing loudly. In the end, the restaurant manager had no choice but to ask them to leave.

1 uncouth　　**2** inconspicuous
3 insular　　**4** evocative

(7) Vincent sighed (　　　), wondering how he was ever going to explain why he had made such a stupid mistake to his boss.

1 inherently　　**2** lethally
3 ruefully　　**4** coarsely

(8) After the lecture, students will be able to ask the guest speaker some questions. However, as we do not have much time, we'd like to request that you keep your questions short and (　　　) to the main theme.

1 kindred　　**2** pertinent
3 seditious　　**4** laudable

(9) Around the time the boy crashed his bicycle, his mother had a sudden (　　　) that her son had been involved in an accident of some kind.

1 emulation　　**2** premonition
3 naturalization　　**4** persecution

(10) Ellen was trying to study for her chemistry test, but her little brother kept (　　　) her, so it was impossible to concentrate.

1 fortifying　　**2** amassing
3 bestowing　　**4** pestering

(11) After graduating from cooking school, Crystal ( ) her skills at a local restaurant for several years. It was during this period that she really mastered the techniques the school had taught her.

1 inhaled **2** fazed
3 honed **4** evicted

(12) It can be very difficult to get people to change their attitudes and ideas. This is especially so if their ideas have become deeply ( ) over many years.

1 obscure **2** insatiable
3 urbane **4** entrenched

(13) At first, the teachers in the school dismissed the unusually low test scores as an ( ). However, it was later discovered that there had been a mistake in the electronic marking system.

1 indemnity **2** aberration
3 epoch **4** amnesty

(14) Due to recent budget cuts, the public library system has had to ( ) purchasing of new books and CDs.

1 stampede **2** curtail
3 chastise **4** perplex

(15) When visiting the temple, the visitors wore pants and shirts with long sleeves in ( ) to the local custom which requires both men and women to dress conservatively.

1 deference **2** ardor
3 acuity **4** candor

(16) ☐☐ It seems that the country is entering a new period of ( ). The current situation has been compared to the period following the Second World War when foods were rationed, and many goods were in short supply.

1 chauvinism　　**2** austerity
3 derision　　**4** arrogance

(17) ☐☐ Some of the students in Professor Power's class complained that many of the grades they received seemed to be ( ) and not in line with the official grading policies of the college.

1 arbitrary　　**2** makeshift
3 sagacious　　**4** presumptuous

(18) ☐☐ ***A:*** Did you hear that Glen and Mohammed have ( ) a plan to cycle across the whole country together?
B: Yeah, I always wonder where they get those crazy ideas. They'll quit on the first day.

1 allayed　　**2** hatched
3 deformed　　**4** sapped

(19) ☐☐ Before any operation, patients are asked to read and sign a ( ). This is to ensure that all patients understand both the benefits of the procedure as well as any possible complications that might occur.

1 waiver　　**2** fortress
3 faculty　　**4** dissension

(20) ☐☐ ***A:*** What's Charlie like? It seems everyone has met him except me!
B: He's really outgoing and ( ). He loves parties and meeting people.

1 gregarious　　**2** caustic
3 sullen　　**4** nomadic

(21) Although he is well over 80, James's grandfather is still in ( ) health. In fact, he goes to the gym several times a week and takes his dog for daily walks near his home.

1 robust **2** senile
3 marginal **4** ferocious

(22) *A:* I wish David wouldn't spend so much time with Adam. That boy's always in trouble, and I'm worried that his behavior will ( ) Charlie.

B: I agree, but we can't choose Charlie's friends for him.

1 shy away from **2** rub off on
3 stand up to **4** make off with

(23) Kelly felt so guilty about stealing the candy that she went back to the store to ( ). The store's owner said he would forgive her if she promised never to steal again.

1 buckle down **2** pan out
3 poke around **4** own up

(24) Despite receiving a generous severance package when he lost his job, Carlos ( ) the money on gambling in just a few months.

1 reckoned on **2** rooted for
3 dashed down **4** frittered away

(25) During the seminar, the professor told his students to ( ) on the discussion at any time. He said they should not be afraid to give their opinions.

1 float around **2** weigh in
3 stack up **4** squeak by

模擬テスト 第1回 解答・解説

(1)	2	(2)	1	(3)	1	(4)	1	(5)	3	(6)	1	(7)	3	(8)	2	(9)	2	(10)	4
(11)	3	(12)	4	(13)	2	(14)	2	(15)	1	(16)	2	(17)	1	(18)	2	(19)	1	(20)	1
(21)	1	(22)	2	(23)	4	(24)	4	(25)	2										

(1) 解答 2

訳 **政治家たちは数カ月間，予算に関して論争してきたが，ようやく合意に達したようだ。**

解説 argue, quarrel, squabble, bickerなどが類義語だが, wrangleは「長時間にわたり大声で怒りながら口論する」といった文脈で使われ, なかなか結論が出ないような印象を与える。wrangle about [over] ～「～について口論する」。

1「大きくうねる」 2「口論する」 3「乗船する」 4「(物価などが) 急上昇する」

(2) 解答 1

訳 **幼少のころからエマは植物学に特別な好みがある。友達が屋内でおもちゃで遊んでいても，彼女は庭で葉や植物を観察する方がはるかに好きだった。**

解説 その人の気質や経験により形成されたかなり偏った強い好みを指す。問題文にあるようにhave a predilection for ～ の形で使われる。頻出の類義語はpenchant。使い方も同様でhave a penchant for ～。

1「特別な好み」 2「価値の低下」 3「顔つき」 4「(信仰などの) 復活」

(3) 解答 1

訳 **受け付けているビザ申請数が多いため，入国管理局は処理時間を短縮させようと試みている。少なくとも20パーセントはスピードを上げたいと願っている。**

解説 2文目のspeed up ～ が類義の表現でヒントになっている。ただし，単に「～のスピードを上げる」を意味するspeed up ～ に対して，expediteは物事の効率化・簡略化を図りながら時間を短縮するというニュアンスを含む。

1「をはかどらせる」 2「に鎮静剤を与える」 3「をぶつぶつ言う」 4「(攻撃など) をひらりとかわす」

(4) 解答 1

訳 **マークの医者は彼の胃を膨張させたのは繰り返される食べ過ぎだと彼に伝えた。**

解説 腹部などが内部からの圧力によって膨張する際によく使われる。-tendは，extendと共通の語源でstretch「広がる，伸びる」の意味。「膨張する，ふくらむ」の意味の自動詞としても使う。

1「を膨張させる」 2「を鳴り響かせる」 3「を熟読する」 4「をゆっくり味わう」

(5) 解答 3

訳 **昨年，女性CEOの数は約18パーセントだった。改善の余地はあるが，より多くの女性が企業経営の上層部にまで出世するのを見るのは励みになる。**

解説 社会や組織内の「階層 (＝ rank)」の意味。はしごの上の方が高い地位だと考えるとわかりやすい。通常複数形でthe upper echelons of society「(社会の) 上流階級」のように使う。

1「輪郭 (線)」 2「墓碑銘」 3「(組織などの) 階層，地位」 4「混合物」

(6) 解答 **1**

訳 **若い男たちは大声で叫んだりののしったりしながら非常に粗野な態度で振る舞っていた。しまいには，レストランのマネージャーは彼らに出ていくように頼まざるを得なかった。**

解説 「未知の，見慣れない」が原義で，粗野で受け入れられない様子を指す。人や態度であれば「がさつな，無作法な」。反意語がcivilized，refined，sophisticatedと考えるとわかりやすい。

1「（態度などが）粗野な」**2**「目立たない」**3**「偏狭な」**4**「（記憶などを）呼び起こす」

(7) 解答 **3**

訳 **ビンセントは悲しそうにため息をつき，なぜ彼がそんな愚かな過ちを犯したのかをいったいどう上司に説明しようかと思いを巡らせた。**

解説 「悲しそうに」の意味だが，後悔の念が含まれる。問題文でも愚かな過ちを犯したことを悔いている様子を表す。rueは名詞では「後悔，悲しみ」，動詞では「を悔やむ，を残念に思う」。形容詞ruefulの類義語はregretful, repentant, penitentなど。

1「本質的に」**2**「致死的に」**3**「悲しそうに」**4**「粗く」

(8) 解答 **2**

訳 **講演終了後に学生はゲストスピーカーに質問をすることができます。しかし，あまり時間がないので，質問は短く主要テーマに関連するものにするようお願いします。**

解説 pertinent to ～ の形で「～に関連する」を意味し，relevant to ～ に言い換えが可能。また，文脈によっては「適切な，的を射た（= appropriate, suitable）」の意味にもなる。動詞はpertain to ～「～に関連する」の形で使われることが多い。

1「類似の」**2**「関連する」**3**「反政府的扇動の」**4**「称賛に値する」

(9) 解答 **2**

訳 **少年が自転車をぶつけたそのころ，彼の母親は息子が何らかの事故に巻き込まれたという突然の予感がした。**

解説 pre- = before，moni-はwarnの意味を持つことから，「あらかじめの警告」→「悪い予感，虫の知らせ」と理解できる。類義語はforeboding。またhunch「直感，予感」はよいこと・悪いことのどちらにも使う。

1「競争」**2**「（悪い）予感」**3**「帰化」**4**「迫害」

(10) 解答 **4**

訳 **エレンは化学のテストに向けて勉強しようとしていたが，弟が彼女を困らせ続けたので，集中することができなかった。**

解説 後半部分の「集中できなかった」から，弟に邪魔されていたと判断できる。annoyに近い意味だが，pesterには何かをするようしつこく要求したり質問を投げかけたりして困らせるというニュアンスがある。

1「を強化する」**2**「を蓄積する」**3**「（称号・栄誉など）を授ける」**4**「を困らせる，を苦しめる」

(11) 解答 **3**

訳 **料理学校を卒業した後，クリスタルは数年間，地元のレストランで技術を磨いた。彼女が学校で学んだテクニックを本当に習得したのはこの期間中だった。**

解説 honeは名詞だと「砥石（といし）」。動詞では「を砥石で研ぐ」→「を磨く」となり，特に「(技術・才能など）を磨く」際に使われる。hone *one's* skillsはコロケーションとして覚えておくとよい。空所後のher skillsに反応できるとよい。

1「を吸い込む」 **2**「を困らせる」 **3**「を磨く」 **4**「を立ち退かせる」

(12) 解答 **4**

訳 **人々の態度や考え方を変えさせるのはとても難しい場合がある。人々の考え方が長年にわたり深く強固に根付いている場合には特にそうである。**

解説 entrenchは「塹壕（ざんごう）（trench）で囲む」が原義。形容詞entrenchedは「(習慣・考えなどが）しっかり根付いた，確立した（= established, ingrained)」の意味となり，容易には変わらないニュアンスを持つ。

1「世に知られていない」 **2**「飽くことを知らない」 **3**「洗練された」 **4**「強固に根付いた」

(13) 解答 **2**

訳 **当初，その学校の先生たちはいつになく低いテストの点数を異常だとして退けた。しかし，その後，電子採点システムにエラーがあったことが判明した。**

解説 語源的にab- = awayであり，正道から外れている異常な状態を指す。normalから外れた状態がabnormalであるのと同様。genetic aberration「遺伝的異常」。類義語はanomaly, deviation, divergenceなど。

1「(損害に対する）保障」 **2**「逸脱，異常」 **3**「新時代」 **4**「恩赦」

(14) 解答 **2**

訳 **最近の予算削減により，その公共図書館システムは新たな書籍やCDの購入を削減しなければならなかった。**

解説 budget cutsがヒントで，cutの言い換え表現であるcurtailを選ぶ問題。費用など「を削減する」以外に，時間など「を短縮する」際にも使われる。「(権利など）を縮小する」の意味でも用い，curtail *a person's* rights [freedom of speech] という表現も覚えておこう。

1「(動物など）をどっと逃げ出させる」 **2**「(経費など）を削減する」 **3**「を厳しく非難する」 **4**「を混乱させる」

(15) 解答 **1**

訳 **その寺院を訪れた際，訪問者たちは，男女共に地味な服装をすることを義務付ける地元の習慣に従ってズボンと長袖のシャツを着用した。**

解説 動詞deferは「(敬意を表して）従う，譲る（= yield)」。名詞deferenceは「(判断・意見への）(敬意を表した）服従，(人への）敬意」を意味する。問題文のin deference to ～「～に従って，～に敬意を表して」のほか，pay [show] deference to ～「～に敬意を払う」などの形で使う。なおdeferには「を延期する」の意味もあり，この意味での名詞はdefermentなので注意。

1「服従，敬意」 **2**「情熱」 **3**「(感覚などの）鋭さ」 **4**「率直さ」

(16) 解答 **2**

訳 **その国は新たな緊縮の時代に入りつつあるようだ。現在の状況は，食糧が配給制で多くの物が不足していた第2次世界大戦後の時代になぞらえられている。**

解説 形容詞austereは「（態度などが）厳格な」「質素な」の意味。名詞austerityには「厳格」「質素」に加えて「耐乏生活」「緊縮経済」などの意味もある。austerity measures「緊縮政策」。

1「狂信」 **2**「耐久，（態度などの）厳しさ」 **3**「嘲笑」 **4**「傲慢」

(17) 解答 **1**

訳 **パワー教授のクラスの学生の数名は，彼らが受けた成績評価の多くが恣意的で，正式な大学の評価方針に従っていないようだと不満を言った。**

解説 自由裁量による判断や行為などを指し，正当ではないというニュアンスを含むことが多い。arbitrary decision「恣意的な決定」。また，「専制的な，独裁的な」の意味で使われることもある。arbitrary rule「専制政治」。

1「恣意的な，任意の」 **2**「一時しのぎの」 **3**「賢明な」 **4**「ずうずうしい」

(18) 解答 **2**

訳 **A：グレンとモハメッドが一緒に全国を自転車で周る計画を企てているって聞いた？**
B：うん，そんなばかげたアイデアを彼らがどこから得ているのかいつも不思議だよ。初日にやめるだろうね。

解説 「（卵）をかえす」が原義。転じて「（陰謀・計画など）を企てる」の意味でも使われる。hatch a plan [an idea]などのコロケーションは，親鳥がじっと卵を抱いて温める様子を思い浮かべると覚えられそうだ。

1「（恐れなど）を鎮める」 **2**「を企てる，（卵）をかえす」 **3**「を変形させる」 **4**「（気力など）を奪う」

(19) 解答 **1**

訳 **いかなる手術であっても，患者は事前に権利放棄証書を読み署名することを求められる。これはその手術のメリットと起こり得る合併症の可能性の両方を，すべての患者が理解しているのを確認するためである。**

解説 動詞waiveは「（権利・請求など）を放棄する（＝ relinquish）」の意味。waive the rightのコロケーションで覚えよう。名詞waiverは「権利放棄（証書）」。同音のwaver「（物・心が）揺れ動く」との混同には注意が必要である。

1「権利放棄証書」 **2**「要塞」 **3**「能力」 **4**「不和」

(20) 解答 **1**

訳 **A：チャーリーってどんな人？　僕以外は皆，彼に会ったみたいだね！**
B：彼は本当に外向的で社交的ね。パーティーや人に出会うのが大好きなのよ。

解説 語源的にgreg-は「群れ（flock）」を意味することから，gregarious animalは「群生動物」。人に使った場合には「社交的な（＝ sociable）」の意味で，問題文のoutgoingも類義語。congregate「集まる，を招集する」や aggregate「集まる，を1つに集める」の-greg-と共通なので一緒に覚えておくとよいだろう。

1「社交的な」 **2**「辛辣（しんらつ）な」 **3**「不機嫌な」 **4**「遊牧（民）の」

(21) 解答 1

訳 **80歳を優に超えているにもかかわらず，ジェイムズの祖父はまだ壮健である。実際に彼は週に数回はジムに通い，毎日飼い犬を家の近くで散歩させる。**

解説 文脈によって訳語は変わるが「強い」「頑丈な」をイメージさせ，主にプラスの意味で使われる形容詞である。問題文での「強健な」の意味のほか，「(組織・制度などが）強力な」「(物が）頑丈な（= durable)」の意味もある。robust sales「堅調な売り上げ」。

1「(人・動植物が）強健な」**2**「老齢による」**3**「ごく小さい」**4**「どう猛な」

(22) 解答 2

訳 **A：デービッドがあまり多くの時間をアダムと一緒に過ごさなければいいのに。あの子はいつもトラブルに巻き込まれるから，彼の振る舞いがチャーリーに影響を与えるのではないかと心配だわ。**
B：同感だよ。でも，チャーリーの友達を僕らが選ぶことはできないからね。

解説 rub offで「こすれて取れる」。onを伴うと，こすれて取れたものが誰かに付着するイメージ。rub off on ～ は人と接触することで「(行動・意見・感情などが）～に乗り移る，～に影響を与える」の意味。問題文のように悪い影響の場合もあれば，よい影響の場合もある。

1「～を避ける」**2**「(性質・才能などが）～に影響を与える」**3**「～に勇敢に立ち向かう」**4**「～を持ち逃げする」

(23) 解答 4

訳 **ケリーはキャンディーを盗んだことに非常に罪悪感を覚えたので，その店に戻り素直に白状した。店主はもう二度と盗みはしないと約束するのであれば許すと言った。**

解説 動詞ownは「を所有している」→「を自分のものと認める，(罪など）を認める」の意味となる。句動詞own upは「潔く白状する，すっかり認める（= confess)」。own up to ～「～を白状する」の形も覚えておこう。

1「(仕事などに）本気で取りかかる」**2**「成功する」**3**「探し回る」**4**「潔く白状する」

(24) 解答 4

訳 **仕事を失った際，多額の解雇手当を受け取ったにもかかわらず，カルロスはその金をほんの2，3カ月でギャンブルに浪費した。**

解説 「(金・時間・機会など）を浪費する」の意味だが，無意味なことに使い，徐々に失うニュアンスを持つ。類義語であるsquanderも必須単語。spendと同様に何に浪費するのかは，fritter away the money [time] on ～ のようにonで表す。

1「～を当てにする」**2**「～を応援する」**3**「～を一気に飲む」**4**「～を浪費する」

(25) 解答 2

訳 **セミナーの最中，教授は学生たちにいつでも議論に加わるように伝えた。彼は自分の意見を言うのを怖がるべきでないと言った。**

解説 weigh inは「(議論などに）大いにかかわる，貢献する」。weighは「の重さがある」→「重要である，影響力がある」と理解しよう。weigh in with ～ は「(意見など）を持ち出して議論に加わる」。

1「(うわさが）広まる」**2**「(議論などに）加わる」**3**「匹敵する」**4**「辛うじて切り抜ける」

解答時間 15 分

模擬テスト　第2回

To complete each item, choose the best word or phrase from among the four choices. Then, on your answer sheet, find the number of the question and mark your answer.

(1) When the interviewer criticized the Prime Minister's economic policy during the interview, he began to behave like a (　　　) child. He gave her an angry look, and stubbornly refused to answer any more questions.

1 mediocre　　**2** sluggish
3 petulant　　**4** deferential

(2) The ranger told the campers that the best way to (　　　) their campfire was to cover it with sand.

1 infer　　**2** chisel
3 douse　　**4** annex

(3) The survey researchers questioned a (　　　) of people born in the late 1980s in different parts of the city to see how their background affected their future earning potential.

1 facet　　**2** tantrum
3 maneuver　　**4** cohort

(4) The young police officer approached the crime scene with (　　　). It was his first day on the job, and he was fearful of what he might see.

1 trepidation　　**2** condemnation
3 decimation　　**4** destitution

(5) Although Evan inherited a large amount of money from his parents, he (　　　) the entire amount. Two years later, he actually found himself in debt.

1 squandered　　**2** kindled
3 ascended　　**4** cuddled

(6) The author complained that an editor had severely (　　　) the original article she had written, cutting out several sections that she felt were essential to readers' understanding of the issue.

1 decreed　　**2** brewed
3 truncated　　**4** embittered

(7) The new club coach was shocked by the (　　　) behavior of some of the younger players on the team. They were in the habit of using foul language and talking back to their coaches when scolded.

1 insolent　　**2** reclusive
3 virtuous　　**4** steadfast

(8) Since neither leader was willing to compromise, the two nations have been moving (　　　) toward war. Experts predict that the fighting will begin before the end of the year.

1 inexorably　　**2** genially
3 spuriously　　**4** exquisitely

(9) Everyone was shocked by the King's sudden (　　　) of the throne. No one had realized that his health condition was so serious.

1 incision　　**2** renunciation
3 abrasion　　**4** combustion

(10) Although her first novel was a bestseller, her second book (　　　) its success, selling at least 10 times as many copies.

1 interjected　　**2** attuned
3 eclipsed　　**4** despised

(11) In Victorian London, many people lived in ( ), substandard housing with inadequate access to sanitation and clean water.

1 contemplative **2** scrawny
3 eminent **4** squalid

(12) Many drivers complained about having to pay such high fines for minor ( ) such as parking in the wrong area. They were especially angry because drivers who had committed much more serious offenses were given similar fines.

1 trysts **2** rebuttals
3 denominations **4** transgressions

(13) John did not do very well at school. It was not until much later that he discovered he had a ( ) talent for poetry.

1 scandalous **2** latent
3 reminiscent **4** prudish

(14) ***A:*** Jesse, I just got this really ( ) text from our boss. I'm not sure if he wants me to do something or not.
B: I would just ask him if I were you. He's in the habit of writing these kinds of confusing messages.

1 enchanting **2** discernible
3 cryptic **4** jubilant

(15) The ( ) against the ship's captain was led by one of the officers who was tired of seeing the sailors treated so badly. It only took a short time for the sailors to take control of the ship.

1 mutiny **2** divergence
3 expletive **4** frivolity

(16) Everyone agreed that the racing driver was lucky to have walked away from the accident (　　　), especially since his car was completely wrecked.

1 unscathed　　**2** unfounded
3 concerted　　**4** outmoded

(17) ***A:*** Do you have any idea what Governor Kaufmann's policy on healthcare for the elderly is?
B: I don't think anyone does. He's constantly (　　　) on the issue.

1 obfuscating　　**2** hibernating
3 degenerating　　**4** reverberating

(18) Mr. Ebel may be popular, but it is only because he (　　　) to his students by letting them watch a lot of movies and not assigning homework.

1 panders　　**2** flinches
3 jangles　　**4** abstains

(19) Many hackers seem to feel that they can behave with (　　　). They are not at all worried that they will be prosecuted for their crimes.

1 impunity　　**2** slumber
3 rapport　　**4** attire

(20) King Henry VIII of England had a reputation for being a (　　　). It has been reported that he ate vast amounts of food every day and was fond of holding lavish banquets.

1 nemesis　　**2** glutton
3 paragon　　**4** protégé

(21) The man was finally arrested in France and he is currently being ( ) to his own country, where he will be on trial for a crime he is said to have committed.

1 confounded **2** saturated
3 pillaged **4** extradited

(22) During his month-long stay, Mr. Livingston was required by the hotel to ( ) his expenses for any services he used at the end of every week.

1 roll over **2** thin out
3 square up **4** wind down

(23) The politician ( ) the accusation that he had accepted a bribe for helping a company win a government construction contract, saying it was not unusual for politicians to be paid for their advice.

1 hemmed in **2** glossed over
3 bailed out **4** polished off

(24) When the new mayor was elected, he promised to ( ) crime. He said his main goal was to make the city a safer place to live.

1 muscle in on **2** stock up on
3 tie in with **4** clamp down on

(25) The author nearly gave up on finishing his mystery novel due to his inability to come up with a satisfying conclusion. Fortunately, he ( ) a great idea while taking a relaxing walk along the beach.

1 struck on **2** pushed for
3 hailed from **4** put across

模擬テスト 第2回 解答・解説

(1)	3	(2)	3	(3)	4	(4)	1	(5)	1	(6)	3	(7)	1	(8)	1	(9)	2	(10)	3
(11)	4	(12)	4	(13)	2	(14)	3	(15)	1	(16)	1	(17)	1	(18)	1	(19)	1	(20)	2
(21)	4	(22)	3	(23)	2	(24)	4	(25)	1										

(1) 解答 3

訳 **そのインタビュアーがインタビュー中に首相の経済政策を批判すると，彼は怒りっぽい子供のように振る舞い始めた。彼は彼女に怒った表情を向け，その後の質問に答えるのを頑固に拒否した。**

解説 「短気な，怒りっぽい，いらいらした」の意味。特に思いどおりにならなくて子供のように怒っている状況に使われることが多く，問題文にあるa petulant childはよく使われるコロケーションである。

1「並の」 **2**「怠惰な」 **3**「怒りっぽい」 **4**「敬意を表する」

(2) 解答 3

訳 **そのレンジャーはキャンパーたちにキャンプファイアを消す最善の方法は火を砂で覆うことだと教えた。**

解説 douse the fire「火を消す」の意味では，extinguish, put out ～ などに言い換えが可能。また，She doused her hair with water.のように「に（液体を）浴びせる」の意味でも使われる。二重母音の発音に注意。

1「を推論する」 **2**「をのみで彫る」 **3**「（明かり・火）を消す」 **4**「を併合する」

(3) 解答 4

訳 **調査研究員たちは，生い立ちがどのように将来のお金を稼ぐ能力に影響するかを調べるために，市内の異なる地域で1980年代後半に生まれた人の集団に質問した。**

解説 原義は「（古代ローマの）歩兵隊」。問題文のように統計における同種の属性を持つ「群」のほか，一般に「集団，グループ」の意味でも使われる。また，「仲間，同僚」の意味で個人を表すこともある。

1「（物事の）一面」 **2**「（特に子供の）かんしゃく，不機嫌」 **3**「機動演習」 **4**「集団，仲間」

(4) 解答 1

訳 **その若い警察官は，恐怖を感じながら犯罪現場に近づいた。それは彼が業務に就いた初日で，何を見ることになるのかが恐ろしかった。**

解説 2文目のfearfulがヒント。with trepidationで「恐怖［不安］を感じながら」という意味の副詞句。fearが一般的な「恐怖，不安」であるのに対して，trepidationは今後起こり得ることへの恐怖を意味する。

1「恐れ」 **2**「激しい非難」 **3**「大量殺害」 **4**「極貧」

(5) 解答 1

訳 エヴァンは両親から多額の金を相続したが，全額を浪費した。2年後，彼には実際借金があった。

解説 wasteとほぼ同義だが，squanderはより無謀に，あるいは愚かな方法で浪費する意味を含む。問題文のように，金を浪費するほか，時間・資源・機会などを浪費する際にも使われる。squanderer「浪費家」。

1「を浪費する」 2「に火をつける」 3「(山など) を登る」 4「を優しく抱き締める」

(6) 解答 3

訳 その著者は彼女が書いた元の記事をある編集者が大幅に短くしたと不満を言った。読者が問題を理解するのに不可欠だと彼女が感じた部分をいくつか削除していた。

解説 「先端を切る」が原義。転じて「(文章・説明・リストなど) を切り詰める」「(数字) を切り捨てる」の意味がある。受身形で使われることも多く，shorten, abbreviate, abridgeなどが類義語。

1「を命じる」 2「(茶など) を入れる」 3「(話など) を短くする」 4「につらい思いをさせる」

(7) 解答 1

訳 新しいクラブのコーチは，チームの数名の若い選手の傲慢(ごうまん)な態度にショックを受けた。彼らは日ごろから汚い言葉を使い，叱られるとコーチに口答えをしていた。

解説 目上の相手に対する敬意が見られず，極度に無礼で横柄な様子を指す。問題文のinsolent behaviorはよく使われるコロケーションである。類義語はrude, arrogant, impudent, impertinentなど。indolent「怠惰な」との混同に注意が必要である。

1「傲慢な」 2「隠遁(いんとん)している」 3「徳のある」 4「(忠誠心などが) しっかりした」

(8) 解答 1

訳 いずれのリーダーも歩み寄ろうとしなかったので，両国はいや応なしに戦争へと向かっている。専門家は年末までに戦闘が開始されるだろうと予想している。

解説 「どうしようもなく (= unavoidably)」の意味で，情け容赦ない無情さを暗示することもある。Information technology has progressed inexorably.「情報技術はいや応なしに進歩した」。類義語はrelentlessly, ruthlesslyなど。

1「容赦なく，どうしようもなく」 2「親切に」 3「偽って」 4「とても優美に」

(9) 解答 2

訳 国王の突然の王位の放棄に皆ショックを受けた。彼の健康状態がそこまで深刻だとは誰も気付いていなかった。

解説 公式な宣言による「(権利・称号などの) 放棄，(信条などの) 断念」を意味するフォーマルな単語。類義語はrelinquishment, abandonment, abdicationなど。renunciation of war「戦争放棄」も覚えておこう。

1「切り込み，切開」 2「放棄」 3「すり傷」 4「燃焼」

(10) 解答 3

訳 彼女の最初の小説はベストセラーだったが，2作目は少なくともその10倍の部数を売り上げ，1作目の成功の影を薄くした。

解説 名詞の場合，solar eclipse「日食」，lunar eclipse「月食」。動詞eclipseは「(ほかの天体) を欠けさせる」「の光彩を失わせる」という意味になる。2作目が非常によく売れたので，1作目の成功を凌駕(りょうが)したという文脈。類義語はoutshine, surpass, excelなど。

1「(言葉) を不意に差し挟む」 2「を慣れさせる」 3「の影を薄くする」 4「を軽蔑する」

(11) 解答 4

訳 **ビクトリア時代のロンドンでは，多くの人々が下水設備や浄水も満足に使えない，汚い標準以下の家に住んでいた。**

解説 「汚い」の意味だが，住環境に関して使われることが多く，貧困や管理を怠ったことによる不快な状態を指す。覚えるべき類義語はfilthyだが，こちらは場所以外にも使い，極端に不潔な様子を表す。

1「熟考する」 **2**「ひどくやせた」 **3**「高名な」 **4**「汚い」

(12) 解答 4

訳 **多くのドライバーは，誤った場所に駐車するなどのささいな違反に対して，そのような高額な罰金を払わなければならないことについて不満を漏らした。はるかに重大な違反を犯したドライバーが同様の罰金を課せられていたので，彼らは特に怒っていた。**

解説 trans-は語源的にacross「越えて」であることから「(範囲・限界などからの) 逸脱」という意味。転じて道徳・宗教・法律上の範囲を越える「罪 (= sin)，違反 (= offense)，犯罪 (= crime, wrongdoing)」などの意味で使われる。

1「(恋人同士の) 会う約束」 **2**「反駁」 **3**「宗派」 **4**「違反」

(13) 解答 2

訳 **ジョンは学校での成績はあまりよくなかった。彼が自分には詩の隠れた才能があると気付いたのはかなり経ってからのことだった。**

解説 存在はしていてもまだ現出していない潜在能力などに使うことが多い。latent ability [talent]など。また「(病気が) 潜行の，潜伏期の」の意味もある。latent disease「潜在的疾患」，latent period「(病気の) 潜伏期間」もあわせて覚えておこう。

1「恥ずべき」 **2**「潜在的な」 **3**「懐古的な，思い出させる」 **4**「上品ぶった」

(14) 解答 3

訳 **A：ジェシー，たった今上司からこの本当に謎めいた携帯メールが来たの。彼が私に何かしてほしいのかどうかよくわからないわ。**

B：まあ僕だったら，彼に聞いてみるよ。彼ってよくこうしたわかりにくいメッセージを書くから。

解説 mysterious, enigmatic, obscureなどが類義語として挙げられるが，crypticは意図的に意味を隠し不可解にしているような場合が多い。encrypt「を暗号化する」，cryptocurrency「暗号通貨」とあわせて覚えておくとよいだろう。

1「魅惑的な」 **2**「認められる」 **3**「秘密の，謎めいた」 **4**「喜びにあふれた」

(15) 解答 1

訳 **その船の船長に対する反乱は，水兵たちがあまりにひどい扱いを受けるのを見るのにうんざりした将校の1人によって先導された。水兵たちが船の支配権を握るのにほんの短時間しかかからなかった。**

解説 権威者に向けられたあからさまな反乱を指すが，特に軍人・船員による上官・船長に対する反抗の意味で用いられることが多い。知っておくべき類義語はrebellion, insurrection, uprisingなど。

1「(船長などに対する) 反乱」 **2**「分岐」 **3**「ののしりの言葉」 **4**「軽薄」

(16) 解答 **1**

訳 **自動車レースのドライバーがその事故で無傷で難を逃れたのは幸運だったと全員が同意した。特に彼の車は完全に大破したからである。**

解説 動詞scathe「を傷つける」から，形容詞unscathed「無傷の，痛手を受けていない（＝unharmed）」が成り立つ。叙述用法のみで使われる。remain [escape, emerge, survive] unscathedなど。

1「無傷の」 2「根拠のない」 3「共同での」 4「流行遅れの」

(17) 解答 **1**

訳 **A：カウフマン知事の高齢者医療に関する政策がどんなものかわかる？**
B：誰にもわからないと思うよ。彼はいつもその問題に関してわかりにくくしているよ。

解説 obfuscateはわざと相手を混乱させて，論点をうやむやにするような文脈で使われることが多い。問題文では自動詞だが，「をわかりにくくする」の意味の他動詞としても使う。類義語obscureは他動詞のみ。反意語はclarify, elucidateなど。

1「わかりにくくする」 2「冬眠する」 3「低下する」 4「（音が）反響する」

(18) 解答 **1**

訳 **エベル先生は人気があるかもしれないが，それは単に生徒たちに迎合して多くの映画を見させたり宿題を出さないという理由からである。**

解説 pander to ～ の形で「～に迎合する，～につけこむ」の意味。問題文のby以下にあるように，相手の欲求を不適切な方法で満たすというニュアンスが含まれる。cater to ～ が近い表現。pamper「（子供など）を甘やかす」と混同しやすいので注意が必要である。

1「迎合する」 2「びくっとする」 3「（硬貨などが）じゃらじゃら音を立てる」 4「自制する」

(19) 解答 **1**

訳 **多くのハッカーは，罰せられずに行動できると感じているようだ。彼らは犯した罪で起訴されるとはまったく心配していない。**

解説 「刑罰を受けないこと」の意味で，im-は「否定」，-pun-の部分は語源的にpunishmentと関連がある。with impunity「刑罰を受けずに，とがめられることもなく」の形で使われ，without punishmentと言い換えられる。

1「罰を免れること」 2「眠り」 3「信頼関係」 4「装い，服装」

(20) 解答 **2**

訳 **イングランドのヘンリー8世は大食漢だという評判だった。彼は毎日大量の食べ物を食べて，豪華な宴会を開くことを好んだと伝えられている。**

解説 形容詞gluttonous「食いしん坊の，貪欲な」もあわせて覚えておこう。gluttonは「大食漢」のほか，「熱中する人，凝り性の人」の意味もある。a glutton for work「仕事の虫」，a glutton for punishment「（自ら苦労を引き受ける）頑張り屋」。

1「天罰，因果応報」 2「大食漢」 3「模範」 4「被保護者」

(21) 解答 **4**

訳 **その男はついにフランスで逮捕され，現在母国に送還されている。彼はそこで犯したとされる罪で裁判にかけられる。**

解説 犯罪者を法的手続きにより管轄国に引き渡す際に使われ,「AからBへ」の情報を加えるのであれば，from A to Bを伴う。類義語repatriateは「（捕虜・移民など）を本国に送還する」の意味。

1「をすっかり困惑させる」**2**「を飽和状態にする」**3**「を略奪する」**4**「を送還する」

(22) 解答 **3**

訳 **1カ月の滞在中，リビングストン氏は利用したあらゆるサービスの費用を毎週末に精算するようホテルから要求された。**

解説 square up 〜 は「（借金など）を精算する」を意味し，settle, pay off 〜 などが類義の表現。また，square up to 〜 は「（戦う相手）に身構える，（困難など）に立ち向かう」の意味になる。

1「〜を寝返りさせる」**2**「〜をまばらにする」**3**「〜を精算する」**4**「〜を徐々に終わらせる」

(23) 解答 **2**

訳 **その政治家は，ある企業が政府の建設契約を勝ち取るのに手を貸すのと引き換えに賄賂を受け取ったとの告発を言い逃れた。彼は政治家がアドバイスの見返りに金銭を受け取るのは珍しくないと述べた。**

解説 glossは名詞では「光沢，つや」。リップグロス（lip gloss）で記憶するとよいだろう。動詞では「につやを出す」。gloss over 〜 は「〜をうまく取り繕う」。都合の悪いことをうまく言い逃れをしてごまかすといった文脈で使われる。

1「〜を取り囲む」**2**「〜を取り繕う」**3**「（企業など）を救済する」**4**「（食事）をさっと平らげる」

(24) 解答 **4**

訳 **新市長が選出された際，彼は犯罪を厳しく取り締まると約束した。その市をより安全に住める場所にするのが彼の主要な目標だと述べた。**

解説 clampは名詞では「留め金，かすがい」。動詞では「（留め金で）をしっかり固定する」。句動詞clamp down on 〜 は「（犯罪・違法行為など）を厳しく取り締まる（= crack down on 〜）」の意味で使われる。名詞clampdownは「厳しい取り締まり，弾圧」の意味。

1「〜に強引に割り込む」**2**「〜を（大量に）蓄える」**3**「〜と一致する」**4**「〜を厳しく取り締まる」

(25) 解答 **1**

訳 **その作家は満足のいく結末を思い付くことができなかったため，自身のミステリー小説を完成させるのを諦めかけていた。幸いにも，彼はビーチをくつろぎながら散歩する間に素晴らしいアイデアを思い付いた。**

解説 strike on 〜 は「（考え・方法など）を思い付く」「（物・事など）を偶然見つける」の意味で，突然のインスピレーションにより素晴らしい考えが浮かぶような場面で使われる。問題文1文目のcome up with 〜 のほか，hit on 〜 などが類義の表現。

1「（考えなど）を思い付く」**2**「〜を要求する」**3**「〜の出身である」**4**「〜をうまく伝える」

解答時間 15 分

模擬テスト　第3回

To complete each item, choose the best word or phrase from among the four choices. Then, on your answer sheet, find the number of the question and mark your answer.

(1) At first, Patricia enjoyed being the manager of the local football club, but over time the numerous administrative duties became an (　　　) task that she no longer enjoyed.

1 amiable　　**2** onerous
3 introspective　　**4** impromptu

(2) After the public heard Mayor Wilson expressing his racist and sexist views in a recording, he was (　　　) by almost everyone.

1 grappled　　**2** dismantled
3 scuffed　　**4** reviled

(3) Before they got their new heating system, the upstairs of their house was always hotter than the basement. Now, though, the heat is (　　　) much more evenly than it was before.

1 diffused　　**2** assailed
3 maligned　　**4** shirked

(4) No one noticed as the magician (　　　) placed the ball into his jacket pocket while pretending to take something else out of it.

1 surreptitiously　　**2** chronically
3 autonomously　　**4** equitably

(5) This skincare product is recommended for those with lighter (　　　) who tend to burn more easily in the sun than those with darker skin.

1 complexions　　**2** shimmers
3 specters　　**4** prophets

(6) In the past, it was usual for newscasters in some countries to take ( ) lessons in order to get rid of their regional accents. However, this is far less common these days.

1 restitution **2** vanity
3 elocution **4** ambiguity

(7) This painting by the famous artist depicts a typical ( ) scene of green fields and shepherds tending their sheep, with a little church in the background.

1 debonair **2** bucolic
3 erroneous **4** pernicious

(8) ***A:*** Oh, no. The heavy rain seems to have turned the rugby pitch into a ( ).
B: I hope it dries out before the match on Saturday. It looks really slippery.

1 quagmire **2** menace
3 mirage **4** plateau

(9) Isaiah's friends tried to ( ) him into going to the party with them, but nothing they said could change his mind. He knew he needed to study for the test.

1 cajole **2** accentuate
3 juxtapose **4** redeem

(10) After the accident, the Prime Minister offered his ( ) to those who had lost their lives as well as their families. He also said he was praying for the speedy recovery of the injured.

1 condolences **2** prologues
3 pretensions **4** tribulations

(11) □□ ***A:*** I heard you're selling your art on the Internet, Alison.
B: Yes, it's a great way to (   ) my income. I made an extra $700 last month.

1 debrief **2** augment
3 smother **4** repress

(12) □□ In his public statement, the defendant expressed (   ) for his crimes, stating that he was deeply sorry and that he would do his best to make up for his mistakes.

1 dexterity **2** contrition
3 mayhem **4** aridity

(13) □□ After more than 20 years as manager, Fernando was reluctant to (   ) control of the department. However, he knew that it was time for someone new to take over.

1 debilitate **2** bemoan
3 relinquish **4** transpose

(14) □□ The travel company offers exciting trips to the Amazon rainforest that are ideal for (   ) travelers who enjoy an adventure and do not mind sleeping in a tent.

1 opaque **2** avaricious
3 dank **4** intrepid

(15) □□ Despite the fact that it was his first major acting part, Michael performed the role of Hamlet with (   ) skill. In fact, he was so good that the audience gave him a standing ovation.

1 consummate **2** lethal
3 malignant **4** neurotic

(16) Dara was looking forward to a nice hot bath after her long journey. However, the thermostat in her house was not working properly and only (   ) water came out of the tap.

1 fallible　**2** tepid
3 intangible　**4** coarse

(17) After reading an article (   ) the art and architecture of Italy, Jasmine decided it would be her next travel destination. If it was half as good as the article said, she would definitely enjoy it.

1 ostracizing　**2** bridling
3 extolling　**4** pulverizing

(18) In his first speech, the presidential candidate assured the audience that he was committed to ending both racial and religious (   ) within the government.

1 reverie　**2** gamut
3 tirade　**4** bigotry

(19) The newspaper columnist is in the habit of making cruel and (   ) remarks about celebrities he does not like. However, his recent comments went too far and led to a record number of complaints.

1 derogatory　**2** bereft
3 tactful　**4** palliative

(20) Upper management had been trying to keep the pay cuts a secret, but news about them gradually began to (   ) down among the staff. Now, almost everyone knows about the changes.

1 swagger　**2** reconvene
3 implode　**4** percolate

(21) The tax officer ordered a full investigation of the company's finances after noticing several (　　　) in their annual tax report.

1 barrages　　**2** blemishes
3 allegiances　　**4** discrepancies

(22) When Professor Briggs was sick, the university could not find anyone to (　　　) him, so all of his lectures were canceled.

1 sit in for　　**2** talk back to
3 walk out on　　**4** pick up on

(23) When the runner twisted his ankle during the marathon, he was forced to (　　　) 10 kilometers before the finish.

1 come around　　**2** spout off
3 roll back　　**4** bow out

(24) *A:* Pamela, do you have any ideas for how I can (　　　) more business for my café?
B: Why don't you make some flyers and hand them out on the street? That worked well when I first opened my restaurant.

1 drum up　　**2** mark out
3 lop off　　**4** force down

(25) Last year, the housing market improved, so many people (　　　) low interest rates, which were available through their home loans.

1 got in on　　**2** cashed in on
3 wriggled out of　　**4** shrank away from

模擬テスト 第3回 解答・解説

(1)	2	(2)	4	(3)	1	(4)	1	(5)	1	(6)	3	(7)	2	(8)	1	(9)	1	(10)	1
(11)	2	(12)	2	(13)	3	(14)	4	(15)	1	(16)	2	(17)	3	(18)	4	(19)	1	(20)	4
(21)	4	(22)	1	(23)	4	(24)	1	(25)	2										

(1) 解答 2

訳 **最初，パトリシアは地元のサッカークラブのマネージャーをすることを楽しんでいたが，時間が経つにつれて多くの管理業務がもはや楽しむことのできない厄介な仕事になった。**

解説 onus「負担，責任」とあわせて覚えるとよいだろう。onerousは「(任務・義務などが)厄介な，煩わしい」の意味。burdensome, arduous, strenuousなどが類義語として挙げられるが，onerousではうんざりするほどの苦労を伴う点が特に強調される。

1「(人が) 優しい」 **2**「厄介な」 **3**「内省的な」 **4**「即興の」

(2) 解答 4

訳 **ウィルソン市長が人種差別や性差別的考えを述べるのを市民が録音で聞いた後，彼はほぼ全員にののしられた。**

解説 revileは侮辱的な言葉や下品な物言いで相手の悪口を言うような場面で使われるが，嫌悪や怒りや憎しみなどが原因である場合が多い。形容詞vile「下劣な，恥ずべき」とあわせて覚えるとよいだろう。

1「(人) をしっかりつかむ」 **2**「を分解する」 **3**「を足でこする」 **4**「をののしる」

(3) 解答 1

訳 **彼らが新しい暖房装置を設置する前は，常に家の2階が地下室よりも暖かかった。しかし今では，暖かさが以前よりずっと均等に拡散されている。**

解説 diffuseは「(気体・液体・熱・光など) を拡散させる」のほか，「(情報・知識・うわさなど) を広める，を普及させる」の意味でも使われ，spreadよりもフォーマルな表現。問題文のevenlyからもわかるように「四方八方に行きわたらせる」ようなニュアンスを含む。

1「を拡散させる」 **2**「を非難する」 **3**「を中傷する」 **4**「を回避する」

(4) 解答 1

訳 **その手品師が上着のポケットから何かほかのものを取り出すふりをして，ボールをひそかにそこに入れたとき誰も気付かなかった。**

解説 人目を盗んでこっそりと行動を起こす際に用いられる。furtively, covertly, clandestinelyも必須の類義語なので覚えておこう。ただしsurreptitiouslyは，巧みな方法でばれないようにさっと行うというニュアンスが含まれる。

1「ひそかに」 **2**「慢性的に」 **3**「自律的に」 **4**「公平に」

(5) 解答 1

訳 **このスキンケア製品は，浅黒い肌の人よりも日焼けしやすい傾向にある色白の人にお勧めである。**

解説 light [fair, dark, pale] complexionのように形容詞を伴い「肌の色，顔色」を表現できる。また，「肌の色」→「外観」→「様相」のように変化した意味で用いられることもある。the complexion of the war「戦況」。

1「肌の色，顔色」 **2**「揺らめく光」 **3**「幽霊」 **4**「予言者」

(6) 解答 **3**

訳 **以前は，国によってはニュースキャスターが地域のなまりを直すために話し方のレッスンを受けるのはよくあることだった。しかし，最近では以前よりもかなり一般的ではなくなっている。**

解説 聴衆に対する「話し方，雄弁術」を指す。語源的にspeakと関係があり，eloquent「雄弁な」，loquacious「おしゃべりな」，circumlocution「遠回しな言い方」などの重要語とあわせて記憶しておくとよいだろう。

1「（盗難品などの）返還」**2**「うぬぼれ」**3**「語り方，演説ぶり」**4**「あいまいさ」

(7) 解答 **2**

訳 **有名な画家によるこの絵画は，背景には小さな教会があり，緑の草原と羊の世話をする羊飼いの典型的な牧歌的風景を描いている。**

解説 「羊飼いの」のほか，「牧歌的な，田園の」の意味でも用いられる。プラスの意味でも使われるが，あまり好ましくない意味合いで使われる場合もある。類義語はrural, rustic, pastoral, idyllicなど。

1「愛想のよい」**2**「牧歌的な」**3**「（意見などが）間違った」**4**「非常に有害な」

(8) 解答 **1**

訳 **A：あら，まあ。豪雨でラグビーのピッチがぬかるみになってしまったみたい。**
B：土曜日の試合までに乾くといいね。すごく滑りそうだもの。

解説 mireだけでもほぼ同義。「湿地，沼地」のほか，比喩的に「苦境，窮地（= predicament, quandary）」の意味もある。日本語の「泥沼」に近い表現である。economic quagmire「経済的苦境」，a quagmire of debts「借金の泥沼」。

1「湿地」**2**「脅迫，脅威」**3**「蜃気楼（しんきろう），妄想」**4**「高原」

(9) 解答 **1**

訳 **アイゼイヤの友人たちは一緒にパーティーに行くよう彼を言いくるめようとしたが，何を言っても彼の気持ちを変えることはできなかった。彼はテストに向けて勉強する必要があるとわかっていた。**

解説 類義語はpersuade, coaxなど。おだてて丸め込むようなニュアンスを持つ。「（人）をおだてて～させる」はcajole（人）into *doing*,「口車に乗せて（人）に～をやめさせる」はcajole（人）out of *doing*。

1「を言いくるめる」**2**「を強調する」**3**「を並べる」**4**「を補う」

(10) 解答 **1**

訳 **事故後，首相は亡くなった方々とその家族に対してお悔やみを述べた。また，負傷した方々の速やかな回復を祈っていると述べた。**

解説 不可算名詞では「弔意，哀悼の意」，可算名詞だと複数形で「弔辞，哀悼の言葉」の意味。よく使われるコロケーションはoffer [send, express, present] *one's* condolences to ～「～にお悔やみを述べる」。

1「お悔やみの言葉，弔意」**2**「序章」**3**「自負」**4**「苦難」

(11) 解答 2

訳 **A：アリソン，君は作品をインターネットで売っているって聞いたけど。**
B：そう，収入を増やす素晴らしい方法なの。先月は700ドルの追加収入があったの。

解説 「(数量・大きさ・程度など) を増加させる」の意味でincreaseが類義語。ただし, augmentは既に十分であるものを補ってさらに増やすという意味合いで使われることが多い。問題文では，本来の収入以外のextra「余分の，追加の」700ドルであると述べられている。

1「に報告を求める」**2**「を増加させる」**3**「を窒息させる」**4**「(感情など) を抑制する」

(12) 解答 2

訳 **公式声明で，被告は犯した罪に対して悔悟の念を表した。彼は深く後悔しており，過ちを償うために全力を尽くすと述べた。**

解説 犯した罪・悪行に対して深く悔いる気持ちを意味する。形容詞はcontrite「悔い改めた，悔悛の情を示す」，副詞contritelyは「後悔して」。類義語はregret, remorse, repentance, penitenceなど。

1「器用さ」**2**「悔悟」**3**「大混乱，暴力沙汰」**4**「乾燥（状態）」

(13) 解答 3

訳 **部長として20年以上が経ち，フェルナンドは部の支配権を放棄するのに気が進まなかった。しかし，新たな人が引き継ぐべき時だと彼は知っていた。**

解説 「(地位・権力など) を放棄する，(権利・所有物など) を譲渡する」の意味で，renounce, give up ～, waiveなどが言い換え表現。ただし，問題文にもあるとおり，しぶしぶ手放すニュアンスがあり，be reluctant to relinquish, reluctantly relinquishなどの形でよく使われる。

1「を衰弱させる」**2**「を嘆く」**3**「を放棄する」**4**「を置き換える」

(14) 解答 4

訳 **その旅行会社は，アドベンチャーを楽しみテントで寝るのも厭わない勇猛な旅行者に理想的な，アマゾン熱帯雨林への刺激的な旅行を提供している。**

解説 trepidation「恐怖，不安」とあわせて覚えるとよいだろう。trepidに否定のin-がついて「勇猛な，大胆不敵な」の意味。brave, courageous, valiant, audaciousなどが類義語だが，上記の語源からintrepidは恐怖心がない点が特に強調される。

1「不透明な」**2**「強欲な」**3**「じめじめした」**4**「大胆不敵な」

(15) 解答 1

訳 **初めての主役だったという事実にもかかわらず，マイケルは完璧な技量でハムレットの役を演じた。実際，彼は大変素晴らしかったので，観客はスタンディングオベーションを送った。**

解説 consummateは語源的にsum「合計」の意味が含まれることから，動詞では「を完成する（= complete)」の意味。問題文のように形容詞で使う場合には「(技術・能力などが) 完全な，完璧な（= perfect, supreme)」の意味となる。

1「完全な」**2**「致死の，致命的な」**3**「悪性の，悪意に満ちた」**4**「神経症の」

(16) 解答 **2**

訳 **ダラは長旅を終えて気持ちのよい熱い風呂を楽しみにしていた。しかし，彼女の家の温度自動調節器が正しく作動しておらず，蛇口から生ぬるいお湯しか出なかった。**

解説 問題文では「（液体が）生ぬるい（= lukewarm）」の意味だが，比喩的に「（感情・反応などが）熱意のない（= unenthusiastic, apathetic）」の意味でも使われる。tepid response [reaction, interest, applause] など。

1「誤りやすい」**2**「生ぬるい」**3**「手に触れられない」**4**「（きめ・粒などが）粗い」

(17) 解答 **3**

訳 **イタリアの美術や建築を激賞する記事を読んだ後，ジャスミンはその国を次の旅行先に決めた。もし記事に書かれているよさの半分だとしても，彼女は間違いなくイタリアを楽しむだろう。**

解説 空所前のan articleを後置修飾する現在分詞を選ぶ問題。旅行先に決めたことから空所にはプラスの意味の語が入る。原形はextolだが，米国ではextollのスペリングもしばしば使われる。ただし，extolの場合もextolled, extollingと変化するのでスペリングに注意が必要。

1「を排斥する」**2**「を抑制する」**3**「を激賞する」**4**「を砕く」

(18) 解答 **4**

訳 **初めての演説で，その大統領候補は政府内の人種的および宗教的偏狭のいずれをも終わらせることを約束すると聴衆に断言した。**

解説 寛容さを持たない偏見や頑固な振る舞いを指し，prejudice, bias, intoleranceなどと意味的に近い。問題文にあるracial bigotryはracismに言い換えられる。bigotは「（人種的・宗教的・政治的に）偏狭な人」の意味。

1「空想」**2**「全領域」**3**「長い非難演説」**4**「偏狭，頑迷」

(19) 解答 **1**

訳 **その新聞のコラムニストは嫌いな著名人について残酷で軽蔑的な発言をするのを常としている。しかし，彼の最近のコメントは度を越してしまい，過去最多の苦情につながった。**

解説 「（言葉などが）軽蔑的な，さげすむような」の意味で，相手に対する敬意がなく，意図的にけなすというニュアンスが含まれる。derogateは自動詞として「（価値などを）損なう」，他動詞として「をけなす」の意味でも使う。

1「軽蔑的な」**2**「奪われている」**3**「如才ない」**4**「一時しのぎの」

(20) 解答 **4**

訳 **経営上層部は賃金カットを秘密にしておこうとしてきたが，そのニュースは徐々にスタッフの間で広まり始めた。今ではほぼ全員がその変更について知っている。**

解説 「をろ過する」「しみ込む，しみ出る」のほか，問題文のように「（考え・ニュースなどが）（次第に）広まる」の意味でも使われる。per- = throughの語源を知っておくと，pervade「の隅々に広がる」，permeate「にしみ込む」などとあわせて覚えやすいだろう。

1「いばって歩く」**2**「（会議などが）再開される」**3**「内側に破裂する」**4**「（考えなどが）広まる」

(21) 解答 4

訳 **税務署員は，その会社の年間の税務報告書においていくつか矛盾点に気付いた後，会社の財政状況を徹底的に調査するよう命じた。**

解説 「不一致，相違」の意味で，difference, disparityなどが類義語だが，discrepancyは本来は一致すべき所に見られる「食い違い，矛盾」である点が異なる。discrepancy between A and Bなどの形でよく使われる。

1「集中砲火」 **2**「汚れ，汚点」 **3**「忠誠」 **4**「不一致，矛盾」

(22) 解答 1

訳 **ブリッグス教授が病気だったとき，大学は彼の代理を務める人を誰も見つけられなかったので，彼の講義はすべてキャンセルされた。**

解説 本来担当する人が不在や病気のため，別の人が仕事や会議への出席を代理で務める状況で使われる。「～の代わりに席に座る」と考えれば理解できるだろう。stand in for ～, fill in for ～, take the place of ～ などに言い換えが可能。

1「～の代理を務める」 **2**「～に口答えする」 **3**「～を見捨てる」 **4**「～に気付く」

(23) 解答 4

訳 **そのランナーはマラソンの途中で足首を捻挫し，ゴールの10キロ手前で棄権することを余儀なくされた。**

解説 bowとoutから，「おじぎして出る」の意味。転じて「（職・任務などを）辞任する（＝resign）」。特に長期間にわたり成功を収めた活動などから身を引く際に用いられる。そのほか，問題文のように「（競技などで）棄権する，退場する」の意味でも使う。

1「意見を変える」 **2**「べらべらしゃべる」 **3**「（敵などが）退く」 **4**「おじぎをして出る，手を引く」

(24) 解答 1

訳 A：**パメラ，どうしたら僕のカフェのビジネスをもっと盛り上げられるか，アイデアはある？**

B：**チラシを作って街で配ったら？　私が最初にレストランをオープンしたときにはそれでうまくいったわよ。**

解説 「（支持・取引など）を必死で獲得しようとする」の意味。drum up support「支持を集める」，drum up customers「顧客を集める」，drum up business「売り上げを伸ばす」など。あの手この手で獲得する様子をイメージするとよい。

1「（支持など）を懸命に得ようとする」 **2**「～を区画する」 **3**「（不要な部分）を取り除く」 **4**「無理やり～を飲み込む」

(25) 解答 2

訳 **昨年，住宅市場が上向いたので，多くの人が住宅ローンで利用できる低金利に乗じた。**

解説 「～を利用する，～に付け込む」の意味で，類義表現はtake advantage of ～, avail *oneself* of ～, capitalize on ～ など。ただし，cash in on ～ は金銭的な利益目的である場合に使うことが多い。

1「～に参加する」 **2**「～に乗じる」 **3**「～を何とかして逃れる」 **4**「～から後ずさりする」

解答時間 15 分

模擬テスト　第4回

To complete each item, choose the best word or phrase from among the four choices. Then, on your answer sheet, find the number of the question and mark your answer.

(1) The new modern art sculpture in the town center cost a lot of money. However, many local people regard it as an (　　　) and have asked for it to be removed.

1 addendum　**2** abomination
3 extraction　**4** infringement

(2) ***A:*** It was so nice of the Wilsons to have us over for dinner, wasn't it?
B: Yes, we'll have to (　　　) sometime, but I'm so busy at work that I'm not sure when we'll have time to invite them.

1 hallucinate　**2** loiter
3 encroach　**4** reciprocate

(3) Few people choose to live in the north of the country as the land is (　　　) and it is hard to grow any crops. In fact, temperatures can reach as high as 50°C, and there is very little rainfall for most of the year.

1 delectable　**2** arid
3 elusive　**4** archaic

(4) The famous actor became a (　　　) after he posted several offensive comments on his social media. He not only lost several film roles, but he was no longer welcome at events and parties.

1 pariah　**2** conspirator
3 defector　**4** precursor

(5) Melissa found medical school very hard at times, but she never gave up. In the end, her (　　　) paid off and she qualified as a surgeon.

1 perseverance　**2** constellation
3 increment　**4** remittance

(6) As Joy walked by the bakery, she was struck by the ( ) smell of freshly baked bread. Even though she was in a hurry, she could not help but go in.

1 daunting **2** contemptuous
3 curt **4** tantalizing

(7) If an octopus is attacked, it can ( ) a large amount of ink from its body in order to make the water cloudy and enable it to escape.

1 ingest **2** encrypt
3 delude **4** secrete

(8) The soccer player was suspended following multiple complaints about his ( ) behavior during the match on Saturday. In fact, it seems his career is in danger due to his bad habit of insulting other players during games.

1 indelible **2** egregious
3 paradoxical **4** susceptible

(9) Ann's mother had taught her ( ) table manners. This was a big advantage when she started her career as a diplomat and often had to attend dinner parties.

1 wry **2** sectarian
3 impeccable **4** quizzical

(10) While the exact cause of the plane crash is still a matter of ( ), there is no doubt that bad weather and low visibility contributed to the accident.

1 footage **2** conjecture
3 defiance **4** concourse

(11) As well as Margot's jewelry collection, the thief also (　　　) some very valuable works of art.

1 derived　　**2** dispelled
3 purloined　　**4** embedded

(12) The princess carried a (　　　) lace handkerchief embroidered with a floral design. It gave her a soft and pleasing look.

1 cavernous　　**2** deranged
3 dainty　　**4** hedonistic

(13) Although the company offered a pay increase, it was not enough to (　　　) the angry union members. They will go on strike tomorrow night if they do not get a better offer.

1 placate　　**2** retard
3 jostle　　**4** torment

(14) ***A:*** This sales report is the (　　　) of my life. I've been working on it for several weeks and I still can't finish it.
B: If you need help, I have some time later today.

1 bane　　**2** sham
3 accolade　　**4** moniker

(15) John is very (　　　) and tends to trust what he is told without question. Therefore, his friends were not surprised when he was taken in by a scam man.

1 litigious　　**2** gullible
3 austere　　**4** grueling

(16) The scientist jumped at the chance to speak at the global conference on climate change and accepted the invitation with (　　　).

1 sloth　　**2** alacrity
3 revulsion　　**4** resilience

(17) ***A:*** So, what do you (　　　) your success in business to?
B: Well, it's basically the result of one thing — hard work.

1 ascribe　　**2** deter
3 slacken　　**4** mock

(18) Next week, party members will gather at the convention to (　　　) a new leader. Most experts believe that Jane Parker is the person who will be chosen.

1 integrate　　**2** deflect
3 anoint　　**4** irk

(19) In the past, women in many societies were expected to accept an inferior role in a marriage and be (　　　) to their husbands. This way of thinking, however, is now becoming a thing of the past.

1 frugal　　**2** dormant
3 subservient　　**4** sedentary

(20) After arresting the man, Officer Templeton (　　　) him. She felt something in his pocket, and that was how she found the drugs.

1 relished　　**2** glossed
3 indented　　**4** frisked

(21) Tina listened in (　　　) as the orchestra began to play, and the beautiful music transported her to another world.

1 reprisal　**2** ascension
3 censure　**4** rapture

(22) Cheryl earned so little money at her company that she was unable to pay all her bills, so she (　　　) her income by getting a part-time job in a supermarket.

1 forked over　**2** eked out
3 shook off　**4** rifled through

(23) The human resources director has decided to (　　　) her efforts to provide long-term training for the new employees. Every month, she plans to review and improve the program further.

1 blot out　**2** sift through
3 choke off　**4** ratchet up

(24) The hikers realized they had gone the wrong way when the track they were following became narrower and (　　　). There was no way through the forest, so they turned back.

1 breezed in　**2** acted up
3 pitched in　**4** petered out

(25) The lawyer said that the charges against her client were (　　　). She accused the police of presenting false evidence just to get a quick conviction.

1 trumped up　**2** belted out
3 spurred on　**4** carted off

模擬テスト 第4回 解答・解説

(1)	**2**	*(2)*	**4**	*(3)*	**2**	*(4)*	**1**	*(5)*	**1**	*(6)*	**4**	*(7)*	**4**	*(8)*	**2**	*(9)*	**3**	*(10)*	**2**
(11)	**3**	*(12)*	**3**	*(13)*	**1**	*(14)*	**1**	*(15)*	**2**	*(16)*	**2**	*(17)*	**1**	*(18)*	**3**	*(19)*	**3**	*(20)*	**4**
(21)	**4**	*(22)*	**2**	*(23)*	**4**	*(24)*	**4**	*(25)*	**1**										

(1) 解答 2

訳 **街の中心部にある新しい現代美術の彫刻は，かなりの費用がかかった。しかし，多くの地元住民はその作品を嫌悪感を起こすものと見なし，それが撤去されることを求めている。**

解説 動詞abominate「を嫌悪する」はhateより堅い語であり，かつより強い嫌悪感を含む。名詞abominationは「非常に不快に感じる物・事・人」。出題される可能性のある類義語はaversion, detestation, abhorrence, loathingなど。

1「追加物」**2**「嫌悪感を起こすもの」**3**「摘出，抽出」**4**「（権利などの）侵害」

(2) 解答 4

訳 **A：ウィルソン夫妻が私たちを夕食に招待してくれて嬉しかったわね。**
B：うん，いつかお返しをしないといけないけど，僕は仕事がとても忙しくていつ彼らを招待する時間が取れるかわからないよ。

解説 相手から受けた好意・恩恵・愛情などに対して同様のもので「返礼する」の意味。問題文では自動詞として使っているが，reciprocate *a person's* love [favor, hospitality, kindness]のように他動詞でも用いられ，目的語には通常ありがたいものがくる。

1「幻覚を起こす」**2**「ぶらつく」**3**「侵害する」**4**「返礼する」

(3) 解答 2

訳 **土地はひどく乾燥し，どんな作物も育てるのが難しいので，その国の北部で暮らすことを選ぶ人はほとんどいない。実際，気温が50度にも達することがあり，1年の大半はほとんど雨が降らない。**

解説 dryの類義語だが，乾燥の度合いが高く，砂漠や荒れ地を指す場合が多い。また，「（土地が）不毛な（= barren, infertile）」の意味から比喩的に「（話・本などが）退屈な，面白くない（= dull, banal）」の意味でも使われる。

1「おいしい」**2**「ひどく乾燥した」**3**「つかまえにくい」**4**「古風な」

(4) 解答 1

訳 **その有名な俳優は，ソーシャルメディアにいくつか侮辱的なコメントを投稿した後で，のけ者となった。彼は数本の映画での役を失ったばかりでなく，もはやイベントやパーティーでも歓迎されなくなった。**

解説 元々はインドなどの下層民（パリア）を指していたが，その後一般的に「社会ののけ者，嫌われ者（= outcast）」の意味で使われるようになった。pariah state「のけ者国家」。

1「（社会の）のけ者」**2**「陰謀者」**3**「亡命者」**4**「先駆者，前兆」

(5) 解答 **1**

訳 **メリッサは時には医学部がとても難しいと感じたが，決してあきらめなかった。ついにその忍耐は報われ，彼女は外科医としての資格を取得した。**

解説 「忍耐（力），辛抱」を指し，常によい意味で使われる。persistenceが意味的に近いが，こちらは「しつこさ」のような悪い意味になる場合がある。動詞はpersevere「根気よくやり通す，耐える」。per-は「完全に」，-severeの部分は形容詞severeと同語源。

1「忍耐」 **2**「星座」 **3**「（金額などの）増加」 **4**「送金」

(6) 解答 **4**

訳 **ジョーイはそのパン屋のそばを通りかかったときに，焼き立てパンの食欲をそそるにおいに魅せられた。彼女は急いでいたにもかかわらず，お店に入らずにはいられなかった。**

解説 動詞のtantalizeは「（手に入らないものを見せびらかすなどして）をじらして苦しめる」の意味。形容詞tantalizingは「じらすような」→「誘惑するような」。じらされてフラストレーションを感じるほどに感情がかき立てられる場面で使う。

1「人の気力をくじくような」 **2**「軽蔑を示す」 **3**「ぶっきらぼうな」 **4**「誘惑するような，じれったい」

(7) 解答 **4**

訳 **タコは攻撃されると，水を濁らせて逃げられるように体から大量の墨を分泌することができる。**

解説 「（器官が）を分泌する」という意味で使われる。名詞secretion「分泌」からの逆成によりできた動詞。意味的に似ているのがexcreteだが，こちらは「（老廃物など不要なもの）を排出する，を排泄する」の意味なので注意。

1「を摂取する」 **2**「を暗号化する」 **3**「をだます」 **4**「を分泌する」

(8) 解答 **2**

訳 **そのサッカー選手は，土曜日の試合中の実にひどい振る舞いについて多数の苦情が寄せられて，出場停止となった。実際，試合中にほかの選手を侮辱する悪い癖によって，彼のキャリアは危ぶまれているようだ。**

解説 語源的にe-（ex-）= out，greg-は「群れ」であり，「抜群の」が原義。現在では悪い意味で目立つ際に使われ，「実にひどい」を意味する。egregious mistake [abuse, violation]など。flagrantがほぼ同義。

1「（汚れなどが）消せない」 **2**「実にひどい」 **3**「逆説的な」 **4**「多感な，影響を受けやすい」

(9) 解答 **3**

訳 **アンの母親は彼女に非の打ち所のないテーブルマナーを教えた。これは彼女が外交官としてのキャリアをスタートさせ，頻繁に夕食会に出席しなければならなくなったときに大きな強みとなった。**

解説 「罪を犯さない」が原義だが，転じて「欠点のない，申し分のない」という意味で使われる。perfectや「欠点がない」状態を指すflawless, faultlessなどが類義語だが，impeccableはよりフォーマルな語である。

1「（顔などを）しかめた」 **2**「党派の」 **3**「非の打ち所のない」 **4**「いぶかしげな」

(10) 解答 2

訳 **その飛行機墜落の正確な原因はまだ推測の域だが，悪天候と視界不良が事故の一因であったのは疑いない。**

解説 十分な裏付けのない状況での意見や判断を指し，guessと類義のフォーマルな語。頻出の類義語はspeculation, surmiseなど。同形で動詞もあり，名詞を目的語とするほか，that節を目的語として「～だと推測する」の意味でも使う。

1「（ある出来事の）シーン」**2**「推測」**3**「反抗」**4**「集合，（駅・空港などの）中央ホール」

(11) 解答 3

訳 **マーゴットの宝飾品類コレクションに加えて，その泥棒は何点かの非常に貴重な芸術作品も盗んだ。**

解説 stealとほぼ同義だが，より堅い語。「を許可なしに借りる」の意味でも使う。また，犯罪行為以外にもユーモラスに「（物）を失敬する」というニュアンスで使われることも多い。

1「を（～から）得る」**2**「を一掃する」**3**「を盗む」**4**「を埋め込む」

(12) 解答 3

訳 **王女は花模様の刺繍がされた優美なレースのハンカチを持っていた。それによって彼女は穏やかで感じがよく見えた。**

解説 人や物が小さくて繊細でかわいらしい様子を指す。「優美な，きゃしゃな」の意味で，delicateが類義語。また，「（食べ物などの）好みにうるさい（＝ particular, fastidious）」の意味もある。a dainty eater「食べ物の好みにうるさい人」。

1「洞窟のような」**2**「錯乱した」**3**「優美な」**4**「快楽主義の」

(13) 解答 1

訳 **その会社は賃上げを提案したが，それは怒った組合員をなだめるには十分でなかった。よりよい提示がなければ，彼らは明日の夜ストライキを決行する予定だ。**

解説 2文目に「ストライキを決行する」とあるので，賃上げに不満があると考えられる。placateは「（人）をなだめる」「（怒り・敵意など）を和らげる」の意味。類義語appeaseもあわせて覚えておこう。

1「（人）をなだめる」**2**「を遅らせる」**3**「を押しのける」**4**「に苦痛を与える」

(14) 解答 1

訳 **A：この営業報告書は悩みの種だよ。もう何週間も取り組んでいるけど，まだ終わらない。**
B：もし手伝いが必要なら，今日，後で少し時間があるわよ。

解説 「災い［破滅，苦しみ，悩み］のもと」の意味で，the bane of *one's* life [existence]「悩みの種，やっかいな人［物］」の形で覚えておくとよい。類義語scourgeとともにマイナスのイメージを持つ単語である。

1「災いのもと」**2**「偽物」**3**「賛美」**4**「名前」

(15) 解答 2

訳 **ジョンはとてもだまされやすく，言われたことを何も疑問を持たずに信用する傾向がある。したがって，詐欺師にだまされたときに彼の友人たちは驚かなかった。**

解説 動詞gullは「をだます」，名詞では「だまされやすい人」。形容詞gullibleは「だまされやすい」の意味で，credulousが類義語として挙げられる。またnaive「世間知らずの，すぐに信じ込む」にも近い。

1「訴訟に関する」**2**「だまされやすい」**3**「厳格な」**4**「疲労困憊（こんぱい）させる」

(16) 解答 **2**

訳 **その科学者は，気候変動に関する世界会議でスピーチする機会に飛びつき，即座に招待に応じた。**

解説 with alacrityで副詞句となり「即座に，てきぱきと」の意味。ただしalacrityは「意欲を伴った機敏さ」という意味合いなので，with alacrityはquicklyなどと異なり，迅速さだけでなく意欲や積極性を伴う。招待のほか提案や命令に積極的に応じる際に用いられることが多い。

1「怠惰」 **2**「敏活さ，機敏さ」 **3**「嫌悪」 **4**「回復力」

(17) 解答 **1**

訳 **A：ところで，あなたの事業での成功は何が理由だと思う？**
B：ええと，基本的には1つのことの結果だね。つまり努力さ。

解説 因果関係を表すascribe A to B「AをBに帰する」は結果がよい場合にも悪い場合にも使える。また，物の出所や起源を表すこともできる。The painting is ascribed to Picasso.「その絵画はピカソのものだとされている」。

1「を（～に）帰する」 **2**「に思いとどまらせる」 **3**「（ロープなど）を緩める」 **4**「をあざける」

(18) 解答 **3**

訳 **来週，党員は新しい党首を指名するため党大会に集まる。ほとんどの専門家はジェーン・パーカーが選出されるだろうと考えている。**

解説 「聖油を塗る」が原義。宗教的儀式として，人を聖職に任命する際などに聖油を塗って清めることから「を指名する」の意味でも使われるようになった。nominate, appoint, designateなどが類義語。ointment「軟こう」と合わせて記憶しておくとよいだろう。

1「を統合する」 **2**「の方向を変えさせる」 **3**「を指名する」 **4**「をいら立たせる」

(19) 解答 **3**

訳 **昔は多くの社会において，女性は結婚生活で下位の役割を受け入れ夫の言いなりになることを求められた。しかし，この考え方は今では過去のものになりつつある。**

解説 sub-「下」+-serv-「仕える」という構造を理解すると意味を覚えやすいだろう。subservient to ～ の形で「～に対して追従的な，～の言いなりになる」の意味で使われる。類義語はsubmissiveなど。

1「倹約する」 **2**「休眠状態の，（火山が）活動休止中の」 **3**「言いなりになる，追従的な」 **4**「座りがちの」

(20) 解答 **4**

訳 **男を逮捕した後，テンプルトン巡査はその男をボディーチェックした。彼女は男のポケットに何かがあると感じ，そうして薬物を見つけた。**

解説 武器や薬物などを持っていないか衣服の上から触ってチェックする際に使われる。映画のセリフなどでも聞く“stop and frisk”は，警察官が不審者を制止して所持品検査をすること。

1「を楽しむ」 **2**「につやを出す」 **3**「に刻み目を付ける」 **4**「をボディーチェックする」

(21) 解答 4

訳 **そのオーケストラが演奏を始めるとティナはうっとりと耳を傾け，その美しい音楽は彼女を別世界へといざなった。**

解説 「歓喜，有頂天」など，無上の喜びで恍惚(こうこつ)とした状態を指す。類義語はbliss, elation, euphoria, exaltationなど。ruptureと形が似ているので，混同しないように注意が必要。こちらは「破裂，不和，決裂」などマイナスの意味である。

1「報復」 **2**「上昇」 **3**「非難」 **4**「大喜び」

(22) 解答 2

訳 **シェリルは会社の給料が非常に少なかったので，すべての請求書を支払うことはできなかった。そこで彼女はスーパーでパートをして収入の不足を補った。**

解説 eke自体は「を増す，を伸ばす」の意味だが，現在は単独では用いない。eke out ～ の句動詞で「(食料・金など) を節約して長持ちさせる」や問題文のように「～の不足を補う」の意味で使われる。eke out a living [an existence]「何とか生計を立てる」。

1「(大金) を払う」 **2**「～の不足を補う」 **3**「～を振り落とす」 **4**「～をくまなく探す」

(23) 解答 4

訳 **人事部長は，新入社員向けの長期研修を提供するための取り組みを強化することに決めた。彼女は毎月プログラムを見直し，さらに改善する計画を立てている。**

解説 「(生産・価格・水準など) を徐々に上げる，～を増やす (= increase)」の意味。upからも推測できるだろう。1回の上げ幅は小さいが，何度も繰り返し上げることを表す。反対はratchet down ～。

1「～を見えなくする」 **2**「～を入念に調べる」 **3**「～を阻止する」 **4**「～を徐々に増やす」

(24) 解答 4

訳 **ハイカーたちは辿っている道がだんだん狭くなり次第になくなっていくので，道を間違っていたことに気付いた。森を抜ける道はなかったため，彼らは引き返した。**

解説 「次第に減少して［小さくなって，弱まって］消える」の意味。問題文のように道などに使うほか，興味や望み，雨・嵐などについても用いられる。口語では「へとへとになる」の意味にもなる。

1「すっと入って来る」 **2**「(機械などが) 異常に作動する」 **3**「協力する」 **4**「次第に消滅する」

(25) 解答 1

訳 **弁護士は依頼人に対する容疑は捏造(ねつぞう)されたのだと述べた。彼女は，単に有罪判決を早く得る目的で虚偽の証拠を提示したことで警察を非難した。**

解説 しばしば人を陥れる目的で「(話・口実・罪状など) を捏造する，をでっちあげる (= fabricate)」の意味で使われる。trumped-up story「捏造された話」のように，trumped-upを形容詞として使うこともできる。

1「～を捏造する」 **2**「～を大声で歌う」 **3**「～を奮い立たせる」 **4**「～を運び去る」

単語

数字はページ数

A

B

熟語

数字はページ数

A

B

C

D

E

F

G

英検分野別ターゲット

別冊

文部科学省後援

英検® 1級 単語・熟語 問題

［改訂版］

単語リスト

旺文社

英検分野別ターゲット

文部科学省後援

英検® 1級 単語・熟語問題

［改訂版］

別冊

単語リスト

旺文社

もくじ

本書の利用法

別冊「単語リスト」は，本冊Chapter 2, 3の練習問題，模擬テストに掲載された選択肢の語(句)とその語義を問題掲載順にまとめたリストです。本冊の問題を解いた後に，わからなかった選択肢の意味をチェックしたり覚えたりするために，このリストをぜひ活用してください。

❶学習した日

各ページ右上に記入欄があるので「学習した日(1回目，2回目)」を記入しておきましょう。

❷本冊掲載ページ・問題番号

単語の左側にはその単語（選択肢）が収録された問題の本冊掲載ページと問題番号が示されています。

❸単語・発音記号・語義

各単語には，チェックボックスが2つずつ入っています。語義は赤セルシートで消えるようになっていますので，意味がわからなかった語にはチェックを入れておき，繰り返し見て覚えていきましょう。

❹音声データ名

本書に掲載されている語と語義の音声をお聞きいただけます。))1-1〜2 の表示をご確認ください。何度も聞いて，すぐに意味をイメージできるようにしましょう。単語はアメリカ英語で収録されています。音声の再生方法は，本冊p.8をご覧ください。

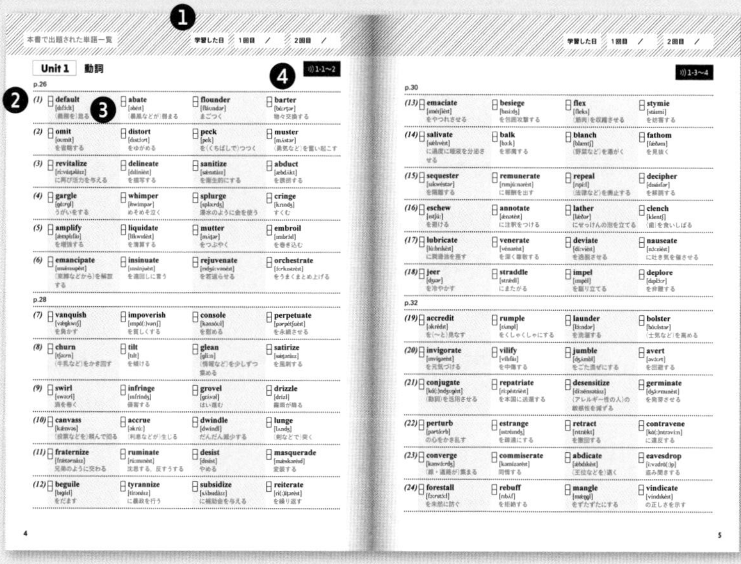
本書で出題された単語一覧　学習した日　1回目　/　2回目　/

Unit 1　動詞　))1-1〜2

p.26

(1)	default （義務を）怠る	abate （暴風などが）弱まる	flounder まごつく	barter 物々交換する
(2)	omit を省略する	distort をゆがめる	peck を（くちばしで）つつく	muster （勇気など）を奮い起こす
(3)	revitalize に再び活力を与える	delineate を描写する	sanitize を衛生的にする	abduct を誘拐する
(4)	gargle うがいをする	whimper めそめそ泣く	splurge 湯水のように金を使う	cringe すくむ
(5)	amplify を増強する	liquidate を清算する	mutter をつぶやく	embroil を巻き込む
(6)	emancipate （束縛などから）を解放する	insinuate を遠回しに言う	rejuvenate を若返らせる	orchestrate をうまくまとめ上げる

p.28

(7)	vanquish を負かす	impoverish を貧しくする	console を慰める	perpetuate を永続させる
(8)	churn （牛乳など）をかき回す	tilt を傾ける	glean （情報など）を少しずつ集める	satirize を風刺する
(9)	swirl 渦を巻く	infringe 侵害する	grovel はい進む	drizzle 霧雨が降る
(10)	canvass （投票などを）頼んで回る	accrue （利息などが）生じる	dwindle だんだん減少する	lunge （剣などで）突く
(11)	fraternize 兄弟のように交わる	ruminate 沈思する，反すうする	desist やめる	masquerade 変装する
(12)	beguile をだます	tyrannize に暴政を行う	subsidize に補助金を与える	reiterate を繰り返す

4

学習した日　1回目　/　2回目　/

))1-3〜4

p.30

(13)	emaciate をやつれさせる	besiege を包囲攻撃する	flex （筋肉）を収縮させる	stymie を妨害する
(14)	salivate に過度に唾液を分泌させる	balk を邪魔する	blanch （野菜など）を湯がく	fathom を見抜く
(15)	sequester を隔離する	remunerate に報酬を出す	repeal （法律など）を廃止する	decipher を解読する
(16)	eschew を避ける	annotate に注釈をつける	lather にせっけんの泡を立てる	clench （歯）を食いしばる
(17)	lubricate に潤滑油を差す	venerate を深く尊敬する	deviate を逸脱させる	nauseate に吐き気を催させる
(18)	jeer を冷やかす	straddle にまたがる	impel を駆り立てる	deplore を非難する

p.32

(19)	accredit を（〜と）見なす	rumple をくしゃくしゃにする	launder を洗濯する	bolster （士気など）を高める
(20)	invigorate を元気づける	vilify を中傷する	jumble をごた混ぜにする	avert を回避する
(21)	conjugate （動詞）を活用させる	repatriate を本国に送還する	desensitize （アレルギー性の人）の敏感性を減ずる	germinate を発芽させる
(22)	perturb の心をかき乱す	estrange を疎遠にする	retract を撤回する	contravene に違反する
(23)	converge （線・道路が）集まる	commiserate 同情する	abdicate （王位などを）退く	eavesdrop 盗み聞きする
(24)	forestall を未然に防ぐ	rebuff を拒絶する	mangle をずたずたにする	vindicate の正しさを示す

5

Unit 1 動詞

))) 1-1〜2

p.26

(1)	□ **default** [dɪfɔ́:lt] （義務を）怠る	□ **abate** [əbéɪt] （暴風などが）弱まる	□ **flounder** [fláundər] まごつく	□ **barter** [bá:rṭər] 物々交換する
(2)	□ **omit** [oumít] を省略する	□ **distort** [dɪstɔ́:rt] をゆがめる	□ **peck** [pek] を（くちばしで）つつく	□ **muster** [mʌ́stər] （勇気など）を奮い起こす
(3)	□ **revitalize** [ri:váɪṭəlàɪz] に再び活力を与える	□ **delineate** [dɪlínièɪt] を描写する	□ **sanitize** [sǽnɪtàɪz] を衛生的にする	□ **abduct** [æbdʌ́kt] を誘拐する
(4)	□ **gargle** [gá:rgl] うがいをする	□ **whimper** [hwímpər] めそめそ泣く	□ **splurge** [splə:rdʒ] 湯水のように金を使う	□ **cringe** [krɪndʒ] すくむ
(5)	□ **amplify** [ǽmplɪfàɪ] を増強する	□ **liquidate** [líkwɪdèɪt] を清算する	□ **mutter** [mʌ́ṭər] をつぶやく	□ **embroil** [ɪmbrɔ́ɪl] を巻き込む
(6)	□ **emancipate** [ɪmǽnsɪpèɪt] （束縛などから）を解放する	□ **insinuate** [ɪnsínjuèɪt] を遠回しに言う	□ **rejuvenate** [rɪdʒú:vənèɪt] を若返らせる	□ **orchestrate** [ɔ́:rkɪstrèɪt] をうまくまとめ上げる

p.28

(7)	□ **vanquish** [vǽŋkwɪʃ] を負かす	□ **impoverish** [ɪmpá(:)vərɪʃ] を貧しくする	□ **console** [kənsóul] を慰める	□ **perpetuate** [pərpétʃuèɪt] を永続させる
(8)	□ **churn** [tʃə:rn] （牛乳など）をかき回す	□ **tilt** [tɪlt] を傾ける	□ **glean** [gli:n] （情報など）を少しずつ集める	□ **satirize** [sǽṭəràɪz] を風刺する
(9)	□ **swirl** [swə:rl] 渦を巻く	□ **infringe** [ɪnfríndʒ] 侵害する	□ **grovel** [grʌ́vəl] はい進む	□ **drizzle** [drízl] 霧雨が降る
(10)	□ **canvass** [kǽnvəs] （投票などを）頼んで回る	□ **accrue** [əkrú:] （利息などが）生じる	□ **dwindle** [dwíndl] だんだん減少する	□ **lunge** [lʌndʒ] （剣などで）突く
(11)	□ **fraternize** [frǽṭərnàɪz] 兄弟のように交わる	□ **ruminate** [rú:mɪnèɪt] 沈思する，反すうする	□ **desist** [dɪsíst] やめる	□ **masquerade** [mæ̀skəréɪd] 変装する
(12)	□ **beguile** [bɪgáɪl] をだます	□ **tyrannize** [tírənàɪz] に暴政を行う	□ **subsidize** [sʌ́bsɪdàɪz] に補助金を与える	□ **reiterate** [ri(:)íṭərèɪt] を繰り返す

))) 1-3〜4

p.30

(13)	□ **emaciate** [ɪméɪʃièɪt] をやつれさせる	□ **besiege** [bɪsíːdʒ] を包囲攻撃する	□ **flex** [fleks] （筋肉）を収縮させる	□ **stymie** [stáɪmi] を妨害する
(14)	□ **salivate** [sǽlɪvèɪt] に過度に唾液を分泌させる	□ **balk** [bɔːk] を邪魔する	□ **blanch** [blæntʃ] （野菜など）を湯がく	□ **fathom** [fǽðəm] を見抜く
(15)	□ **sequester** [sɪkwéstə*r*] を隔離する	□ **remunerate** [rɪmjúːnərèɪt] に報酬を出す	□ **repeal** [rɪpíːl] （法律など）を廃止する	□ **decipher** [dɪsáɪfə*r*] を解読する
(16)	□ **eschew** [ɪstʃúː] を避ける	□ **annotate** [ǽnətèɪt] に注釈をつける	□ **lather** [lǽðə*r*] にせっけんの泡を立てる	□ **clench** [klentʃ] （歯）を食いしばる
(17)	□ **lubricate** [lúːbrɪkèɪt] に潤滑油を差す	□ **venerate** [vénərèɪt] を深く尊敬する	□ **deviate** [díːvièɪt] を逸脱させる	□ **nauseate** [nɔ́ːzièɪt] に吐き気を催させる
(18)	□ **jeer** [dʒɪə*r*] を冷やかす	□ **straddle** [strǽdl] にまたがる	□ **impel** [ɪmpél] を駆り立てる	□ **deplore** [dɪplɔ́ː*r*] を非難する

p.32

(19)	□ **accredit** [əkrédɪt] を（〜と）見なす	□ **rumple** [rʌ́mpl] をくしゃくしゃにする	□ **launder** [lɔ́ːndə*r*] を洗濯する	□ **bolster** [bóʊlstə*r*] （士気など）を高める
(20)	□ **invigorate** [ɪnvígərèɪt] を元気づける	□ **vilify** [vílɪfàɪ] を中傷する	□ **jumble** [dʒʌ́mbl] をごた混ぜにする	□ **avert** [əvə́ː*r*t] を回避する
(21)	□ **conjugate** [kɑ́(ː)ndʒʊgèɪt] （動詞）を活用させる	□ **repatriate** [rìːpéɪtrièɪt] を本国に送還する	□ **desensitize** [dìːsénsətàɪz] （アレルギー性の人）の敏感性を減ずる	□ **germinate** [dʒə́ː*r*mɪnèɪt] を発芽させる
(22)	□ **perturb** [pə*r*tə́ː*r*b] の心をかき乱す	□ **estrange** [ɪstréɪndʒ] を疎遠にする	□ **retract** [rɪtrǽkt] を撤回する	□ **contravene** [kɑ̀(ː)ntrəvíːn] に違反する
(23)	□ **converge** [kənvə́ː*r*dʒ] （線・道路が）集まる	□ **commiserate** [kəmízərèɪt] 同情する	□ **abdicate** [ǽbdɪkèɪt] （王位などを）退く	□ **eavesdrop** [íːvzdrɑ̀(ː)p] 盗み聞きする
(24)	□ **forestall** [fɔː*r*stɔ́ːl] を未然に防ぐ	□ **rebuff** [rɪbʌ́f] を拒絶する	□ **mangle** [mǽŋgl] をずたずたにする	□ **vindicate** [víndɪkèɪt] の正しさを示す

1-5〜6

p.34

(25)	□ **vent** [vent] (感情)などを爆発させる	□ **catapult** [kǽţəpʌ̀lt] を突然(ある状態に)する	□ **fracture** [frǽktʃər] を骨折する	□ **incarcerate** [ɪnkɑ́:rsərèɪt] を投獄する
(26)	□ **prevaricate** [prɪvǽrɪkèɪt] 言葉を濁す	□ **matriculate** [mətríkjulèɪt] 大学に入学する	□ **resuscitate** [rɪsʌ́sɪtèɪt] を生き返らせる	□ **exterminate** [ɪkstə́:rmɪnèɪt] を根絶する
(27)	□ **abridge** [əbrídʒ] を要約する	□ **resonate** [rézənèɪt] 反響する	□ **invert** [ɪnvə́:rt] を逆さまにする	□ **recuperate** [rɪkjú:pərèɪt] 回復する
(28)	□ **oust** [aʊst] を追い出す	□ **exude** [ɪgzjú:d] (喜びなど)を発散させる	□ **insulate** [ínsəlèɪt] を遮断する	□ **abort** [əbɔ́:rt] (計画など)を中止にする
(29)	□ **entangle** [ɪntǽŋgl] をもつれさせる	□ **replenish** [rɪplénɪʃ] を補給する，を補充する	□ **incapacitate** [ìnkəpǽsɪtèɪt] を無力にする	□ **disperse** [dɪspə́:rs] を分散させる
(30)	□ **slander** [slǽndər] を中傷する	□ **confiscate** [kɑ́(:)nfɪskèɪt] を没収する	□ **divulge** [dəvʌ́ldʒ] (秘密など)を漏らす	□ **immerse** [ɪmə́:rs] を浸す

p.36

(31)	□ **ingratiate** [ɪngréɪʃièɪt] を気に入られるようにする	□ **ransack** [rǽnsæk] (場所)を徹底的に探す	□ **adorn** [ədɔ́:rn] を飾る	□ **scrawl** [skrɔ:l] をぞんざいに書く
(32)	□ **coerce** [kouə́:rs] に強要する	□ **procure** [prəkjúər] を入手する	□ **astound** [əstáund] をびっくり仰天させる	□ **wean** [wi:n] を(習慣などから)引き離す
(33)	□ **bellow** [bélou] 怒鳴る	□ **hobble** [hɑ́(:)bl] よたよた歩く	□ **derail** [dɪréɪl] 脱線する	□ **lurk** [lə:rk] 潜む
(34)	□ **banish** [bǽnɪʃ] を追放する	□ **dilate** [daɪléɪt] を拡張させる	□ **mutilate** [mjú:ţəlèɪt] (手足など)を切断する	□ **enthrall** [ɪnθrɔ́:l] を魅了する
(35)	□ **implore** [ɪmplɔ́:r] に懇願する	□ **bombard** [bɑ(:)mbɑ́:rd] を爆撃する	□ **usurp** [jusə́:rp] (権力など)を不正に奪う	□ **mitigate** [míţəgèɪt] (怒りなど)を減少させる
(36)	□ **waver** [wéɪvər] 迷う，(心が)揺れ動く	□ **ignite** [ɪgnáɪt] 火がつく	□ **bluff** [blʌf] はったりをかける	□ **pounce** [pauns] 飛びかかる

))) 1-7〜8

p.38

(37)	□ **babble** [bǽbl] をぺちゃくちゃしゃべる	□ **nibble** [níbl] (食べ物)を少しずつかじる	□ **stutter** [stʌ́ţər] を口ごもりながら言う	□ **debunk** [dì:bʌ́ŋk] の正体を暴露する
(38)	□ **dribble** [dríbl] をぽたぽた垂らす	□ **orient** [ɔ́:riènt] (関心など)を向ける	□ **emboss** [ɪmbɑ́(:)s] (模様など)を浮き彫りにする	□ **thwart** [θwɔ:rt] (計画など)を阻止する
(39)	□ **exasperate** [ɪɡzǽspərèɪt] を憤慨させる	□ **lament** [ləmént] を嘆き悲しむ	□ **assuage** [əswéɪdʒ] (不安など)を和らげる	□ **conjure** [kɑ́(:)ndʒər] を思い起こさせる
(40)	□ **gloat** [gloʊt] ほくそ笑む	□ **retort** [rɪtɔ́:rt] 言い返す	□ **dawdle** [dɔ́:dl] ぐずぐずする	□ **budge** [bʌdʒ] 譲歩する
(41)	□ **apprehend** [æ̀prɪhénd] を逮捕する	□ **instigate** [ínstɪɡèɪt] を扇動する	□ **corrode** [kəróʊd] を腐食する	□ **impeach** [ɪmpí:tʃ] を告発する
(42)	□ **saunter** [sɔ́:nţər] ぶらぶら歩く	□ **ferment** [fərmént] 発酵する	□ **drool** [dru:l] よだれを垂らす	□ **haggle** [hǽgl] 値切る

p.40

(43)	□ **repudiate** [rɪpjú:dièɪt] を拒絶する	□ **dissipate** [dísɪpèɪt] (霧・人など)を消散させる	□ **extrapolate** [ɪkstrǽpəlèɪt] を推定する	□ **punctuate** [pʌ́ŋktʃuèɪt] を中断させる
(44)	□ **supplant** [səplǽnt] に取って代わる	□ **exhort** [ɪɡzɔ́:rt] に熱心に勧める	□ **pollinate** [pɑ́(:)lənèɪt] に授粉する	□ **collocate** [kɑ́(:)ləkèɪt] を並べる
(45)	□ **plagiarize** [pléɪdʒəràɪz] を剽窃する	□ **enunciate** [ɪnʌ́nsièɪt] を明瞭に発音する	□ **mortify** [mɔ́:rţəfàɪ] に恥をかかせる	□ **embezzle** [ɪmbézl] を横領する
(46)	□ **engulf** [ɪnɡʌ́lf] (戦火などが)を飲み込む	□ **enumerate** [ɪnjú:mərèɪt] を列挙する	□ **marshal** [mɑ́:rʃəl] (考えなど)を整理する	□ **smuggle** [smʌ́gl] を密輸する
(47)	□ **acquiesce** [æ̀kwiés] (いやいやながら)従う	□ **scatter** [skǽţər] ばらばらになる	□ **litigate** [líţəgèɪt] 訴訟を起こす	□ **capitalize** [kǽpəţəlàɪz] 乗ずる
(48)	□ **articulate** [ɑ:rtíkjʊlət] (考えなど)をはっきり表現する	□ **sever** [sévər] を切り離す	□ **beckon** [békən] に手招きする	□ **devour** [dɪváʊər] をむさぼり食う

)))1-9〜10

p.42

(49)	□ **enlighten** [ɪnláɪtən] に教える	□ **acclaim** [əkléɪm] を称賛する	□ **rescind** [rɪsínd] を撤回する	□ **fumble** [fʌ́mbl] を不器用に扱う
(50)	□ **harness** [hɑ́ːrnɪs] （自然の力）を利用する	□ **shove** [ʃʌv] を押す	□ **beseech** [bɪsíːtʃ] に懇願する	□ **nullify** [nʌ́lɪfàɪ] を無効にする
(51)	□ **demoralize** [dɪmɔ́(ː)rəlàɪz] の士気をくじく	□ **engender** [ɪndʒéndər] を生じさせる	□ **ameliorate** [əmíːliərèɪt] を改善する	□ **bewilder** [bɪwíldər] を当惑させる
(52)	□ **chuckle** [tʃʌ́kl] くすくす笑う	□ **prowl** [praʊl] （獲物などを求めて）うろつく	□ **writhe** [raɪð] 身もだえする	□ **bicker** [bíkər] 言い争う
(53)	□ **demur** [dɪmə́ːr] 異議を唱える	□ **levitate** [lévɪtèɪt] （奇術などで）空中浮揚する	□ **coalesce** [kòʊəlés] 合体する	□ **stammer** [stǽmər] 口ごもる
(54)	□ **whine** [hwaɪn] 泣き言を言う	□ **sprout** [spraʊt] 芽を出す	□ **preside** [prɪzáɪd] 議長を務める	□ **cower** [káʊər] 縮こまる

p.44

(55)	□ **incur** [ɪnkə́ːr] （負債など）を被る	□ **grill** [grɪl] を焼き網で焼く	□ **denigrate** [dénɪgrèɪt] を中傷する	□ **tether** [téðər] を綱でつなぐ
(56)	□ **invoke** [ɪnvóʊk] （法など）を行使する	□ **inoculate** [ɪnɑ́(ː)kjulèɪt] に予防接種をする	□ **antagonize** [æntǽgənàɪz] に反感を持たせる	□ **disconcert** [dìskənsə́ːrt] を当惑させる
(57)	□ **chide** [tʃaɪd] を叱る	□ **gratify** [grǽtɪfàɪ] を喜ばせる	□ **deify** [déɪɪfàɪ] を神格化する	□ **feign** [feɪn] のふりをする
(58)	□ **recant** [rɪkǽnt] （主張など）を公式に撤回する	□ **pervade** [pərvéɪd] の隅々に広がる	□ **forage** [fɔ́(ː)rɪdʒ] （探し回って）を手に入れる	□ **intercept** [ìntərsépt] を途中で止める
(59)	□ **intersperse** [ìntərspə́ːrs] をあちこちに点在させる	□ **emanate** [émənèɪt] 発する	□ **sanctify** [sǽŋktɪfàɪ] を聖別する	□ **languish** [lǽŋgwɪʃ] 元気がない
(60)	□ **flaunt** [flɔːnt] をひけらかす	□ **inculcate** [ɪnkʌ́lkeɪt] を教え込む	□ **tangle** [tǽŋgl] をもつれさせる	□ **coddle** [kɑ́(ː)dl] を甘やかす

)))1-11～12

p.46

(61)	□ **foist** [fɔɪst] を押し付ける	□ **avail** [əvéɪl] に役立つ	□ **mar** [mɑːr] を損なう	□ **span** [spæn] (の範囲)に及ぶ
(62)	□ **spurn** [spəːrn] をはねつける	□ **imbue** [ɪmbjúː] に吹き込む	□ **append** [əpénd] を付け加える	□ **depose** [dɪpóuz] を(権力の座から)退ける
(63)	□ **exonerate** [ɪgzá(ː)nərèɪt] の嫌疑を晴らす	□ **foment** [fouménd] を助長する	□ **propel** [prəpél] を進ませる，を推進する	□ **bungle** [bʌ́ŋgl] をしくじる
(64)	□ **segregate** [ségrɪgèɪt] を隔離する	□ **pilfer** [pílfər] をくすねる	□ **rectify** [réktɪfàɪ] を修正する	□ **hoist** [hɔɪst] を持ち上げる
(65)	□ **circumvent** [sə̀ːrkəmvént] を回避する	□ **admonish** [ədmá(ː)nɪʃ] を諭す	□ **alleviate** [əlíːvièɪt] (苦痛など)を和らげる	□ **dislodge** [dɪslá(ː)dʒ] を取り除く
(66)	□ **petrify** [pétrɪfàɪ] を石化する，をすくませる	□ **appease** [əpíːz] をなだめる	□ **stifle** [stáɪfl] (息・声など)を抑える	□ **berate** [bɪréɪt] をきつく叱る

p.48

(67)	□ **decimate** [désəmèɪt] を大幅に減らす	□ **incriminate** [ɪnkrímɪnèɪt] に罪を負わせる	□ **alienate** [éɪliənèɪt] を遠ざける	□ **perpetrate** [pə́ːrpətrèɪt] (犯罪など)を犯す
(68)	□ **regale** [rɪgéɪl] を存分に楽しませる	□ **detest** [dɪtést] をひどく嫌う	□ **align** [əláɪn] を1列に並べる	□ **maim** [meɪm] の肢体を不自由にする
(69)	□ **drone** [droun] を物憂げに話す	□ **blur** [bləːr] をぼかす	□ **crumple** [krʌ́mpl] をしわくちゃにする	□ **pare** [peər] の皮をむく
(70)	□ **consecrate** [ká(ː)nsəkrèɪt] を神聖にする	□ **barricade** [bǽrəkèɪd] にバリケードを築く	□ **disparage** [dɪspǽrɪdʒ] をけなす	□ **mesmerize** [mézməràɪz] を魅了する
(71)	□ **falter** [fɔ́ːltər] 勢いがなくなる	□ **capitulate** [kəpítʃəlèɪt] 降伏する	□ **chant** [tʃænt] 詠唱する	□ **wriggle** [rígl] のたくるように進む
(72)	□ **goad** [goud] をけしかける	□ **defer** [dɪfə́ːr] を延期する	□ **concoct** [kənká(ː)kt] をでっち上げる	□ **scorn** [skɔːrn] を軽蔑する

))) 1-13〜14

p.50

(73)	□ **behold** [bɪhóʊld] を見る	□ **muddle** [mʌ́dl] を混乱させる	□ **prune** [pruːn] を刈り込む	□ **spearhead** [spíərhèd] (運動など)の先頭に立つ
(74)	□ **sabotage** [sǽbətɑ̀ːʒ] を破壊する	□ **adjourn** [ədʒə́ːrn] (会議など)を閉会する	□ **infiltrate** [ɪnfíltreɪt] に潜入する	□ **fumigate** [fjúːmɪgèɪt] をいぶす
(75)	□ **remit** [rɪmít] を送金する	□ **accost** [əkɔ́(ː)st] に(近寄って)話しかける	□ **forfeit** [fɔ́ːrfət] を没収される	□ **pamper** [pǽmpər] を甘やかす
(76)	□ **deface** [dɪféɪs] の表面を汚す	□ **parry** [pǽri] (攻撃・質問など)をかわす	□ **allot** [əlɑ́(ː)t] を割り当てる	□ **jilt** [dʒɪlt] (恋人)を捨てる
(77)	□ **yield** [jiːld] (力などに)屈する	□ **filter** [fíltər] ろ過される	□ **wager** [wéɪdʒər] 賭ける	□ **revel** [révəl] 満喫する
(78)	□ **transpire** [trænspáɪər] 起こる	□ **defect** [dɪfékt] 離反する	□ **rustle** [rʌ́sl] サラサラと音を立てる	□ **amble** [ǽmbl] ゆっくり歩く

p.52

(79)	□ **scuttle** [skʌ́tl] (計画など)を駄目にする	□ **deduce** [dɪdjúːs] を推測する	□ **plunder** [plʌ́ndər] を略奪する	□ **enlist** [ɪnlíst] (人の支持)を得る
(80)	□ **dangle** [dǽŋgl] を(欲しがるように)ちらつかせる	□ **lure** [ljʊər] を誘惑する	□ **garnish** [gɑ́ːrnɪʃ] (料理)に添える	□ **debase** [dɪbéɪs] の価値［質］を落とす
(81)	□ **gnaw** [nɔː] をかじる	□ **elicit** [ɪlísət] を引き出す	□ **shun** [ʃʌn] を避ける	□ **coax** [koʊks] をなだめて(〜を)させる
(82)	□ **allude** [əlúːd] ほのめかす	□ **deteriorate** [dɪtíəriərèɪt] 悪化する	□ **delve** [delv] (徹底的に)調査する	□ **meddle** [médl] 干渉する
(83)	□ **galvanize** [gǽlvənàɪz] を活気づける	□ **lambaste** [læmbéɪst] を厳しくとがめる	□ **suffocate** [sʌ́fəkèɪt] を窒息させる	□ **tarnish** [tɑ́ːrnɪʃ] (金属など)の表面を曇らせる
(84)	□ **excavate** [ékskəvèɪt] を掘る	□ **baffle** [bǽfl] を当惑させる	□ **mollify** [mɑ́(ː)lɪfàɪ] をなだめる	□ **epitomize** [ɪpítəmàɪz] の典型である

1-15〜16

p.54

(85)	□ **satiate** [séɪʃièɪt] を十分に満足させる	□ **attribute** [ətríbjù:t] を(〜の)せいと考える	□ **discard** [dɪská:rd] を捨てる	□ **misconstrue** [mìskənstrú:] を誤って解釈する
(86)	□ **retaliate** [rɪtǽlièɪt] 報復する	□ **arbitrate** [á:rbɪtrèɪt] 仲裁する	□ **depreciate** [dɪprí:ʃièɪt] 価値が低下する	□ **procrastinate** [prəkrǽstɪnèɪt] 先延ばしにする
(87)	□ **purport** [pərpɔ́:rt] と称する	□ **exhale** [ekshéɪl] (息など)を吐く	□ **smear** [smɪər] に塗り付ける	□ **syndicate** [síndɪkèɪt] (記事など)をメディアに配信する
(88)	□ **huddle** [hʌ́dl] 体を寄せ合う	□ **juggle** [dʒʌ́gl] (球などを)空中に上げてつかむ	□ **scowl** [skaʊl] 顔をしかめる	□ **abscond** [əbská(:)nd] 逃亡する
(89)	□ **temper** [témpər] を和らげる	□ **extricate** [ékstrɪkèɪt] を脱出させる	□ **clobber** [klá(:)bər] をめった打ちにする	□ **flourish** [flə́:rɪʃ] を見せびらかす
(90)	□ **renounce** [rɪnáʊns] を放棄する	□ **improvise** [ímprəvàɪz] を即席で作る	□ **appraise** [əpréɪz] に値を付ける	□ **garner** [gá:rnər] (支持など)を獲得する

p.56

(91)	□ **absolve** [əbzá(:)lv] を赦免する	□ **defraud** [dɪfrɔ́:d] (人)からだまし取る	□ **acclimate** [ǽklɪmèɪt] (人・動植物)を慣らす	□ **obstruct** [əbstrʌ́kt] を妨害する
(92)	□ **scrounge** [skraʊndʒ] をせがんで手に入れる	□ **manifest** [mǽnɪfèst] をはっきりと示す	□ **preclude** [prɪklú:d] を妨げる	□ **inaugurate** [ɪnɔ́:gjərèɪt] を就任させる
(93)	□ **corroborate** [kərá(:)bərèɪt] を確証する	□ **jeopardize** [dʒépərdàɪz] を危うくする	□ **maroon** [mərú:n] を置き去りにする	□ **disembark** [dìsɪmbá:rk] (客・貨物)を降ろす
(94)	□ **manipulate** [mənípjulèɪt] を(不正に)操る	□ **guzzle** [gʌ́zl] をがぶがぶ飲む	□ **calibrate** [kǽləbrèɪt] に目盛りを付ける	□ **stratify** [strǽţɪfàɪ] を層状にする
(95)	□ **reprove** [rɪprú:v] を叱る	□ **taunt** [tɔ:nt] をあざける	□ **scour** [skaʊər] (場所)を捜し回る	□ **appall** [əpɔ́:l] をぞっとさせる
(96)	□ **defuse** [dì:fjú:z] (緊張)を和らげる	□ **slaughter** [slɔ́:ţər] を畜殺する	□ **peddle** [pédəl] を行商する	□ **swindle** [swíndl] (金品)をだまし取る

学習した日　1回目　／　　2回目　／

))) 1-17〜18

p.58

(97)	□ **instill** [ɪnstíl] を教え込む	□ **encumber** [ɪnkʌ́mbər] を妨げる	□ **siphon** [sáɪfən] （利益など）を吸い上げる	□ **mingle** [míŋgl] を混ぜる
(98)	□ **encapsulate** [ɪnkǽpsəlèɪt] を要約する	□ **advocate** [ǽdvəkèɪt] を主張する	□ **incinerate** [ɪnsínərèɪt] を焼却する	□ **precipitate** [prɪsípɪtèɪt] を突然引き起こす
(99)	□ **adjudicate** [ədʒúːdɪkèɪt] を裁く，に判決を下す	□ **inscribe** [ɪnskráɪb] を書く	□ **denounce** [dɪnáuns] を公然と非難する	□ **bequeath** [bɪkwíːθ] を遺贈する
(100)	□ **emulate** [émjulèɪt] と競争する	□ **trample** [trǽmpl] を踏みつぶす	□ **entice** [ɪntáɪs] を誘う	□ **brandish** [brǽndɪʃ] を振り回す
(101)	□ **lob** [lɑ(ː)b] （ボール）をロブする	□ **downplay** [dàunpléɪ] を（実際より）大したことなさそうに見せる	□ **fetter** [féṭər] を拘束する	□ **elude** [ɪlúːd] を巧みに逃れる
(102)	□ **reprimand** [réprɪmæ̀nd] を叱責する	□ **embolden** [ɪmbóuldən] を大胆にする	□ **demonize** [díːmənàɪz] を邪悪なものとして描く	□ **exacerbate** [ɪgzǽsərbèɪt] を悪化させる

p.60

(103)	□ **replicate** [réplɪkèɪt] を複製する	□ **covet** [kʌ́vət] をむやみに欲しがる	□ **adjoin** [ədʒɔ́ɪn] に隣接する	□ **jiggle** [dʒígl] を小刻みに揺らす
(104)	□ **indulge** [ɪndʌ́ldʒ] を甘やかす	□ **cripple** [krípl] の機能をまひさせる	□ **wrench** [rentʃ] をもぎ取る	□ **ponder** [pɑ́(ː)ndər] を熟考する
(105)	□ **inundate** [ínʌndèɪt] を水浸しにする	□ **espouse** [ɪspáuz] （主義など）を支持する	□ **hamper** [hǽmpər] を妨げる	□ **squash** [skwɑ(ː)ʃ] を押しつぶす
(106)	□ **dispatch** [dɪspǽtʃ] を急派する	□ **heave** [hiːv] （ため息など）を発する	□ **refute** [rɪfjúːt] を論駁する	□ **quench** [kwentʃ] （渇き）を癒やす
(107)	□ **contrive** [kəntráɪv] （悪事など）をたくらむ	□ **impound** [ɪmpáund] を押収する	□ **engross** [ɪngróus] を没頭させる	□ **hasten** [héɪsən] を急がせる
(108)	□ **obliterate** [əblíṭərèɪt] を消滅させる	□ **embellish** [ɪmbélɪʃ] を潤色する	□ **dissuade** [dɪswéɪd] に思いとどまらせる	□ **infest** [ɪnfést] （害虫などが）にたかる，にはびこる

1-19

p.62

(109)	□ **inflict** [ɪnflíkt] (打撃など)を与える	□ **verify** [vérɪfàɪ] を確かめる	□ **revoke** [rɪvóuk] を取り消す	□ **garble** [gá:rbl] を歪曲する
(110)	□ **incubate** [íŋkjubèɪt] (卵)を抱く	□ **relegate** [rélɪgèɪt] を追いやる	□ **lampoon** [læmpú:n] を痛烈に風刺する	□ **avenge** [əvéndʒ] の復讐をする
(111)	□ **flout** [flaut] をばかにして無視する	□ **dazzle** [dǽzl] を感嘆させる	□ **inter** [ɪntə́:r] を埋葬する	□ **rig** [rɪg] に装備する
(112)	□ **ensue** [ɪnsjú:] 続いて起こる	□ **squabble** [skwá(:)bl] 言い争う	□ **perish** [pérɪʃ] 死ぬ	□ **slouch** [slautʃ] 前かがみになる

Unit 2　名詞

2-1

p.66

(1)	□ **clique** [kli:k] 徒党	□ **farce** [fɑ:rs] 茶番	□ **testament** [téstəmənt] 証左	□ **rebuke** [rɪbjú:k] 叱責，非難
(2)	□ **archipelago** [à:rkəpéləgou] 群島	□ **offshoot** [ɔ́(:)fʃù:t] 派生物	□ **anecdote** [ǽnɪkdòut] 逸話	□ **endowment** [ɪndáumənt] 寄付金
(3)	□ **blotch** [blɑ(:)tʃ] 大きな染み	□ **platitude** [plǽṭətjù:d] ありきたりの決まり文句，陳腐	□ **fringe** [frɪndʒ] ふさ飾り，周辺	□ **hunch** [hʌntʃ] 直感
(4)	□ **pinnacle** [pínəkl] 頂点	□ **pageant** [pǽdʒənt] (その土地の歴史などを扱った)野外劇	□ **juncture** [dʒʌ́ŋktʃər] (重大)時期	□ **periphery** [pərífəri] 周囲
(5)	□ **bounty** [báunṭi] 奨励金，(自然の)豊かな恵み	□ **caucus** [kɔ́:kəs] 党員集会	□ **enmity** [énməṭi] 敵意	□ **deferral** [dɪfə́:rəl] 延期
(6)	□ **prelate** [prélət] 高位聖職者	□ **rehash** [rí:hæ̀ʃ] 焼き直し	□ **scam** [skæm] 詐欺	□ **commotion** [kəmóuʃən] 大騒ぎ，騒動

))) 2-2〜3

p.68

(7)	□ **apparition** [æpəríʃən] 亡霊	□ **extrovert** [ékstrəvə̀:rt] 外向性の人	□ **fugitive** [fjú:dʒəṭɪv] 逃亡者	□ **adherent** [ədhíərənt] 支持者
(8)	□ **genealogy** [dʒì:niǽlədʒi] 系譜	□ **contention** [kənténʃən] 主張，論争	□ **velocity** [vəlɑ́(:)səṭi] 速度	□ **infirmity** [ɪnfə́:rməṭi] 虚弱，病気
(9)	□ **propensity** [prəpénsəṭi] (好ましくない)傾向	□ **cavity** [kǽvəṭi] 空洞，虫歯(の穴)	□ **trance** [træns] 恍惚(こうこつ)	□ **prelude** [prélju:d] 前兆
(10)	□ **protocol** [próuṭəkɑ̀(:)l] 議定書，儀礼	□ **reformation** [rèfərméɪʃən] 改良	□ **grievance** [grí:vəns] 不平，不満	□ **speculation** [spèkjuléɪʃən] 思索，熟考
(11)	□ **pseudonym** [sjú:dənɪ̀m] ペンネーム	□ **socialite** [sóuʃəlàɪt] 名士	□ **upstart** [ʌ́pstɑ̀:rt] 成り上がり者	□ **prodigy** [prɑ́(:)dədʒi] 神童
(12)	□ **vigil** [vídʒɪl] (見守りなどのための)徹夜，寝ずの番	□ **litany** [líṭəni] くどい説明，延々と続くもの	□ **ember** [émbər] 燃えさし	□ **ovation** [ouvéɪʃən] 大喝采

p.70

(13)	□ **ebullience** [ɪbúliəns] (感情などの)ほとばしり	□ **chivalry** [ʃívəlri] 騎士道精神	□ **imposition** [ɪ̀mpəzíʃən] (重荷などを)課すること	□ **avarice** [ǽvərɪs] 強欲，貪欲
(14)	□ **infatuation** [ɪnfæ̀tʃuéɪʃən] 夢中になること	□ **anomaly** [ənɑ́(:)məli] 変則，異常	□ **camaraderie** [kɑ̀:mərɑ́:dəri] 友情	□ **amiability** [èɪmiəbíləṭi] 気立てのよさ
(15)	□ **swathe** [sweɪð] 包帯	□ **purge** [pə:rdʒ] 粛清	□ **sojourn** [sóudʒə:rn] 滞在	□ **tundra** [tʌ́ndrə] ツンドラ，凍土地帯
(16)	□ **lassitude** [lǽsɪtjù:d] 疲労感	□ **indictment** [ɪndáɪtmənt] 起訴	□ **blight** [blaɪt] (都市の)荒廃，破滅の原因	□ **opulence** [ɑ́(:)pjuləns] 裕福
(17)	□ **repercussion** [rì:pərkʌ́ʃən] 影響，余波	□ **laceration** [læ̀səréɪʃən] 裂傷	□ **faction** [fǽkʃən] 派閥	□ **mutation** [mjutéɪʃən] 突然変異
(18)	□ **surge** [sə:rdʒ] (感情などの)高まり，(価値などの)急騰	□ **totem** [tóuṭəm] トーテム，象徴	□ **swamp** [swɑ(:)mp] 沼地	□ **grind** [graɪnd] 骨の折れる単調な仕事

))) 2-4〜5

p.72

(19)	□ **mainstay** [méɪnstèɪ] 頼みの綱	□ **vicinity** [vəsínəṭi] 近隣，近いこと	□ **inanity** [ɪnǽnəṭi] 愚かさ	□ **snag** [snæg] 思いがけない困難
(20)	□ **insurrection** [ìnsərékʃən] 反乱，暴動	□ **gorge** [gɔːrdʒ] 小峡谷	□ **deviation** [dìːviéɪʃən] 逸脱	□ **exponent** [ɪkspóʊnənt] 主唱者
(21)	□ **erudition** [èrjudíʃən] 博識	□ **duplicity** [djuplísəṭi] 二枚舌	□ **turmoil** [tə́ːrmɔɪl] 騒ぎ	□ **remission** [rɪmíʃən] 小康状態
(22)	□ **consecration** [kɑ̀(ː)nsəkréɪʃən] 聖化	□ **convalescence** [kɑ̀(ː)nvəlésəns] 快方に向かうこと	□ **fallacy** [fǽləsi] 誤った考え	□ **jubilee** [dʒúːbɪlìː] 記念祭
(23)	□ **caliber** [kǽləbər] 器量，（銃の）口径	□ **prudence** [prúːdəns] 慎重	□ **subjugation** [sʌ̀bdʒugéɪʃən] 鎮圧	□ **tedium** [tíːdiəm] 退屈
(24)	□ **foray** [fɔ́(ː)reɪ] 進出，急襲	□ **conurbation** [kɑ̀(ː)nə(ː)rbéɪʃən] 大都市圏	□ **implosion** [ɪmplóʊʒən] 内側への破裂	□ **exodus** [éksədəs] 大量出国

p.74

(25)	□ **impulse** [ímpʌls] 衝動	□ **jeopardy** [dʒépərdi] 危険	□ **scarcity** [skéərsəṭi] 欠乏，不足	□ **compliance** [kəmpláɪəns] （要求などに）応じること
(26)	□ **elucidation** [ɪlùːsɪdéɪʃən] 解明	□ **culmination** [kʌ̀lmɪnéɪʃən] 最高点，絶頂	□ **euphoria** [jufɔ́ːriə] 幸福感	□ **hindsight** [háɪndsàɪt] 後知恵
(27)	□ **brevity** [brévəṭi] 簡潔さ，（時の）短さ	□ **remorse** [rɪmɔ́ːrs] 深い後悔	□ **solace** [sɑ́(ː)ləs] 慰め，慰めとなるもの	□ **aggravation** [æ̀grəvéɪʃən] 悪化
(28)	□ **nomination** [nɑ̀(ː)mɪnéɪʃən] 指名する［される］こと	□ **reprieve** [rɪpríːv] 執行猶予	□ **penance** [pénəns] 回心，罪のあがない	□ **precedent** [présɪdənt] 前例
(29)	□ **indolence** [índələns] 怠惰	□ **collateral** [kəlǽṭərəl] 担保	□ **swarm** [swɔːrm] （昆虫などの）大群	□ **demise** [dɪmáɪz] 終焉
(30)	□ **commutation** [kɑ̀(ː)mjutéɪʃən] 通勤，減刑	□ **retention** [rɪténʃən] 記憶（力），保持	□ **absurdity** [əbsə́ːrdəṭi] 不合理	□ **abstinence** [ǽbstɪnəns] 節制，禁酒

))) 2-6〜7

p.76

(31)	□ **compunction** [kəmpʌ́ŋkʃən] 良心の呵責	□ **redemption** [rɪdémpʃən] 救済	□ **mortality** [mɔːrtǽləṭi] 死すべき運命，死亡率	□ **larceny** [lɑ́ːrsəni] 窃盗
(32)	□ **gadget** [gǽdʒɪt] （小さい）機械装置	□ **edifice** [édɪfɪs] 大建築物	□ **referendum** [rèfəréndəm] 国民投票	□ **schism** [skɪzm] （団体の）分裂
(33)	□ **vice** [vaɪs] 悪徳	□ **hype** [haɪp] 誇大宣伝	□ **zest** [zest] 熱意	□ **sanctity** [sǽŋktəṭi] 神聖
(34)	□ **pitfall** [pítfɔ̀ːl] 落とし穴	□ **quandary** [kwɑ́(ː)ndəri] ジレンマ，当惑	□ **reproach** [rɪpróutʃ] 叱責，叱責の言葉	□ **whim** [hwɪm] 気まぐれな考え
(35)	□ **calibration** [kæ̀ləbréɪʃən] 目盛り	□ **cognition** [kɑ(ː)gníʃən] 認識，認知	□ **dispensation** [dìspənséɪʃən] 施し，分配	□ **disposition** [dìspəzíʃən] 気質，傾向
(36)	□ **brawl** [brɔːl] 派手な口論	□ **felony** [féləni] 重罪	□ **diatribe** [dáɪətràɪb] 酷評	□ **escapade** [éskəpèɪd] 奔放な行為

p.78

(37)	□ **backlash** [bǽklæʃ] 急激な反動	□ **grimace** [gríməs] しかめっ面	□ **groove** [gruːv] 溝	□ **figment** [fígmənt] 想像の産物
(38)	□ **envoy** [énvɔɪ] 使節，使者	□ **animosity** [æ̀nɪmɑ́(ː)səṭi] 激しい憎悪，敵意	□ **fervor** [fə́ːrvər] 熱心	□ **hindrance** [híndrəns] 妨害，障害物
(39)	□ **epiphany** [ɪpífəni] 直観的洞察	□ **undertone** [ʌ́ndərtòun] 底流	□ **ailment** [éɪlmənt] （慢性的な）病気	□ **amenity** [əménəṭi] 生活を快適にするもの，快適さ
(40)	□ **autocrat** [ɔ́ːṭəkræ̀t] 専制君主	□ **lesion** [líːʒən] 傷害，病変	□ **boon** [buːn] 恩恵	□ **conundrum** [kənʌ́ndrəm] 難問
(41)	□ **malaise** [məléɪz] 何となく気分がすぐれないこと	□ **frenzy** [frénzi] 狂乱	□ **semblance** [sémbləns] 外観	□ **hubris** [hjúːbrɪs] 慢心
(42)	□ **traction** [trǽkʃən] 牽引	□ **subordination** [səbɔ̀ːrdənéɪʃən] 従属	□ **prowess** [práuəs] 優れた能力	□ **profanity** [prəfǽnəṭi] 冒瀆（ぼうとく）

2-8〜9

p.80

(43)	□ **blasphemy** [blǽsfəmi] （神への）冒瀆	□ **anonymity** [æ̀nənímət̬i] 匿名	□ **libel** [láɪbəl] 名誉毀損，中傷	□ **augmentation** [ɔ̀:gmentéɪʃən] 増加
(44)	□ **stigma** [stígmə] 汚名	□ **conjunction** [kəndʒʌ́ŋkʃən] 接続詞，結合	□ **dowry** [dáuəri] 持参金	□ **configuration** [kənfìgjəréɪʃən] 配置
(45)	□ **deposition** [dèpəzíʃən] （高官などの）罷免	□ **precept** [prí:sept] （行動上の）指針	□ **fidelity** [fɪdéləti] 忠誠	□ **perjury** [pə́:rdʒəri] 偽証（罪）
(46)	□ **contraption** [kəntrǽpʃən] 妙な仕掛け	□ **morsel** [mɔ́:rsəl] （食べ物などの）一口	□ **conglomeration** [kənglɑ̀(:)məréɪʃən] 集合（体）	□ **fiasco** [fiǽskou] 大失敗
(47)	□ **inundation** [ìnʌndéɪʃən] 洪水	□ **humiliation** [hjumìliéɪʃən] 屈辱	□ **inhalation** [ìnhəléɪʃən] 吸入	□ **attrition** [ətríʃən] （人員などの）減少，摩滅
(48)	□ **impediment** [ɪmpédɪmənt] 障害	□ **onus** [óunəs] 責任	□ **aversion** [əvə́:rʒən] 嫌悪（感）	□ **allure** [əlúər] 魅力

p.82

(49)	□ **treatise** [trí:t̬əs] 論文	□ **severance** [sévərəns] 切断	□ **travesty** [trǽvəsti] 下手な模倣	□ **cessation** [seséɪʃən] 停止
(50)	□ **proviso** [prəváɪzou] （協定・契約などの）ただし書き，条件	□ **deluge** [délju:dʒ] 殺到，大洪水	□ **spree** [spri:] 浮かれ騒ぎ	□ **zenith** [zí:nəθ] 頂点
(51)	□ **melancholy** [mélənkɑ̀(:)li] 憂鬱	□ **latitude** [lǽt̬ətjù:d] 自由，緯度	□ **credulity** [krədjú:ləti] すぐ信じ込む性質	□ **pertinence** [pə́:rtənəns] 適切さ
(52)	□ **tatter** [tǽt̬ər] 切れ端，ぼろ切れ	□ **hassle** [hǽsl] 煩わしいこと	□ **feud** [fju:d] 不和	□ **demeanor** [dɪmí:nər] 振る舞い
(53)	□ **accreditation** [əkrèdɪtéɪʃən] 認可	□ **retaliation** [rɪtæ̀liéɪʃən] 報復	□ **profusion** [prəfjú:ʒən] 豊富	□ **capitulation** [kəpìtʃəléɪʃən] 条件付き降伏
(54)	□ **delegation** [dèlɪgéɪʃən] 代表団	□ **truce** [tru:s] 休戦	□ **knack** [næk] こつ	□ **predicament** [prɪdíkəmənt] 苦境

))) 2-10～11

p.84

(55)	□ **annotation** [ænətéɪʃən] 注釈	□ **acquisition** [ækwɪzíʃən] 買収	□ **debutante** [débjutɑ̀:nt] 社交界にデビューする女性	□ **incarnation** [ìnkɑ:rnéɪʃən] 化身
(56)	□ **inoculation** [ɪnɑ̀(:)kjuléɪʃən] (予防)接種	□ **abstention** [əbsténʃən] 棄権	□ **concession** [kənséʃən] 譲歩	□ **insinuation** [ɪnsìnjuéɪʃən] ほのめかし
(57)	□ **throng** [θrɔ(:)ŋ] 群衆	□ **apex** [éɪpeks] 頂点	□ **bombardment** [bɑ(:)mbɑ́:rdmənt] 爆撃	□ **embargo** [ɪmbɑ́:rgoʊ] 通商禁止
(58)	□ **ambush** [ǽmbuʃ] 待ち伏せ	□ **inception** [ɪnsépʃən] 初め，開始	□ **altercation** [ɔ̀(:)ltərkéɪʃən] 口論	□ **entreaty** [ɪntrí:ṭi] 懇願
(59)	□ **retribution** [rètrɪbjú:ʃən] 罰	□ **statute** [stǽtʃu:t] 法令，規則	□ **harbinger** [hɑ́:rbɪndʒər] 前兆，先駆者	□ **bundle** [bʌ́ndl] 束
(60)	□ **cowardice** [káʊərdɪs] 臆病	□ **plagiarism** [pléɪdʒərìzm] 剽窃，盗用	□ **poise** [pɔɪz] 平静	□ **reconnaissance** [rɪkɑ́(:)nəsəns] 偵察

p.86

(61)	□ **havoc** [hǽvək] 大破壊，混乱	□ **deceit** [dɪsí:t] 欺くこと	□ **inertia** [ɪnə́:rʃə] 不活発，無精	□ **regression** [rɪgréʃən] 後退
(62)	□ **virulence** [vírjuləns] 猛毒性	□ **clemency** [klémənsi] 寛大さ	□ **severity** [sɪvérəṭi] 厳しさ	□ **serendipity** [sèrəndípəṭi] 興味深いことなどを発見する才能
(63)	□ **pushover** [púʃòʊvər] たやすいこと	□ **affront** [əfrʌ́nt] (公然の)侮辱	□ **skirmish** [skə́:rmɪʃ] 小競り合い	□ **emblem** [émbləm] 記章
(64)	□ **debris** [dəbrí:] がれき	□ **coercion** [koʊə́:rʃən] 威圧，強制	□ **apathy** [ǽpəθi] 無感動，無関心	□ **felicity** [fəlísəṭi] 幸福，至福
(65)	□ **pleasantry** [plézəntri] 愛想のよい言葉	□ **loophole** [lú:phòʊl] 抜け穴	□ **oration** [əréɪʃən] 演説	□ **tenet** [ténɪt] 教義，信条
(66)	□ **demarcation** [dì:mɑ:rkéɪʃən] 境界，区別	□ **respite** [réspət] 一時的休止，休息	□ **eviction** [ɪvíkʃən] 立ち退かす［される］こと	□ **conveyance** [kənvéɪəns] 運搬

2-12〜13

p.88

(67)	□ **partisan** [pá:rṭəzən] 熱心な支持者	□ **salvo** [sǽlvoʊ] 一斉射撃	□ **dearth** [də:rθ] 不足，欠乏	□ **zeal** [zi:l] 熱意
(68)	□ **outage** [áuṭɪdʒ] (機械などの)停止	□ **rampart** [rǽmpɑ:rt] (とりでなどの)塁壁	□ **blunder** [blʌ́ndər] 大失敗	□ **kickback** [kíkbæ̀k] リベート
(69)	□ **progeny** [prɑ́(:)dʒəni] 子孫	□ **fruition** [fruíʃən] 達成，実現	□ **conceit** [kənsí:t] うぬぼれ	□ **audacity** [ɔ:dǽsəṭi] 大胆さ
(70)	□ **redress** [rɪdrés] 補償	□ **acrimony** [ǽkrəmòʊni] 辛辣さ，とげとげしさ	□ **rubble** [rʌ́bl] がれき	□ **disdain** [dɪsdéɪn] 軽蔑
(71)	□ **suffrage** [sʌ́frɪdʒ] 選挙権	□ **hegemony** [hədʒéməni] (他国に対する)支配権	□ **ingenuity** [ìndʒənjú:əṭi] 独創性	□ **levity** [lévəṭi] 軽薄
(72)	□ **rampage** [rǽmpeɪdʒ] 狂暴な行動	□ **stench** [stentʃ] 悪臭	□ **clout** [klaʊt] 影響力	□ **misnomer** [mìsnóʊmər] 誤った名称

p.90

(73)	□ **tycoon** [taɪkú:n] (実業界の)成功者	□ **protagonist** [proʊtǽgənɪst] 主人公	□ **bureaucrat** [bjúərəkræ̀t] 官僚	□ **connoisseur** [kɑ̀(:)nəsə́:r] 目利き
(74)	□ **scruple** [skrú:pl] 良心の呵責	□ **delusion** [dɪlú:ʒən] 錯覚	□ **fissure** [fíʃər] 亀裂	□ **placebo** [pləsí:boʊ] 偽薬
(75)	□ **allegory** [ǽləgɔ̀:ri] 寓話	□ **infraction** [ɪnfrǽkʃən] 違反	□ **denizen** [dénɪzən] 居住者	□ **stopgap** [stɑ́(:)pgæ̀p] 一時しのぎ
(76)	□ **adulation** [æ̀dʒuléɪʃən] 追従	□ **parity** [pǽrəṭi] 同等	□ **ruckus** [rʌ́kəs] 大騒ぎ	□ **rationale** [ræ̀ʃənǽl] 論理的根拠
(77)	□ **impasse** [ímpæs] 袋小路，行き詰まり	□ **inhibition** [ìnhɪbíʃən] 抑制	□ **equilibrium** [ì:kwɪlíbriəm] 平衡，釣り合い	□ **asylum** [əsáɪləm] 避難所，避難
(78)	□ **memento** [məménṭoʊ] 記念品	□ **haven** [héɪvən] 避難所，安息地	□ **lineage** [líniɪdʒ] 血統，家系	□ **homage** [hɑ́(:)mɪdʒ] 敬意

2-14〜15

p.92

(79)	□ **vestige** [véstɪdʒ] 痕跡	□ **dissipation** [dìsɪpéɪʃən] 放蕩	□ **vortex** [vɔ́:rteks] 渦	□ **rendition** [rendíʃən] 表現，演奏
(80)	□ **longevity** [lɑ(:)ndʒévəṭi] 長寿	□ **infamy** [ínfəmi] 悪名	□ **jurisdiction** [dʒùərɪsdíkʃən] 司法権，裁判権	□ **veracity** [vərǽsəṭi] 真実性
(81)	□ **rift** [rɪft] 不和，裂け目	□ **payoff** [péɪɔ̀(:)f] 報酬	□ **rendezvous** [rá:ndeɪvù:] 会う約束	□ **snitch** [snɪtʃ] 密告者
(82)	□ **adversary** [ǽdvərsèri] 敵	□ **charlatan** [ʃá:rlətən] ほら吹き	□ **feat** [fi:t] 偉業	□ **caricature** [kǽrɪkətʃùər] 風刺画
(83)	□ **jetty** [dʒéṭi] 桟橋	□ **pundit** [pʌ́ndɪt] 評論家，専門家	□ **layman** [léɪmən] 素人	□ **onrush** [á(:)nrʌ̀ʃ] 突撃
(84)	□ **temperance** [témpərəns] 自制	□ **agility** [ədʒíləṭi] 敏しょう性，機敏さ	□ **vulgarity** [vʌlgǽrəṭi] 卑俗，下品	□ **truancy** [trú:ənsi] 無断欠席

p.94

(85)	□ **redolence** [rédələns] 芳香	□ **prospectus** [prəspéktəs] (新事業などの)内容説明書	□ **consternation** [kɑ̀(:)nstərnéɪʃən] 驚愕	□ **patronage** [péɪtrənɪdʒ] 後援
(86)	□ **treason** [trí:zən] 反逆(罪)	□ **remuneration** [rɪmjù:nəréɪʃən] 報酬	□ **summation** [sʌméɪʃən] 要約	□ **precipitation** [prɪsìpɪtéɪʃən] 降水(量)
(87)	□ **pilgrimage** [pílgrɪmɪdʒ] 巡礼	□ **electorate** [ɪléktərət] 有権者	□ **calamity** [kəlǽməṭi] 大惨事，災難	□ **projectile** [prədʒéktəl] 発射されるもの
(88)	□ **acolyte** [ǽkəlàɪt] 侍者，従者	□ **spasm** [spæzm] けいれん，発作	□ **shackle** [ʃǽkl] 手錠，束縛	□ **concoction** [kənkɑ́(:)kʃən] 調合(物)，作り話
(89)	□ **grudge** [grʌdʒ] 根深い恨み	□ **glint** [glɪnt] きらめき	□ **stalk** [stɔ:k] (植物の)茎	□ **smirk** [smə:rk] 作り笑い
(90)	□ **gradient** [gréɪdiənt] 勾配	□ **bout** [baʊt] (病気の)発作	□ **rupture** [rʌ́ptʃər] 破裂	□ **digression** [daɪgréʃən] (話の)脱線

)) 2-16～17

p.96

(91)	□ **contingency** [kəntíndʒənsi] 不測の事態	□ **interlude** [ínṭərlù:d] 合間，幕あい	□ **quirk** [kwə:rk] (変わった)癖	□ **innuendo** [ìnjuéndou] ほのめかし，当てこすり
(92)	□ **stalwart** [stɔ́:lwərt] 忠実な支持者	□ **repertoire** [répərtwɑ̀:r] レパートリー	□ **penchant** [péntʃənt] 強い好み	□ **luster** [lʌ́stər] 栄光，光沢
(93)	□ **dissertation** [dìsərtéɪʃən] 論文	□ **hoard** [hɔ:rd] 蓄え，貯蔵品	□ **gratuity** [grətjú:əṭi] 心付け	□ **paucity** [pɔ́:səṭi] 少数，不足
(94)	□ **premise** [prémɪs] 前提，土地	□ **reparation** [rèpəréɪʃən] 賠償(金)	□ **disclaimer** [dɪskléɪmər] 免責条項	□ **misgiving** [mìsgívɪŋ] 疑念
(95)	□ **ratification** [ræ̀ṭɪfɪkéɪʃən] (条約などの)批准	□ **installment** [ɪnstɔ́:lmənt] 分割払いの1回分	□ **ramification** [ræ̀mɪfɪkéɪʃən] 派生的な問題，分枝	□ **yardstick** [jɑ́:rdstìk] (評価などの)規準
(96)	□ **enigma** [ɪnígmə] 謎	□ **arson** [ɑ́:rsən] 放火	□ **stowage** [stóuɪdʒ] (船などへの)荷積み	□ **debacle** [deɪbɑ́:kl] 大敗北，総崩れ

p.98

(97)	□ **prognosis** [prɑ(:)gnóusəs] 予後	□ **doctrine** [dɑ́(:)ktrɪn] 教義	□ **efficacy** [éfɪkəsi] 効力	□ **feasibility** [fì:zəbíləṭi] 実現可能性
(98)	□ **paradigm** [pǽrədàɪm] 典型	□ **catalyst** [kǽṭəlɪst] 触発するもの	□ **regimen** [rédʒɪmən] 養生法	□ **tinge** [tɪndʒ] ほのかな色合い
(99)	□ **insanity** [ɪnsǽnəṭi] まったくばかげたこと	□ **volition** [voulíʃən] 意志	□ **indiscretion** [ìndɪskréʃən] 無分別，軽率	□ **impeachment** [ɪmpí:tʃmənt] 告発
(100)	□ **fortitude** [fɔ́:rṭətjù:d] 不屈の精神	□ **dissidence** [dísɪdəns] (体制への)反対	□ **bravado** [brəvɑ́:dou] 強がり	□ **contraband** [kɑ́(:)ntrəbæ̀nd] 密輸品
(101)	□ **exhilaration** [ɪgzìləréɪʃən] 陽気	□ **finesse** [fɪnés] 巧妙さ	□ **foliage** [fóulɪɪdʒ] (草木の)葉	□ **propagation** [prɑ̀(:)pəgéɪʃən] 繁殖
(102)	□ **servitude** [sə́:rvətjù:d] 奴隷の(ような)境遇	□ **aspiration** [æ̀spəréɪʃən] 熱望	□ **timidity** [tɪmídəṭi] 臆病	□ **impudence** [ímpjudəns] 厚かましさ

))) 2-18〜19

p.100

(103)	□ **acquittal** [əkwíṭəl] 無罪放免	□ **incursion** [ɪnkə́:rʒən] 侵入	□ **insurgency** [ɪnsə́:rdʒənsi] 暴動	□ **ordinance** [ɔ́:rdənəns] 条例
(104)	□ **gripe** [graɪp] 不平	□ **gimmick** [gímɪk] 仕掛け	□ **protrusion** [prətrú:ʒən] 突起部，突出部	□ **incumbent** [ɪnkʌ́mbənt] 現職者
(105)	□ **tyranny** [tírəni] 専制政治	□ **decorum** [dɪkɔ́:rəm] 礼儀正しさ	□ **modulation** [mɑ̀(:)dʒəléɪʃən] 調節	□ **immunity** [ɪmjú:nəṭi] 免疫，免除
(106)	□ **enactment** [ɪnǽktmənt] (法律の)制定	□ **dungeon** [dʌ́ndʒən] 地下牢	□ **ordeal** [ɔ:rdí:l] 厳しい試練，苦難	□ **denunciation** [dɪnʌ̀nsiéɪʃən] 公然の非難
(107)	□ **patent** [pǽtənt] 特許	□ **scourge** [skə:rdʒ] 難儀	□ **conscription** [kənskrípʃən] 徴兵	□ **liability** [làɪəbíləṭi] (法的)責任
(108)	□ **hermit** [hə́:rmɪt] 隠遁者	□ **accomplice** [əkɑ́(:)mpləs] 共犯者	□ **curator** [kjuəréɪṭər] 学芸員	□ **forerunner** [fɔ́:rrʌ̀nər] 先駆者

p.102

(109)	□ **dissent** [dɪsént] 異議	□ **inclination** [ɪnklɪnéɪʃən] 好み，気持ち	□ **futility** [fju:tíləṭi] 無益	□ **wrath** [ræθ] 激怒
(110)	□ **proximity** [prɑ(:)ksíməṭi] 近いこと，近接	□ **constriction** [kənstríkʃən] 圧縮	□ **allusion** [əlú:ʒən] ほのめかし	□ **matrimony** [mǽtrəmòuni] 結婚(生活)
(111)	□ **culprit** [kʌ́lprɪt] 犯人	□ **partition** [pɑ:rtíʃən] 仕切り	□ **affinity** [əfínəṭi] 親近感	□ **sanctuary** [sǽŋktʃuèri] 聖域，避難所
(112)	□ **inflammation** [ìnfləméɪʃən] 炎症	□ **deportation** [dì:pɔ:rtéɪʃən] 国外追放	□ **conflagration** [kɑ̀(:)nfləgréɪʃən] 大火事	□ **disintegration** [dɪsìnṭəgréɪʃən] 崩壊

Unit 3 形容詞・副詞

))) 3-1〜2

p.106

(1)	**insurmountable** [ìnsərmáunṭəbl] 克服できない	**irrepressible** [ìrɪprésəbl] 生き生きした，制御できない	**infallible** [ɪnfǽləbl] 決して誤らない	**illegible** [ɪlédʒəbl] 判読できない
(2)	**surreptitious** [sə̀:rəptíʃəs] 秘密の	**imperative** [ɪmpérəṭɪv] 絶対必要な	**painstaking** [péɪnztèɪkɪŋ] 労を惜しまない	**imprudent** [ɪmprú:dənt] 軽率な
(3)	**callous** [kǽləs] 無感覚な	**hilarious** [hɪléəriəs] 陽気な	**astronomical** [æ̀strəná(:)mɪkəl] 天文学的な	**invariable** [ɪnvéəriəbl] 不変の
(4)	**elusively** [ɪlú:sɪvli] とらえにくいように	**abysmally** [əbízməli] ひどく	**forlornly** [fərlɔ́:rnli] わびしく	**nominally** [ná(:)mənəli] 名目上は
(5)	**residual** [rɪzídʒuəl] 残りの	**vicarious** [vaɪkéəriəs] 自分のことのように感じられる	**repugnant** [rɪpʌ́gnənt] 嫌な	**satirical** [sətírɪkəl] 風刺的な
(6)	**stringent** [stríndʒənt] 厳格な	**ambient** [ǽmbiənt] 周囲の	**bereaved** [bɪrí:vd] （死によって近親などを）亡くした	**alleged** [əlédʒd] 疑われている

p.108

(7)	**dilapidated** [dɪlǽpɪdèɪṭɪd] 荒廃した	**congenial** [kəndʒí:niəl] （人の性格などに）適した	**haughty** [hɔ́:ṭi] 傲慢な	**endemic** [endémɪk] （ある地方に）特有の
(8)	**redolent** [rédələnt] 暗示する	**solvent** [sá(:)lvənt] 支払い能力がある	**superfluous** [supə́:rfluəs] 過剰の	**perverse** [pərvə́:rs] 道理から外れた
(9)	**vivacious** [vaɪvéɪʃəs] 活発な	**spellbound** [spélbàund] 魅せられた	**abject** [ǽbdʒekt] 悲惨な	**palatial** [pəléɪʃəl] 宮殿の
(10)	**acrimonious** [æ̀krɪmóuniəs] 辛辣な	**conciliatory** [kənsíliətɔ̀:ri] なだめるような	**forensic** [fərénsɪk] 法医学の	**garish** [géərɪʃ] けばけばしい
(11)	**contrived** [kəntráɪvd] 作り物の	**derelict** [dérəlìkt] 遺棄された	**complicit** [kəmplísət] 共謀して	**poised** [pɔɪzd] 身構えて
(12)	**blatantly** [bléɪṭəntli] 露骨に	**sporadically** [spərǽdɪkəli] 散発的に	**eloquently** [éləkwəntli] 雄弁に	**belatedly** [bɪléɪṭɪdli] 遅れて

))) 3-3〜4

p.110

(13)	□ **pervasive** [pərvéɪsɪv] 隅々に広がった	□ **conscientious** [kɑ̀(:)nʃiénʃəs] 念入りな，良心的な	□ **indolent** [índələnt] 怠惰な	□ **venerable** [vénərəbl] 尊敬に値する
(14)	□ **cognizant** [kɑ́(:)gnɪzənt] 知っている	□ **equitable** [ékwəṭəbl] 公正な	□ **forlorn** [fərlɔ́:rn] わびしい	□ **antagonistic** [æntæ̀gənístɪk] 敵意を抱いて
(15)	□ **brash** [bræʃ] 厚かましい	□ **venomous** [vénəməs] 毒のある	□ **nascent** [néɪsənt] 発生しかけている，初期の	□ **stocky** [stɑ́(:)ki] ずんぐりした
(16)	□ **feasible** [fí:zəbl] 実現可能な	□ **commensurate** [kəménsərət] 比例した	□ **momentous** [mouménṭəs] 極めて重大な	□ **legible** [lédʒəbl] (筆跡などが)読める
(17)	□ **jocular** [dʒɑ́(:)kjulər] おどけた	□ **propitious** [prəpíʃəs] 好都合な	□ **frenetic** [frənéṭɪk] 狂乱した	□ **condescending** [kɑ̀(:)ndɪséndɪŋ] 人を見下したような
(18)	□ **lavish** [lǽvɪʃ] ぜいたくな	□ **insurgent** [ɪnsə́:rdʒənt] 反乱の，暴動の	□ **queasy** [kwí:zi] 吐き気のする	□ **scant** [skænt] 乏しい

p.112

(19)	□ **docile** [dɑ́(:)səl] 従順な	□ **succinct** [sʌksíŋkt] 簡潔な	□ **pensive** [pénsɪv] 物思いに沈んだ	□ **malevolent** [məlévələnt] 悪意のある
(20)	□ **copious** [kóupiəs] 多量の	□ **bombastic** [bɑ(:)mbǽstɪk] 大言壮語する	□ **tenacious** [tɪnéɪʃəs] 粘り強い	□ **anecdotal** [æ̀nɪkdóuṭəl] 逸話の
(21)	□ **haggard** [hǽgərd] やつれた	□ **fraudulent** [frɔ́:dʒələnt] 詐欺的な	□ **pedantic** [pɪdǽnṭɪk] 枝葉末節にこだわる	□ **impassive** [ɪmpǽsɪv] 無表情の
(22)	□ **malleable** [mǽliəbl] 可鍛性の	□ **acrid** [ǽkrɪd] 辛辣(しんらつ)な	□ **appalling** [əpɔ́:lɪŋ] ぞっとさせる	□ **pompous** [pɑ́(:)mpəs] 尊大な
(23)	□ **lenient** [lí:niənt] 寛大な	□ **explicit** [ɪksplísɪt] 明白な	□ **bogus** [bóugəs] 偽の	□ **tacit** [tǽsɪt] 暗黙の
(24)	□ **malicious** [məlíʃəs] 悪意のある	□ **preposterous** [prɪpɑ́(:)stərəs] 道理に反する	□ **oblivious** [əblíviəs] 気付かない	□ **premeditated** [pri:médɪtèɪṭɪd] 前もって計画された

学習した日　1回目　／　2回目　／

3-5〜6

p.114

(25)	**erudite** [érjudàɪt] 博学な	**jaded** [dʒéɪdɪd] 疲れ切った	**posthumous** [pá(:)stʃəməs] 死後に起きた	**submissive** [səbmísɪv] 服従する
(26)	**inanimate** [ɪnǽnɪmət] 生命のない	**avid** [ǽvɪd] 熱心な	**uptight** [ʌptáɪt] 非常に緊張した	**uncanny** [ʌ̀nkǽni] 驚異的な，奇怪な
(27)	**ambivalent** [æmbívələnt] 相反する感情を抱く	**resilient** [rɪzíliənt] 立ち直りの早い，回復力のある	**frivolous** [frívələs] くだらない	**cranky** [krǽŋki] 風変わりな
(28)	**rudimentary** [rù:dɪméntəri] 基本の，未発達の	**pragmatic** [prægmǽṭɪk] 実際的な	**morbid** [mɔ́:rbɪd] 不健全な，恐ろしい	**skittish** [skíṭɪʃ] おてんばな
(29)	**daintily** [déɪnṭɪli] 優雅に	**fraudulently** [frɔ́:dʒələntli] 詐欺的に	**ascetically** [əséṭɪkəli] 禁欲的に	**fortuitously** [fɔ:rtjú:əṭəsli] 偶然に
(30)	**unwieldy** [ʌnwí:ldi] （大きさなどのために）扱いにくい	**profane** [prəféɪn] 神聖を汚す	**insipid** [ɪnsípɪd] 無味乾燥な	**unequivocal** [ʌ̀nɪkwívəkəl] 曖昧でない

p.116

(31)	**brazen** [bréɪzən] 厚かましい	**intrinsic** [ɪntrínsɪk] 固有の	**soggy** [sá(:)gi] びしょぬれの	**benign** [bənáɪn] 親切な，良性の
(32)	**flimsy** [flímzi] 薄っぺらの	**benevolent** [bənévələnt] 慈悲深い	**dreary** [dríəri] 物寂しい	**exuberant** [ɪgzjú:bərənt] 生気あふれる
(33)	**impetuous** [ɪmpétʃuəs] 衝動的な	**tantamount** [tǽnṭəmàunt] 同等の	**insufferable** [ɪnsʌ́fərəbl] 耐え難い	**luminous** [lú:mɪnəs] 光を発する
(34)	**recalcitrant** [rɪkǽlsɪtrənt] 反抗的な	**convoluted** [ká(:)nvəlù:ṭɪd] 複雑な	**disparate** [díspərət] 本質的に異なる	**inalienable** [ɪnéɪliənəbl] （権利などが）奪うことのできない
(35)	**hereditary** [hərédətèri] 遺伝性の	**culpable** [kʌ́lpəbl] 非難に値する	**salient** [séɪliənt] 顕著な	**magnanimous** [mægnǽnɪməs] 度量の大きい
(36)	**luxuriant** [lʌgʒúriənt] 繁茂した	**profound** [prəfáund] （状態・感情などが）深い	**ample** [ǽmpl] 広い，豊富な	**vulgar** [vʌ́lgər] 下品な

3-7～8

p.118

(37)
- □ **devout** [dɪváut] 信心深い
- □ **bumbling** [bʌ́mblɪŋ] ぎこちない
- □ **clairvoyant** [kleərvɔ́ɪənt] 千里眼の
- □ **crabby** [krǽbi] 気難しい

(38)
- □ **enamored** [ɪnǽmərd] 魅了されて
- □ **disheveled** [dɪʃévəld] 身なりのだらしない
- □ **eclectic** [ɪkléktɪk] 取捨選択する
- □ **plausible** [plɔ́:zəbl] もっともらしい

(39)
- □ **ubiquitous** [jubíkwəṭəs] 至る所に存在する
- □ **frazzled** [frǽzld] くたくたに疲れた
- □ **philanthropic** [fìlənθrá(:)pɪk] 博愛の
- □ **stagnant** [stǽgnənt] (空気・水などが)流れない

(40)
- □ **benevolently** [bənévələntli] 慈悲深く
- □ **inadvertently** [ìnədvə́:rtəntli] 不注意に
- □ **crucially** [krú:ʃəli] 決定的に
- □ **horrendously** [hɔ(:)réndəsli] 恐ろしく

(41)
- □ **preemptive** [priémptɪv] 先制の
- □ **resplendent** [rɪspléndənt] 光輝くばかりの
- □ **wanton** [wá(:)ntən] 理不尽な
- □ **somber** [sá(:)mbər] 陰気な

(42)
- □ **clandestine** [klændéstɪn] 秘密の
- □ **adversarial** [æ̀dvərséəriəl] 敵の
- □ **barbarous** [bá:rbərəs] 残虐な
- □ **ingenious** [ɪndʒí:niəs] 独創的な

p.120

(43)
- □ **irate** [àɪréɪt] 激怒した
- □ **extraneous** [ɪkstréɪniəs] 無関係の
- □ **negligent** [néglɪdʒənt] 不注意な，怠慢な
- □ **covert** [kóuvə:rt] 内密の

(44)
- □ **candid** [kǽndɪd] 率直な
- □ **perennial** [pəréniəl] 永続的な
- □ **subliminal** [sʌblímɪnəl] 潜在意識の
- □ **flamboyant** [flæmbɔ́ɪənt] 華麗な，派手な

(45)
- □ **auspicious** [ɔ:spíʃəs] 縁起のよい
- □ **abrasive** [əbréɪsɪv] 無神経な
- □ **unwitting** [ʌ̀nwíṭɪŋ] 気付かない，故意でない
- □ **anemic** [əní:mɪk] 生気に欠ける

(46)
- □ **brusque** [brʌsk] ぶっきらぼうな
- □ **deceased** [dɪsí:st] 死去した
- □ **garrulous** [gǽrələs] おしゃべりな
- □ **sordid** [sɔ́:rdəd] 浅ましい

(47)
- □ **plenary** [plénəri] 全員出席の
- □ **truculent** [trʌ́kjulənt] 攻撃的な
- □ **palatable** [pǽləṭəbl] おいしい
- □ **cursory** [kə́:rsəri] 急いだ，ぞんざいな

(48)
- □ **abortive** [əbɔ́:rṭɪv] 失敗に終わった
- □ **inscrutable** [ɪnskrú:ṭəbl] 不可思議な
- □ **ornate** [ɔ:rnéɪt] 飾り立てた
- □ **illicit** [ɪlísɪt] 禁制の

)))3-9〜10

p.122

(49)	□ **demure** [dɪmjúər] （特に女性が）控えめな	□ **gallant** [gǽlənt] 勇敢な	□ **untenable** [ʌnténəbl] （議論などが）擁護できない	□ **lethargic** [ləθɑ́:rdʒɪk] 昏睡状態の
(50)	□ **squeamish** [skwí:mɪʃ] （血などを見て）すぐ吐き気を催す	□ **fastidious** [fæstídiəs] 気難しい	□ **impervious** [ɪmpə́:rviəs] 影響されない	□ **delirious** [dɪlíəriəs] 一時的に錯乱した
(51)	□ **prolific** [prəlífɪk] （芸術家が）多作の	□ **carnivorous** [kɑ:rnívərəs] 肉食性の	□ **idyllic** [aɪdílɪk] 牧歌的な	□ **putrid** [pjú:trɪd] 腐敗した
(52)	□ **apathetic** [æ̀pəθéṭɪk] 無感動な	□ **deplorable** [dɪplɔ́:rəbl] 嘆かわしい	□ **conducive** [kəndjú:sɪv] 貢献する	□ **frigid** [frídʒɪd] 寒冷な
(53)	□ **sinister** [sínɪstər] 不吉な	□ **pallid** [pǽlɪd] （顔・肌などが）青白い	□ **innocuous** [ɪnɑ́(:)kjuəs] 無害な，悪意のない	□ **desolate** [désələt] 荒廃した
(54)	□ **murky** [mə́:rki] 暗い，（水などが）濁った	□ **shrewd** [ʃru:d] 機転が利く，才覚のある	□ **boisterous** [bɔ́ɪstərəs] 騒々しい	□ **menial** [mí:niəl] 単純で退屈な

p.124

No.				
(55)	□ **dispassionate** [dɪspǽʃənət] 感情に左右されない	□ **obnoxious** [ɑ(:)bnɑ́(:)kʃəs] とても嫌な	□ **celibate** [séləbət] 独身の，独身主義の	□ **ephemeral** [ɪfémərəl] つかの間の
(56)	□ **listlessly** [lístləsli] 無気力に	□ **stupendously** [stjupéndəsli] 途方もなく	□ **posthumously** [pɑ́(:)stʃəməsli] 死後に	□ **semantically** [səmǽnṭɪkəli] 意味論的に
(57)	□ **emblematic** [èmbləmǽṭɪk] 象徴の	□ **effusive** [ɪfjú:sɪv] 感情をあらわにした	□ **optimum** [ɑ́(:)ptɪməm] 最適な	□ **ostensible** [ɑ(:)sténsəbl] 表向きの
(58)	□ **fervent** [fə́:rvənt] 熱心な，熱烈な	□ **buoyant** [bɔ́ɪənt] 快活な	□ **placid** [plǽsɪd] 穏やかな	□ **quaint** [kweɪnt] 古風で趣のある
(59)	□ **provident** [prɑ́(:)vɪdənt] 先見の明のある	□ **pessimistic** [pèsəmístɪk] 悲観的な	□ **ineligible** [ɪnélɪdʒəbl] 資格のない	□ **erratic** [ɪrǽṭɪk] 一貫性のない
(60)	□ **fickle** [fíkl] 気の変わりやすい	□ **staunch** [stɔ:ntʃ] 忠実な	□ **verbose** [və:rbóus] 言葉数が多い	□ **belligerent** [bəlídʒərənt] 好戦的な

))) 3-11～12

p.126

(61)	□ **interim** [ínṭərɪm] 仮の	□ **inveterate** [ɪnvéṭərət] 常習的な	□ **euphoric** [jufɔ́(:)rɪk] 幸福感にあふれた	□ **efficacious** [èfɪkéɪʃəs] (薬などが)効き目のある
(62)	□ **flippant** [flípənt] 軽薄な	□ **turbulent** [tə́:rbjulənt] 激動する，荒れ狂う	□ **reticent** [réṭəsənt] 無口な	□ **strident** [stráɪdənt] 耳障りな
(63)	□ **circumspect** [sə́:rkəmspèkt] 慎重な	□ **pristine** [prísti:n] 損なわれていない	□ **covetous** [kʌ́vɪṭəs] むやみに欲しがる	□ **delinquent** [dɪlíŋkwənt] 未納の
(64)	□ **nonchalant** [nɑ̀(:)nʃəlɑ́:nt] 無関心な	□ **cumbersome** [kʌ́mbərsəm] (重く大きくて)扱いにくい	□ **virulent** [vírjulənt] 毒性の強い	□ **morose** [məróus] 不機嫌な
(65)	□ **belligerently** [bəlídʒərəntli] 好戦的に	□ **exponentially** [èkspənénʃəli] (増加などが)急激に	□ **dismally** [dízməli] 陰気に	□ **scrupulously** [skrú:pjuləsli] 正直に
(66)	□ **harrowing** [hǽrouɪŋ] 悲惨な	□ **personable** [pə́:rsənəbl] 容姿の端整な	□ **recurrent** [rɪkə́:rənt] 繰り返される，再発する	□ **thrifty** [θrífti] 倹約する

p.128

(67)	□ **astute** [əstjú:t] (人・計画などが)機敏な	□ **defunct** [dɪfʌ́ŋkt] 現存しない，廃れた	□ **cerebral** [sərí:brəl] 大脳の	□ **pungent** [pʌ́ndʒənt] 鼻につんとくる
(68)	□ **errant** [érənt] 道に迷った	□ **obtrusive** [əbtrú:sɪv] 押し付けがましい	□ **affable** [ǽfəbl] 気やすく話せる	□ **abhorrent** [æbhɔ́:rənt] 嫌悪感を起こさせる
(69)	□ **counterfeit** [káunṭərfit] 偽の	□ **consensual** [kənsénʃuəl] 合意上の	□ **insidious** [ɪnsídiəs] 潜行性の	□ **defamatory** [dɪfǽmətɔ̀:ri] 中傷的な
(70)	□ **meticulous** [mətíkjuləs] 細かいことに気を遣う	□ **implausible** [ɪmplɔ́:zəbl] 本当とは思えない	□ **vacuous** [vǽkjuəs] (考えなどが)空っぽの	□ **ponderous** [pɑ́(:)ndərəs] 非常に重い
(71)	□ **sporadic** [spərǽdɪk] 散発的な	□ **dogmatic** [dɔ(:)gmǽṭɪk] 独断的な	□ **ludicrous** [lú:dɪkrəs] 滑稽な	□ **tangible** [tǽndʒəbl] 明白な
(72)	□ **precarious** [prɪkéəriəs] 危険な，不安定な	□ **lugubrious** [ləgú:briəs] 悲しげな	□ **banal** [bənɑ́:l] 陳腐な	□ **nocturnal** [nɑ(:)ktə́:rnəl] 夜行性の

))) 3-13〜14

p.130

(73)	□ **altruistically** [æltruístɪkəli] 利他的に	□ **innately** [ìnéɪtli] 生まれつき	□ **gallantly** [gǽləntli] 勇敢に	□ **vehemently** [ví:əməntli] 激しく
(74)	□ **amenable** [əmí:nəbl] 快く従う，従順な	□ **abysmal** [əbízməl] 極端に悪い	□ **elliptical** [ɪlíptɪkəl] 楕円の	□ **insubstantial** [ìnsəbstǽnʃəl] 実体のない
(75)	□ **homely** [hóʊmli] 平凡な	□ **adroit** [ədrɔ́ɪt] 機敏な，器用な	□ **subdued** [səbdjú:d] （人・態度が）沈んだ	□ **lurid** [lʊ́rəd] 恐ろしい
(76)	□ **trite** [traɪt] （表現などが）陳腐な	□ **barbaric** [bɑ:rbǽrɪk] 残忍な	□ **detrimental** [dètrɪméntəl] 有害な	□ **cavalier** [kæ̀vəlíər] 無頓着な
(77)	□ **fiendish** [fí:ndɪʃ] 残忍極まる	□ **desultory** [désəltɔ̀:ri] 漫然とした	□ **treacherous** [trétʃərəs] （見た目と違って）危険な	□ **derisive** [dɪráɪsɪv] 嘲笑する
(78)	□ **opulent** [ɑ́(:)pjʊlənt] ぜいたくな	□ **macabre** [məkɑ́:brə] ぞっとする	□ **redundant** [rɪdʌ́ndənt] 余分な	□ **inclement** [ɪnklémənt] （気候が）厳しい

p.132

(79)	□ **obstinate** [ɑ́(:)bstɪnət] 頑固な	□ **penitent** [pénətənt] 後悔している	□ **irrefutable** [ìrɪfjú:təbl] 論駁（ろんばく）できない	□ **gaudy** [gɔ́:di] けばけばしい
(80)	□ **raucous** [rɔ́:kəs] 耳障りな	□ **livid** [lívɪd] 激怒した	□ **sadistic** [sədístɪk] 加虐的な	□ **transient** [trǽnziənt] 一時的な
(81)	□ **prodigious** [prədídʒəs] 驚異的な	□ **scrupulous** [skrú:pjʊləs] 細心の注意を払って	□ **leery** [líəri] 疑い深い	□ **translucent** [trænslú:sənt] 半透明の
(82)	□ **lucrative** [lú:krətɪv] もうかる	□ **impalpable** [ɪmpǽlpəbl] 触知できない	□ **flagrant** [fléɪgrənt] 目に余る	□ **suave** [swɑ:v] 物腰の柔らかな
(83)	□ **invincible** [ɪnvínsəbl] 無敵の	□ **destitute** [déstɪtjù:t] 極貧の	□ **pitiless** [pítɪləs] 無情な	□ **incessant** [ɪnsésənt] 絶え間ない
(84)	□ **sheepishly** [ʃí:pɪʃli] おずおずと	□ **irreparably** [ɪrépərəbli] 修復できないほど	□ **enviably** [énviəbli] うらやましいほどに	□ **immortally** [ɪmɔ́:rtəli] 永遠に

)))3-15〜16

p.134

(85)	**cohesive** [kouhí:sɪv] 結束力のある	**wayward** [wéɪwərd] 勝手気ままな	**incremental** [ìŋkrɪménṭəl] だんだん増える	**measly** [mí:zli] ほんのわずかの
(86)	**savvy** [sævi] つぼを心得た	**precipitous** [prɪsípəṭəs] 断崖絶壁になった	**fluorescent** [flɔ:résənt] 蛍光を発する	**listless** [lístləs] 気力のない
(87)	**inflatable** [ɪnfléɪṭəbl] (空気などで)膨らます必要のある	**exorbitant** [ɪgzɔ́:rbəṭənt] 法外な	**sanguine** [sæŋgwɪn] 希望にあふれた	**palpable** [pælpəbl] 明白な
(88)	**inept** [ɪnépt] 能力［技量］に欠ける	**unkempt** [ʌnkémpt] だらしない	**indignant** [ɪndígnənt] 憤った	**aloof** [əlú:f] よそよそしい，離れて
(89)	**laconic** [ləká(:)nɪk] 短い，簡潔な	**obsequious** [əbsí:kwiəs] こびへつらう	**quarrelsome** [kwɑ́(:)rəlsəm] けんか早い	**precocious** [prɪkóuʃəs] 早熟の
(90)	**allegedly** [əlédʒɪdli] 伝えられるところによると	**devoutly** [dɪváutli] 信心深く	**diversely** [dəvə́:rsli] さまざまに	**impeccably** [ɪmpékəbli] 申し分なく

p.136

(91)	**sultry** [sʌ́ltri] 蒸し暑い	**vociferous** [vousífərəs] 騒々しい	**excruciating** [ɪkskrú:ʃièɪṭɪŋ] ひどい苦痛を与える	**mutinous** [mjú:tənəs] 暴動の
(92)	**arduous** [ɑ́:rdʒuəs] 骨の折れる	**altruistic** [æ̀ltruístɪk] 利他的な	**extrinsic** [ekstrínsɪk] 付帯的な	**ulterior** [ʌltíəriər] 隠された
(93)	**contemptible** [kəntémptəbl] 軽蔑すべき	**comatose** [kóumətòus] 昏睡状態の	**oblique** [əblí:k] 遠回しの	**assiduous** [əsídjuəs] 勤勉な
(94)	**contingent** [kəntíndʒənt] 依存する	**extenuating** [ɪksténjuèɪṭɪŋ] 酌量できる	**waning** [weɪnɪŋ] 衰えている，減退している	**impermeable** [ɪmpə́:rmiəbl] (液体などを)通さない
(95)	**marginally** [mɑ́:rdʒənəli] わずかに	**bashfully** [bæʃfəli] はにかんで	**nonchalantly** [nɑ̀(:)nʃəlɑ́:ntli] 無頓着に	**intently** [ɪnténtli] 一心に
(96)	**imperious** [ɪmpíəriəs] 有無を言わせない	**generic** [dʒənérɪk] 一般的な	**succulent** [sʌ́kjulənt] (果物が)水分の多い	**perishable** [pérɪʃəbl] 腐りやすい

)))3-17〜18

p.138

(97)	□ **apolitical** [èɪpəlíṭɪkəl] 政治に無関心な	□ **strenuous** [strénjuəs] 多大な努力を要する	□ **prophetic** [prəféṭɪk] 予言の	□ **indulgent** [ɪndʌ́ldʒənt] 寛大な
(98)	□ **tortuous** [tɔ́:rtʃuəs] 回りくどい	□ **mundane** [mʌ̀ndéɪn] 日常の	□ **complacent** [kəmpléɪsənt] 自己満足した	□ **laborious** [ləbɔ́:riəs] 骨の折れる
(99)	□ **incendiary** [ɪnséndièri] 火災を起こす	□ **ostentatious** [à(:)stentéɪʃəs] これ見よがしの	□ **ascetic** [əséṭɪk] 禁欲的な	□ **inane** [ɪnéɪn] 無意味な
(100)	□ **antiseptic** [æ̀nṭiséptɪk] 防腐の	□ **infantile** [ínfəntàɪl] 幼児の	□ **agnostic** [ægná(:)stɪk] 不可知論の	□ **omniscient** [ɑ(:)mníʃənt] 全知の
(101)	□ **discerning** [dɪsə́:rnɪŋ] 識別力のある	□ **exemplary** [ɪgzémpləri] 模範的な	□ **inquisitive** [ɪnkwízəṭɪv] 好奇心の強い	□ **irascible** [ɪræ̀səbl] 短気な
(102)	□ **exquisite** [ɪkskwízɪt] この上なく見事な	□ **sleek** [sli:k] 滑らかでつやつやした	□ **intractable** [ɪntræ̀ktəbl] 強情な，手に負えない	□ **shoddy** [ʃá(:)di] 粗悪な

p.140

(103)	□ **tenaciously** [tɪnéɪʃəsli] 粘り強く	□ **cordially** [kɔ́(:)rdʒəli] 心から	□ **figuratively** [fígjərəṭɪvli] 比喩的に	□ **diabolically** [dàɪəbá(:)lɪkəli] 邪悪に
(104)	□ **furtive** [fə́:rṭɪv] 人目を盗んでの	□ **despondent** [dɪspá(:)ndənt] 落胆した	□ **reprehensible** [rèprɪhénsəbl] 叱責に値する	□ **illustrious** [ɪlʌ́striəs] 輝かしい，著名な
(105)	□ **adept** [ədépt] 熟練した	□ **volatile** [vá(:)ləṭəl] (状況などが)不安定な	□ **meager** [mí:gər] (食事などが)乏しい	□ **prescient** [préʃənt] 予知する
(106)	□ **atrocious** [ətróuʃəs] 極悪非道な	□ **chivalrous** [ʃívəlrəs] 勇敢な	□ **fanatical** [fənæ̀ṭɪkəl] 狂信的な	□ **diffident** [dífɪdənt] 内気な，自信のない
(107)	□ **repulsive** [rɪpʌ́lsɪv] 嫌悪感を起こさせる	□ **scrumptious** [skrʌ́mpʃəs] とてもおいしい	□ **capricious** [kəpríʃəs] 気まぐれな	□ **facetious** [fəsí:ʃəs] おどけた
(108)	□ **incongruous** [ɪnká(:)ŋgruəs] 調和しない	□ **rotund** [routʌ́nd] 丸い	□ **chronic** [krá(:)nɪk] 慢性の	□ **perfunctory** [pərfʌ́ŋktəri] おざなりの

))) 3-19

p.142

(109)	□ **languid** [lǽŋgwɪd] のろい，元気のない	□ **tentative** [ténṭəṭɪv] 仮の	□ **scruffy** [skrʌ́fi] 汚らしい	□ **rustic** [rʌ́stɪk] 田舎の
(110)	□ **emaciated** [ɪméɪʃièɪṭɪd] やつれた	□ **poignant** [pɔ́ɪnjənt] 感動的な	□ **lanky** [lǽŋki] ひょろひょろした	□ **voracious** [vəréɪʃəs] むさぼるように食べる
(111)	□ **devious** [dí:viəs] 不誠実な	□ **decrepit** [dɪkrépɪt] 老朽の，老いぼれた	□ **immaculate** [ɪmǽkjʊlət] 汚れひとつない	□ **nebulous** [nébjʊləs] 曖昧な
(112)	□ **brusquely** [brʌ́skli] ぶっきらぼうに	□ **adamantly** [ǽdəməntli] 頑固に	□ **fervently** [fə́:rvəntli] 熱心に	□ **haphazardly** [hæ̀phǽzərdli] 無計画に

Unit 4　句動詞

))) 4-1

p.146

(1)	□ **chime in** （会話などに）口を挟む	□ **taper off** 次第に減少する	□ **answer back** 口答えする	□ **crouch down** 身をかがめる
(2)	□ **run up against ～** （障害など）にぶつかる	□ **look back on ～** （昔のこと）を振り返る	□ **put in for ～** ～に応募する	□ **fall in with ～** ～に同意する
(3)	□ **simmer down** （怒りなどの）気持ちが静まる	□ **waste away** （人・体力が）衰弱する	□ **horse around** ふざける	□ **punch out** 退社時刻を記録する
(4)	□ **live down ～** ～を人に忘れさせる	□ **fawn over ～** ～にへつらう	□ **hike up ～** （物価など）を急に引き上げる	□ **thumb through ～** ～のページをぱらぱらめくる
(5)	□ **square off against ～** ～に対して身構える	□ **gang up on ～** ～を集団で攻撃する	□ **load up on ～** ～をどっさり買い込む	□ **get away with ～** ～を（罰などを受けずに）うまくやる
(6)	□ **boil down to ～** ～に帰着する	□ **chip away at ～** ～を徐々に減らす	□ **come down on ～** ～を厳しく非難する	□ **get back at ～** ～に仕返しをする

))) 4-2〜3

p.148

(7)	□ **smooth over 〜** (問題など)を和らげる	□ **chew out 〜** 〜を叱りとばす	□ **factor in 〜** 〜を考慮に入れる	□ **box up 〜** 〜を箱詰めする
(8)	□ **dispense with 〜** 〜なしで済ませる	□ **ride on 〜** 〜次第である	□ **level with 〜** 〜に正直に言う	□ **shoot for 〜** 〜を目指す
(9)	□ **dole out 〜** 〜を配る	□ **bulk up 〜** 〜を大きくする	□ **force back 〜** (涙など)を抑える	□ **lean on 〜** 〜に圧力をかける
(10)	□ **suck up to 〜** 〜におべっかを使う	□ **come in for 〜** (非難など)を受ける	□ **leap out at 〜** 〜の目に飛び込む	□ **bear down on 〜** (威嚇するように)〜に迫る
(11)	□ **reel in 〜** (魚)をリールを巻いて引き寄せる	□ **gain on 〜** 〜に近づく	□ **weed out 〜** 〜を取り除く	□ **beef up 〜** 〜を強化する
(12)	□ **nod off** うとうとして眠り込む	□ **lash out** 痛烈に非難する	□ **cave in** 屈服する	□ **fire away** 質問を始める

p.150

(13)	□ **mull over 〜** 〜を熟考する	□ **churn out 〜** 〜を大量生産する	□ **blow away 〜** (競技などで)〜を倒す	□ **foul up 〜** 〜でへまをやる
(14)	□ **crack up 〜** 〜を大破させる	□ **deck out 〜** 〜を飾る	□ **roll in 〜** (金など)がたくさんある	□ **play down 〜** 〜を軽く扱う
(15)	□ **hunker down** しゃがむ	□ **scrape by** (試験などを)何とかうまく切り抜ける	□ **limber up** 体をほぐす	□ **snap off** ぽきっと折れる
(16)	□ **jockey for 〜** 〜を得ようと画策する	□ **strike up 〜** (会話など)を始める	□ **pore over 〜** 〜を熟読する	□ **ride out 〜** (困難など)を無事に乗り切る
(17)	□ **burn out 〜** (人の体力)を使い果たす	□ **squeeze in 〜** (人など)を押し込む	□ **wear in 〜** (靴など)を履き慣らす	□ **come by 〜** 〜を手に入れる
(18)	□ **leaf through 〜** 〜のページをぱらぱらめくる	□ **tear into 〜** (人など)を激しく攻撃する	□ **butter up 〜** 〜におべっかを使う	□ **bawl out 〜** 〜を厳しく叱り飛ばす

)))4-4〜5

p.152

(19)	□ **spill over** (液体が)あふれ出る	□ **kick in** (薬などが)効き始める	□ **muddle through** 何とか切り抜ける	□ **cop out** (責任などから)逃避する
(20)	□ **iron out ～** ～を解決する	□ **scrimp on ～** ～を倹約する	□ **vouch for ～** ～を保証する	□ **mete out ～** (罰など)を割り当てる
(21)	□ **nail down ～** (日取りなど)を確定する	□ **scale back ～** ～を一定の割合で減らす	□ **farm out ～** ～を下請けに出す	□ **pluck up ～** (勇気など)を奮い起こす
(22)	□ **ramp up ～** (生産など)を急に増やす	□ **strike off ～** ～を切り落とす	□ **wash out ～** ～を洗い落とす	□ **lock away ～** ～をしまい込む
(23)	□ **louse up ～** ～を台無しにする	□ **lead on ～** ～をだます	□ **rail against ～** ～を激しく非難する	□ **pep up ～** ～を元気づける
(24)	□ **stow away** 密航する	□ **coast along** 気楽に行動する	□ **pipe down** 話をやめる	□ **rally around** (集団などが)結集する

p.154

(25)	□ **nibble at ～** ～を少しずつかじる	□ **head up ～** (組織など)を統率する	□ **grate on ～** ～に不快感を与える	□ **shrug off ～** ～を無視する
(26)	□ **soak up ～** ～を吸い取る	□ **cut back** 削減する	□ **butt in** 口を挟む	□ **fork out ～** (大金)を支払う
(27)	□ **nose around ～** ～を捜し回る	□ **roll out ～** (新製品)を発売する	□ **pick over ～** ～を念入りに調べて選ぶ	□ **throw back ～** ～(の進展)を遅れさせる
(28)	□ **root out ～** ～を根絶する	□ **pass off ～** ～を偽る	□ **kick around ～** (計画など)をあれこれ検討する	□ **wallow in ～** (感情)におぼれる
(29)	□ **fend off ～** (攻撃など)をかわす	□ **dwell on ～** ～をくよくよ考える	□ **side with ～** ～に味方する	□ **bundle up ～** ～を束にする
(30)	□ **hush up ～** (事件など)をもみ消す	□ **lag behind ～** ～に遅れをとる	□ **while away ～** (時)をのんびり過ごす	□ **mark up ～** ～を値上げする

))) 4-6〜7

p.156

(31)	□ brace for 〜 〜に備える	□ pack off 〜 〜を急いで送り出す	□ stake out 〜 〜の張り込みをする	□ cut across 〜 〜を横切る
(32)	□ wash over 〜 （感情などが）〜を激しく襲う	□ toy with 〜 〜について漠然と考える	□ pull off 〜 〜をやってのける	□ knock back 〜 （酒など）をぐいっと飲み干す
(33)	□ drag off 〜 〜を無理に連れて行く	□ frown on 〜 〜に難色を示す	□ fly at 〜 〜に飛びかかる	□ scrape together 〜 （金など）を何とかかき集める
(34)	□ sail through 〜 〜に楽々と成功する	□ trim down 〜 〜を削減する	□ pine for 〜 〜を思い焦がれる	□ rig up 〜 〜を急ごしらえする
(35)	□ bear up 耐える	□ circle back 一回りして元に戻る	□ goof off 怠ける	□ let on 秘密を漏らす
(36)	□ wear down すり減る	□ mill about 目的もなく動き回る	□ spin out スリップして制御が利かなくなる	□ brim over みなぎる

p.158

(37)	□ rip off 〜 （人・店）から盗む	□ bunch up 〜 〜を束にする	□ shell out 〜 （大金）をしぶしぶ支払う	□ fence in 〜 〜を囲い込む
(38)	□ tear off 〜 〜を引きはがす	□ wait on 〜 （人）の世話をする	□ stub out 〜 （タバコなど）をもみ消す	□ rustle up 〜 （食べ物など）を急いで作る
(39)	□ swear in 〜 〜を宣誓させて就任させる	□ drag out 〜 〜を長引かせる	□ gloat over 〜 〜にほくそ笑む	□ tamper with 〜 〜に（害を与えるような）手を加える
(40)	□ buy off 〜 〜を買収する	□ grind up 〜 〜を粉にひく	□ flesh out 〜 〜に肉付けする	□ dip into 〜 （貯金など）に手をつける
(41)	□ rein in 〜 （支出など）を厳しく抑制する	□ cast off 〜 〜を放棄する	□ jot down 〜 〜を書き留める	□ haul off 〜 〜を無理に連れて行く
(42)	□ head off 〜 〜を阻止する	□ lay out 〜 （考えなど）を詳しく説明する	□ dumb down 〜 （教材など）を易しくする	□ egg on 〜 〜をそそのかす

))) 4-8〜9

p.160

(43)	□ **let up on 〜** 〜に対して手を緩める	□ **stand in for 〜** 〜の代理を務める	□ **get down to 〜** 〜に真剣に取り掛かる	□ **snap out of 〜** 〜から立ち直る
(44)	□ **tap into 〜** 〜を利用する	□ **rule out 〜** 〜を除外する	□ **load up 〜** (車・船など)にいっぱい積み込む	□ **dish out 〜** (罰など)を与える
(45)	□ **storm out** (怒って)激しい勢いで出て行く	□ **push back 〜** 〜を押し戻す	□ **dawn on 〜** 〜にわかり始める	□ **trail off** 次第に弱くなる
(46)	□ **play off 〜** 〜の勝負をつける	□ **pile into 〜** 〜に殺到する	□ **harp on 〜** (同じこと)を繰り返し言う	□ **glance off 〜** 〜をかすめる
(47)	□ **crop up** (不意に)持ち上がる	□ **tip off 〜** 〜に密告する	□ **fizzle out** 途中で失敗する	□ **plow through 〜** (仕事)を骨折ってする
(48)	□ **reel off 〜** 〜をすらすら話す	□ **stamp out 〜** 〜を根絶する	□ **whip up 〜** (感情)をかき立てる	□ **dash off 〜** 〜を急いでやってのける

p.162

(49)	□ **palm off 〜** (偽物など)をつかませる	□ **chew over 〜** 〜を熟考する	□ **blurt out 〜** 〜をうっかり言う	□ **wolf down 〜** 〜をがつがつ食べる
(50)	□ **strip out 〜** (部屋など)から家具などを取り去る	□ **wave aside 〜** (考えなど)を退ける	□ **bank on 〜** 〜を当てにする	□ **let down 〜** 〜を失望させる
(51)	□ **blend in** 溶け込む	□ **chip in** (金などを)出し合う	□ **drone on** だらだら話す	□ **clam up** 口を閉ざす
(52)	□ **paper over 〜** (欠陥など)を取り繕う	□ **trip up 〜** 〜を間違えさせる	□ **drown out 〜** (音)をかき消す	□ **sound out 〜** (人の意見)を打診する
(53)	□ **stumble upon 〜** 〜に偶然出くわす	□ **stave off 〜** 〜を防ぐ	□ **fuss over 〜** 〜で騒ぎ立てる	□ **talk down 〜** 〜を言い負かす
(54)	□ **rack up 〜** (損失など)を重ねる	□ **bowl over 〜** 〜を非常に驚かせる	□ **fan out 〜** 〜を扇形に広げる	□ **opt for 〜** 〜を選ぶ

))) 4-10〜11

p.164

(55)	□ **knuckle down** 真剣に取り組む	□ **drift off** うとうと眠る	□ **scoot over** 席を詰める	□ **hole up** 隠れる
(56)	□ **flare up** (暴動などが)勃発する	□ **carve up 〜** (土地など)を分割する	□ **clog up 〜** 〜を詰まらせる	□ **choke up** 絶句する
(57)	□ **hold out on 〜** 〜に隠し事をしている	□ **lead up to 〜** (時間的に)〜に至る	□ **step down from 〜** 〜から辞任する	□ **pick up after 〜** (人)が汚した後を片付ける
(58)	□ **fend for 〜** 〜をやりくりする，〜を養う	□ **crack down** 厳しく取り締まる	□ **ease off 〜** 〜を緩める	□ **keel over** 転倒する
(59)	□ **ebb away** 衰える	□ **fire up** 点火する	□ **duck out** (仕事・責任などを)逃れる	□ **stop off** 途中で寄る
(60)	□ **pass over 〜** 〜について言及しない	□ **bargain on 〜** 〜と思う	□ **dote on 〜** 〜を溺愛する	□ **stitch up 〜** 〜を縫い合わせる

p.166

(61)	□ **settle on 〜** 〜を決定する	□ **spruce up 〜** 〜をきれいにする	□ **pin down 〜** (詳細など)をはっきりさせる	□ **whisk away 〜** 〜をさっと持ち去る
(62)	□ **rake in 〜** (大金)を稼ぐ	□ **grow on 〜** 〜の気に入るようになる	□ **key up 〜** 〜の神経を高ぶらせる	□ **swear by 〜** 〜に全幅の信頼を寄せる
(63)	□ **patch up 〜** (けんかなど)を収拾する	□ **hinge on 〜** 〜次第である	□ **snuff out 〜** (希望など)を消滅させる	□ **rattle off 〜** 〜をすらすらと言う
(64)	□ **live up to 〜** (期待など)に応える	□ **stand out from 〜** 〜より目立つ	□ **zero in on 〜** 〜に注意を集中する	□ **creep up on 〜** 〜に忍び寄る

模擬テスト第1回 ……p.170～

)))5-1

(1)	□ **billow** [bílou] 大きくうねる	□ **wrangle** [rǽŋgl] 口論する	□ **embark** [ɪmbá:rk] 乗船する	□ **soar** [sɔ:r] (物価などが)急上昇する
(2)	□ **predilection** [prèdəlékʃən] 特別な好み	□ **depreciation** [dɪprì:ʃiéɪʃən] 価値の低下	□ **countenance** [káuntənəns] 顔つき	□ **resurgence** [rɪsə́:rdʒəns] (信仰などの)復活
(3)	□ **expedite** [ékspədàɪt] をはかどらせる	□ **sedate** [sɪdéɪt] に鎮静剤を与える	□ **mumble** [mʌ́mbl] をぶつぶつ言う	□ **dodge** [dɑ(:)dʒ] (攻撃など)をひらりとかわす
(4)	□ **distend** [dɪsténd] を膨張させる	□ **blare** [bleər] を鳴り響かせる	□ **peruse** [pərú:z] を熟読する	□ **savor** [séɪvər] をゆっくり味わう
(5)	□ **contour** [ká(:)ntuər] 輪郭(線)	□ **epitaph** [épɪtæ̀f] 墓碑銘	□ **echelon** [éʃəlà(:)n] (組織などの)階層，地位	□ **amalgam** [əmǽlgəm] 混合物
(6)	□ **uncouth** [ʌ̀nkú:θ] (態度などが)粗野な	□ **inconspicuous** [ìnkənspíkjuəs] 目立たない	□ **insular** [ínsələr] 偏狭な	□ **evocative** [ɪvá(:)kəṭɪv] (記憶などを)呼び起こす
(7)	□ **inherently** [ɪnhíərəntli] 本質的に	□ **lethally** [lí:θəli] 致死的に	□ **ruefully** [rú:fəli] 悲しそうに	□ **coarsely** [kɔ́:rsli] 粗く
(8)	□ **kindred** [kíndrəd] 類似の	□ **pertinent** [pə́:rtənənt] 関連する	□ **seditious** [sɪdíʃəs] 反政府的扇動の	□ **laudable** [lɔ́:dəbl] 称賛に値する
(9)	□ **emulation** [èmjuléɪʃən] 競争	□ **premonition** [prèməníʃən] (悪い)予感	□ **naturalization** [nætʃərələzéɪʃən] 帰化	□ **persecution** [pə̀:rsɪkjú:ʃən] 迫害
(10)	□ **fortify** [fɔ́:rṭəfàɪ] を強化する	□ **amass** [əmǽs] を蓄積する	□ **bestow** [bɪstóu] (称号・栄誉など)を授ける	□ **pester** [péstər] を困らせる，を苦しめる
(11)	□ **inhale** [ɪnhéɪl] を吸い込む	□ **faze** [feɪz] を困らせる	□ **hone** [houn] を磨く	□ **evict** [ɪvíkt] を立ち退かせる
(12)	□ **obscure** [əbskjúər] 世に知られていない	□ **insatiable** [ɪnséɪʃəbl] 飽くことを知らない	□ **urbane** [ə̀:rbéɪn] 洗練された	□ **entrenched** [ɪntréntʃt] 強固に根付いた
(13)	□ **indemnity** [ɪndémnəṭi] (損害に対する)保障	□ **aberration** [æ̀bəréɪʃən] 逸脱，異常	□ **epoch** [épək] 新時代	□ **amnesty** [ǽmnəsti] 恩赦

(14)	□ **stampede** [stæmpíːd] (動物など)をどっと逃げ出させる	□ **curtail** [kəːrtéɪl] (経費など)を削減する	□ **chastise** [tʃæstáɪz] を厳しく非難する	□ **perplex** [pərpléks] を混乱させる
(15)	□ **deference** [défərəns] 服従，敬意	□ **ardor** [ɑ́ːrdər] 情熱	□ **acuity** [əkjúːət̬i] (感覚などの)鋭さ	□ **candor** [kǽndər] 率直さ
(16)	□ **chauvinism** [ʃóuvənɪ̀zm] 狂信	□ **austerity** [ɔːstérət̬i] 耐久，(態度などの)厳しさ	□ **derision** [dɪríʒən] 嘲笑	□ **arrogance** [ǽrəgəns] 傲慢
(17)	□ **arbitrary** [ɑ́ːrbətrèri] 恣意的な，任意の	□ **makeshift** [méɪkʃɪ̀ft] 一時しのぎの	□ **sagacious** [səgéɪʃəs] 賢明な	□ **presumptuous** [prɪzʌ́mptʃuəs] ずうずうしい
(18)	□ **allay** [əléɪ] (恐れなど)を鎮める	□ **hatch** [hætʃ] を企てる，(卵)をかえす	□ **deform** [dɪfɔ́ːrm] を変形させる	□ **sap** [sæp] (気力など)を奪う
(19)	□ **waiver** [wéɪvər] 権利放棄証書	□ **fortress** [fɔ́ːrtrəs] 要塞	□ **faculty** [fǽkəlti] 能力	□ **dissension** [dɪsénʃən] 不和
(20)	□ **gregarious** [grɪgéəriəs] 社交的な	□ **caustic** [kɔ́ːstɪk] 辛辣(しんらつ)な	□ **sullen** [sʌ́lən] 不機嫌な	□ **nomadic** [noumǽdɪk] 遊牧(民)の
(21)	□ **robust** [roubʌ́st] (人・動植物が)強健な	□ **senile** [síːnaɪl] 老齢による	□ **marginal** [mɑ́ːrdʒɪnəl] ごく小さい	□ **ferocious** [fəróuʃəs] どう猛な
(22)	□ **shy away from ～** ～を避ける	□ **rub off on ～** (性質・才能などが)～に影響を与える	□ **stand up to ～** ～に勇敢に立ち向かう	□ **make off with ～** ～を持ち逃げする
(23)	□ **buckle down** (仕事などに)本気で取りかかる	□ **pan out** 成功する	□ **poke around** 探し回る	□ **own up** 潔く白状する
(24)	□ **reckon on ～** ～を当てにする	□ **root for ～** ～を応援する	□ **dash down ～** ～を一気に飲む	□ **fritter away ～** ～を浪費する
(25)	□ **float around** (うわさが)広まる	□ **weigh in** (議論などに)加わる	□ **stack up** 匹敵する	□ **squeak by** 辛うじて切り抜ける

模擬テスト第２回 ……p.180〜

))) 5-2

(1)	□ **mediocre** [mì:dióukər] 並の	□ **sluggish** [slʌ́gɪʃ] 怠惰な	□ **petulant** [pétʃələnt] 怒りっぽい	□ **deferential** [dèfərénʃəl] 敬意を表する
(2)	□ **infer** [ɪnfə́:r] を推論する	□ **chisel** [tʃízəl] をのみで彫る	□ **douse** [daus] (明かり・火)を消す	□ **annex** [ǽneks] を併合する
(3)	□ **facet** [fǽsɪt] (物事の)一面	□ **tantrum** [tǽntrəm] (特に子供の)かんしゃく，不機嫌	□ **maneuver** [mənú:vər] 機動演習	□ **cohort** [kóuhɔ:rt] 集団，仲間
(4)	□ **trepidation** [trèpɪdéɪʃən] 恐れ	□ **condemnation** [kɑ̀(:)ndemnéɪʃən] 激しい非難	□ **decimation** [dèsəméɪʃən] 大量殺害	□ **destitution** [dèstɪtjú:ʃən] 極貧
(5)	□ **squander** [skwɑ́(:)ndər] を浪費する	□ **kindle** [kíndl] に火をつける	□ **ascend** [əsénd] (山など)を登る	□ **cuddle** [kʌ́dl] を優しく抱き締める
(6)	□ **decree** [dɪkrí:] を命じる	□ **brew** [bru:] (茶など)を入れる	□ **truncate** [trʌ́ŋkeɪt] (話など)を短くする	□ **embitter** [ɪmbíṭər] につらい思いをさせる
(7)	□ **insolent** [ínsələnt] 傲慢な	□ **reclusive** [rɪklú:sɪv] 隠遁(いんとん)している	□ **virtuous** [vɔ́:rtʃuəs] 徳のある	□ **steadfast** [stédfæ̀st] (忠誠心などが)しっかりした
(8)	□ **inexorably** [ɪnéksərəbli] 容赦なく，どうしようもなく	□ **genially** [dʒí:njəli] 親切に	□ **spuriously** [spjúəriəsli] 偽って	□ **exquisitely** [ɪkskwízɪtli] とても優美に
(9)	□ **incision** [ɪnsíʒən] 切り込み，切開	□ **renunciation** [rɪnʌ̀nsiéɪʃən] 放棄	□ **abrasion** [əbréɪʒən] すり傷	□ **combustion** [kəmbʌ́stʃən] 燃焼
(10)	□ **interject** [ìnṭərdʒékt] (言葉)を不意に差し挟む	□ **attune** [ətjú:n] を慣れさせる	□ **eclipse** [ɪklíps] の影を薄くする	□ **despise** [dɪspáɪz] を軽蔑する
(11)	□ **contemplative** [kəntémpləṭɪv] 熟考する	□ **scrawny** [skrɔ́:ni] ひどくやせた	□ **eminent** [émɪnənt] 高名な	□ **squalid** [skwɑ́(:)ləd] 汚い
(12)	□ **tryst** [trɪst] (恋人同士の)会う約束	□ **rebuttal** [rɪbʌ́ṭəl] 反駁	□ **denomination** [dɪnɑ̀(:)mɪnéɪʃən] 宗派	□ **transgression** [trænsgréʃən] 違反

(13)	□ **scandalous** [skǽndələs] 恥ずべき	□ **latent** [léɪtənt] 潜在的な	□ **reminiscent** [rèmɪnísənt] 懐古的な，思い出させる	□ **prudish** [prú:dɪʃ] 上品ぶった
(14)	□ **enchanting** [ɪntʃǽnṭɪŋ] 魅惑的な	□ **discernible** [dɪsə́:rnəbl] 認められる	□ **cryptic** [kríptɪk] 秘密の，謎めいた	□ **jubilant** [dʒú:bɪlənt] 喜びにあふれた
(15)	□ **mutiny** [mjú:təni] （船長などに対する）反乱	□ **divergence** [dəvə́:rdʒəns] 分岐	□ **expletive** [éksplət̬ɪv] ののしりの言葉	□ **frivolity** [frɪvá(:)ləṭi] 軽薄
(16)	□ **unscathed** [ʌ̀nskéɪðd] 無傷の	□ **unfounded** [ʌ̀nfáundɪd] 根拠のない	□ **concerted** [kənsə́:rṭɪd] 共同での	□ **outmoded** [àutmóudɪd] 流行遅れの
(17)	□ **obfuscate** [á(:)bfəskèɪt] わかりにくくする	□ **hibernate** [háɪbərnèɪt] 冬眠する	□ **degenerate** [dɪdʒénərèɪt] 低下する	□ **reverberate** [rɪvə́:rbərèɪt] （音が）反響する
(18)	□ **pander** [pǽndər] 迎合する	□ **flinch** [flɪntʃ] びくっとする	□ **jangle** [dʒǽŋgl] （硬貨などが）じゃらじゃら音を立てる	□ **abstain** [əbstéɪn] 自制する
(19)	□ **impunity** [ɪmpjú:nəṭi] 罰を免れること	□ **slumber** [slʌ́mbər] 眠り	□ **rapport** [ræpɔ́:r] 信頼関係	□ **attire** [ətáɪər] 装い，服装
(20)	□ **nemesis** [néməsɪs] 天罰，因果応報	□ **glutton** [glʌ́tən] 大食漢	□ **paragon** [pǽrəgà(:)n] 模範	□ **protégé** [próuṭəʒèɪ] 被保護者
(21)	□ **confound** [kənfáund] をすっかり困惑させる	□ **saturate** [sǽtʃərèɪt] を飽和状態にする	□ **pillage** [pílɪdʒ] を略奪する	□ **extradite** [ékstrədàɪt] を送還する
(22)	□ **roll over ～** ～を寝返りさせる	□ **thin out ～** ～をまばらにする	□ **square up ～** ～を精算する	□ **wind down ～** ～を徐々に終わらせる
(23)	□ **hem in ～** ～を取り囲む	□ **gloss over ～** ～を取り繕う	□ **bail out ～** （企業など）を救済する	□ **polish off ～** （食事）をさっと平らげる
(24)	□ **muscle in on ～** ～に強引に割り込む	□ **stock up on ～** ～を（大量に）蓄える	□ **tie in with ～** ～と一致する	□ **clamp down on ～** ～を厳しく取り締まる
(25)	□ **strike on ～** （考えなど）を思い付く	□ **push for ～** ～を要求する	□ **hail from ～** ～の出身である	□ **put across ～** ～をうまく伝える

模擬テスト第3回 ……p.190〜

))) 5-3

(1)	☐ **amiable** [éɪmiəbl] (人が)優しい	☐ **onerous** [óʊnərəs] 厄介な	☐ **introspective** [ìntrəspéktɪv] 内省的な	☐ **impromptu** [ɪmprá(:)mptju:] 即興の
(2)	☐ **grapple** [grǽpl] (人)をしっかりつかむ	☐ **dismantle** [dɪsmǽntl] を分解する	☐ **scuff** [skʌf] を足でこする	☐ **revile** [rɪváɪl] をののしる
(3)	☐ **diffuse** [dɪfjú:z] を拡散させる	☐ **assail** [əséɪl] を非難する	☐ **malign** [məláɪn] を中傷する	☐ **shirk** [ʃə:rk] を回避する
(4)	☐ **surreptitiously** [sə̀:rəptíʃəsli] ひそかに	☐ **chronically** [krá(:)nɪkəli] 慢性的に	☐ **autonomously** [ɔ:tá(:)nəməsli] 自律的に	☐ **equitably** [ékwəṭəbli] 公平に
(5)	☐ **complexion** [kəmplékʃən] 肌の色，顔色	☐ **shimmer** [ʃímər] 揺らめく光	☐ **specter** [spéktər] 幽霊	☐ **prophet** [prá(:)fət] 予言者
(6)	☐ **restitution** [rèstɪtjú:ʃən] (盗難品などの)返還	☐ **vanity** [vǽnəṭi] うぬぼれ	☐ **elocution** [èləkjú:ʃən] 語り方，演説ぶり	☐ **ambiguity** [æ̀mbɪgjú:əṭi] あいまいさ
(7)	☐ **debonair** [dèbənéər] 愛想のよい	☐ **bucolic** [bjuká(:)lɪk] 牧歌的な	☐ **erroneous** [ɪróuniəs] (意見などが)間違った	☐ **pernicious** [pərníʃəs] 非常に有害な
(8)	☐ **quagmire** [kwǽgmàɪər] 湿地	☐ **menace** [ménəs] 脅迫，脅威	☐ **mirage** [mərá:ʒ] 蜃気楼(しんきろう)，妄想	☐ **plateau** [plætóʊ] 高原
(9)	☐ **cajole** [kədʒóʊl] を言いくるめる	☐ **accentuate** [əkséntʃuèɪt] を強調する	☐ **juxtapose** [dʒʌ́kstəpòʊz] を並べる	☐ **redeem** [rɪdí:m] を補う
(10)	☐ **condolence** [kəndóʊləns] お悔やみの言葉，弔意	☐ **prologue** [próʊlɔ̀(:)g] 序章	☐ **pretension** [prɪténʃən] 自負	☐ **tribulation** [trìbjuléɪʃən] 苦難
(11)	☐ **debrief** [dì:brí:f] に報告を求める	☐ **augment** [ɔ:gmént] を増加させる	☐ **smother** [smʌ́ðər] を窒息させる	☐ **repress** [rɪprés] (感情など)を抑制する
(12)	☐ **dexterity** [dekstérəṭi] 器用さ	☐ **contrition** [kəntríʃən] 悔悟	☐ **mayhem** [méɪhèm] 大混乱，暴力沙汰	☐ **aridity** [ərídəṭi] 乾燥(状態)
(13)	☐ **debilitate** [dɪbílɪtèɪt] を衰弱させる	☐ **bemoan** [bɪmóʊn] を嘆く	☐ **relinquish** [rɪlíŋkwɪʃ] を放棄する	☐ **transpose** [trænspóʊz] を置き換える

(14)	□ **opaque** [oupéɪk] 不透明な	□ **avaricious** [æ̀vəríʃəs] 強欲な	□ **dank** [dæŋk] じめじめした	□ **intrepid** [ɪntrépɪd] 大胆不敵な
(15)	□ **consummate** [kά:nsəmət] 完全な	□ **lethal** [lí:θəl] 致死の，致命的な	□ **malignant** [məlígnənt] 悪性の，悪意に満ちた	□ **neurotic** [njuərά(:)ţɪk] 神経症の
(16)	□ **fallible** [fæləbl] 誤りやすい	□ **tepid** [tépɪd] 生ぬるい	□ **intangible** [ɪntændʒəbl] 手に触れられない	□ **coarse** [kɔ:rs] (きめ・粒などが)粗い
(17)	□ **ostracize** [ά(:)strəsàɪz] を排斥する	□ **bridle** [bráɪdl] を抑制する	□ **extol** [ɪkstóul] を激賞する	□ **pulverize** [pʌ́lvəràɪz] を砕く
(18)	□ **reverie** [révəri] 空想	□ **gamut** [gæmət] 全領域	□ **tirade** [taɪəréɪd] 長い非難演説	□ **bigotry** [bígətri] 偏狭，頑迷
(19)	□ **derogatory** [dɪrά(:)gətɔ̀:ri] 軽蔑的な	□ **bereft** [bɪréft] 奪われている	□ **tactful** [tæktfəl] 如才ない	□ **palliative** [pæliəţɪv] 一時しのぎの
(20)	□ **swagger** [swægər] いばって歩く	□ **reconvene** [rì:kənví:n] (会議などが)再開される	□ **implode** [ɪmplóud] 内側に破裂する	□ **percolate** [pə́:rkəlèɪt] (考えなどが)広まる
(21)	□ **barrage** [bərά:ʒ] 集中砲火	□ **blemish** [blémɪʃ] 汚れ，汚点	□ **allegiance** [əlí:dʒəns] 忠誠	□ **discrepancy** [dɪskrépənsi] 不一致，矛盾
(22)	□ **sit in for ～** ～の代理を務める	□ **talk back to ～** ～に口答えする	□ **walk out on ～** ～を見捨てる	□ **pick up on ～** ～に気付く
(23)	□ **come around** 意見を変える	□ **spout off** べらべらしゃべる	□ **roll back** (敵などが)退く	□ **bow out** おじぎをして出る，手を引く
(24)	□ **drum up ～** (支持など)を懸命に得ようとする	□ **mark out ～** ～を区画する	□ **lop off ～** (不要な部分)を取り除く	□ **force down ～** 無理やり～を飲み込む
(25)	□ **get in on ～** ～に参加する	□ **cash in on ～** ～に乗じる	□ **wriggle out of ～** ～を何とかして逃れる	□ **shrink away from ～** ～から後ずさりする

模擬テスト第4回 ……p.200～

5-4

(1)	**addendum** [ədéndəm] 追加物	**abomination** [əbɑ̀(:)mɪnéɪʃən] 嫌悪感を起こすもの	**extraction** [ɪkstrǽkʃən] 摘出，抽出	**infringement** [ɪnfríndʒmənt] （権利などの）侵害
(2)	**hallucinate** [həlú:sɪnèɪt] 幻覚を起こす	**loiter** [lɔ́ɪṭər] ぶらつく	**encroach** [ɪnkróutʃ] 侵害する	**reciprocate** [rɪsíprəkèɪt] 返礼する
(3)	**delectable** [dɪléktəbl] おいしい	**arid** [ǽrɪd] ひどく乾燥した	**elusive** [ɪlú:sɪv] つかまえにくい	**archaic** [ɑ:rkéɪɪk] 古風な
(4)	**pariah** [pəráɪə] （社会の）のけ者	**conspirator** [kənspírəṭər] 陰謀者	**defector** [dɪféktər] 亡命者	**precursor** [prɪkə́:rsər] 先駆者，前兆
(5)	**perseverance** [pə̀:rsəvíərəns] 忍耐	**constellation** [kɑ̀(:)nstəléɪʃən] 星座	**increment** [íŋkrɪmənt] （金額などの）増加	**remittance** [rɪmítəns] 送金
(6)	**daunting** [dɔ́:nṭɪŋ] 人の気力をくじくような	**contemptuous** [kəntémptʃuəs] 軽蔑を示す	**curt** [kə:rt] ぶっきらぼうな	**tantalizing** [tǽnṭəlàɪzɪŋ] 誘惑するような，じれったい
(7)	**ingest** [ɪndʒést] を摂取する	**encrypt** [ɪnkrípt] を暗号化する	**delude** [dɪlú:d] をだます	**secrete** [sɪkrí:t] を分泌する
(8)	**indelible** [ɪndéləbl] （汚れなどが）消せない	**egregious** [ɪgrí:dʒəs] 実にひどい	**paradoxical** [pæ̀rədɑ́(:)ksɪkəl] 逆説的な	**susceptible** [səséptəbl] 多感な，影響を受けやすい
(9)	**wry** [raɪ] （顔などを）しかめた	**sectarian** [sektéəriən] 党派の	**impeccable** [ɪmpékəbl] 非の打ち所のない	**quizzical** [kwízɪkəl] いぶかしげな
(10)	**footage** [fúṭɪdʒ] （ある出来事の）シーン	**conjecture** [kəndʒéktʃər] 推測	**defiance** [dɪfáɪəns] 反抗	**concourse** [kɑ́(:)nkɔ:rs] 集合，（駅・空港などの）中央ホール
(11)	**derive** [dɪráɪv] を（～から）得る	**dispel** [dɪspél] を一掃する	**purloin** [pə:rlɔ́ɪn] を盗む	**embed** [ɪmbéd] を埋め込む
(12)	**cavernous** [kǽvərnəs] 洞窟のような	**deranged** [dɪréɪndʒd] 錯乱した	**dainty** [déɪnṭi] 優美な	**hedonistic** [hì:dənístɪk] 快楽主義の

(13)	☐ **placate** [pléɪkeɪt] (人)をなだめる	☐ **retard** [rɪtɑ́:rd] を遅らせる	☐ **jostle** [dʒɑ́(:)sl] を押しのける	☐ **torment** [tɔ:rmént] に苦痛を与える
(14)	☐ **bane** [beɪn] 災いのもと	☐ **sham** [ʃæm] 偽物	☐ **accolade** [ǽkəlèɪd] 賛美	☐ **moniker** [mɑ́(:)nɪkər] 名前
(15)	☐ **litigious** [lɪtídʒəs] 訴訟に関する	☐ **gullible** [gʌ́ləbl] だまされやすい	☐ **austere** [ɔ:stíər] 厳格な	☐ **grueling** [grú:əlɪŋ] 疲労困憊(こんぱい)させる
(16)	☐ **sloth** [slɔ:θ] 怠惰	☐ **alacrity** [əlǽkrəṭi] 敏活さ，機敏さ	☐ **revulsion** [rɪvʌ́lʃən] 嫌悪	☐ **resilience** [rɪzíliəns] 回復力
(17)	☐ **ascribe** [əskráɪb] を(～に)帰する	☐ **deter** [dɪtə́:r] に思いとどまらせる	☐ **slacken** [slǽkən] (ロープなど)を緩める	☐ **mock** [mɑ(:)k] をあざける
(18)	☐ **integrate** [íntəgrèɪt] を統合する	☐ **deflect** [dɪflékt] の方向を変えさせる	☐ **anoint** [ənɔ́ɪnt] を指名する	☐ **irk** [ə:rk] をいら立たせる
(19)	☐ **frugal** [frú:gəl] 倹約する	☐ **dormant** [dɔ́:rmənt] 休眠状態の，(火山が)活動休止中の	☐ **subservient** [səbsə́:rviənt] 言いなりになる，追従的な	☐ **sedentary** [sédəntèri] 座りがちの
(20)	☐ **relish** [rélɪʃ] を楽しむ	☐ **gloss** [glɑ(:)s] につやを出す	☐ **indent** [ɪndént] に刻み目を付ける	☐ **frisk** [frɪsk] をボディーチェックする
(21)	☐ **reprisal** [rɪpráɪzəl] 報復	☐ **ascension** [əsénʃən] 上昇	☐ **censure** [sénʃər] 非難	☐ **rapture** [rǽptʃər] 大喜び
(22)	☐ **fork over ～** (大金)を払う	☐ **eke out ～** ～の不足を補う	☐ **shake off ～** ～を振り落とす	☐ **rifle through ～** ～をくまなく探す
(23)	☐ **blot out ～** ～を見えなくする	☐ **sift through ～** ～を入念に調べる	☐ **choke off ～** ～を阻止する	☐ **ratchet up ～** ～を徐々に増やす
(24)	☐ **breeze in** すっと入って来る	☐ **act up** (機械などが)異常に作動する	☐ **pitch in** 協力する	☐ **peter out** 次第に消滅する
(25)	☐ **trump up ～** ～を捏造する	☐ **belt out ～** ～を大声で歌う	☐ **spur on ～** ～を奮い立たせる	☐ **cart off ～** ～を運び去る

MEMO

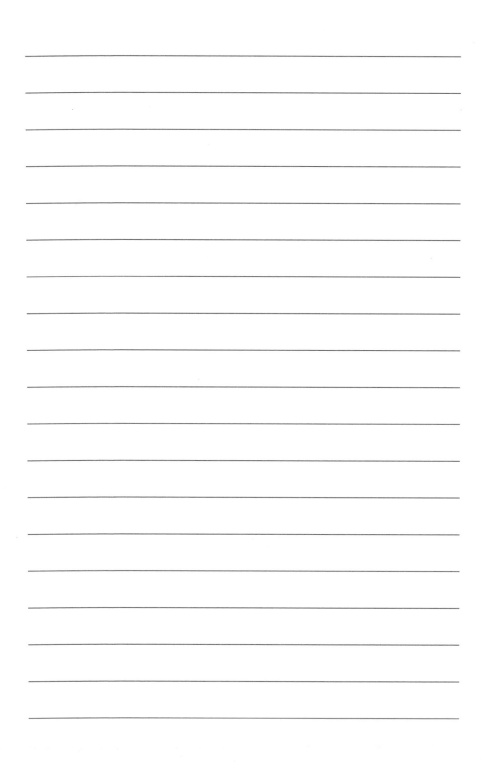